영상, 역사를 비추다
한국현대사 영상자료해제집 IX

기타 해외수집영상 해제집

영상, 역사를 비추다
한국현대사 영상자료해제집 IX
기타 해외수집영상 해제집

초판 1쇄 발행   2017년 5월 31일

엮은이 ㅣ 허 은
펴낸이 ㅣ 윤 관 백
펴낸곳 ㅣ 도서출판선인

등   록 ㅣ 제5-77호(1998.11.4)
주   소 ㅣ 서울시 마포구 마포대로 4다길 4 곳마루 B/D 1층
전   화 ㅣ 02)718-6252/6257
팩   스 ㅣ 02)718-6253
E-mail ㅣ sunin72@chol.com

정가 30,000원

ISBN   979-11-6068-102-4   94910
ISBN   979-11-6068-093-5   (세트)

"이 저서는 2011년 정부(교육과학기술부)의 재원으로 한국학중앙연구원의
지원을 받아 수행된 연구임(AKS-2011-EAB-3101)"

영상, 역사를 비추다
한국현대사 영상자료해제집 IX

기타 해외수집영상 해제집

허 은 편

도서출판 선인

▌ 해제집을 펴내면서

한국현대사 영상자료해제집은 고려대 한국사연구소 역사영상융합연구팀이 2011년부터 3년에 걸쳐 진행한 '한국 근현대 영상자료 수집 및 DB구축' 프로젝트의 결과물 중 하나이다. 6년 전 30여 명으로 구성된 역사영상융합연구팀은 세 가지 목표를 가지고 토대연구를 추진했다.

첫째, 한국 근현대사 관련 기록 영상자료를 최대한 망라하는 영상물 데이터베이스(DB) 구축을 목표로 삼았다. 사업을 시작할 때까지 이는 국내의 어떤 기관도 수행하지 못한 일이었다. 프로젝트가 완수되면 국내외 한국 근현대사 관련 기록 영상자료의 정보가 최초로 종합·정리되고, 특히 해외에 산재된 상당분량의 영상물이 새롭게 발굴·정리될 것이라 기대했다.

둘째, 역사학, 언론정보, 영화문화를 전공한 연구자들이 결합하여 체계적인 해제를 수행하고 주요 영상을 선별하여 해제집을 발간하는 것을 과제로 삼았다. 역사연구와 영상연구가 결합된 해제가 수행되어야 향후 역사학 분야뿐만 아니라 각 분과학문 연구에도 유용하게 활용될 수 있는 깊이 있는 DB를 구축할 수 있다고 보았기 때문이다.

셋째, 훼손이나 소멸될 가능성이 높은 자료를 우선 수집하고, 수집된 자료를 체계적으로 보존하며 동시에 그 활용을 극대화 하는 방안을 강구하고자 했다. 사적으로 수집된 영상자료는 논외로 하더라도 공공기관에서 수집한 해외소재 영상물조차 '공공재'로서 접근성이나 활용도가 크게 떨어지는 경우가 많았다. 당연한 언급이지만, 연구자와 대중이 영상자료를 수월하게 활용할 수 있을 때 영상을 활용한 새로운 역사쓰기의 가능성이 크게 확장될 수 있다.

이상의 세 가지 목표를 가지고 진행한 연구는 한국학중앙연구원, 한국영상자료원 등과 협조하에 부족하나마 가시적인 성과를 이룰 수 있었다. 해외수집영상물의 안정적인 보존은 한국영상자료원이 맡아주었고, 영상자료의 접근성과 활용도를 극대화하기 위해 누리집(고려대학교 한국사연구소 '한국근현대 영상아카이브' http://kfilm.khistory.org)을 구축하여 수집한 기록영상물을 쉽게 접근하고 활용할 수 있도록 했다. 학문 융합적인 접근을 통해 체계적인 해제를 수행한다는 목표는 단계별 카탈로깅 진행과 한국 현대사 영상자료 해제집의 발간을 통하여, 일단락을 맺은 셈이다.

9권의 해제집은 크게 뉴스영화와 문화영화 해제로 구성되어 있다. 이 영상물들을 해제하는데 집중한 이유는 사료적 가치가 높음에도 불구하고, 역사학을 포함한 인문학 분야는 말할 것도 없고 한국영화사 연구 분야에서도 큰 주목을 받지 못했기 때문이다. 해제 범위는 8·15해방 이후부터 박정희 정권시기까지 대한민국 현대사와 관련된 영상자료로 한정했고, 다양한 역사적 사실들을 다루기 위해 연구팀이 소장하지 않은 영상자료에서도 선별하여 해제를 진행했다. 해외수집영상에 일제 강점기 영상도 일부 있으나, 해제집의 주안점은 한국현대사에 대한 이해를 높이는데 두었다. 움직이는 영상을 활자로 옮기는 작업은 영상미디어史를 쓰기 위한 불가결한 과정이지만, 활자화된 영상 정보가 다양한 해석의 가능성을 차단하지 않을까 우려된다. 이러한 우려를 최소화하기 위해 '한국근현대 영상아카이브' 누리집에서 가능한 한 많은 영상물을 시청할 수 있도록 했으니 함께 활용해 주기를 바란다.

토대연구의 완료가 예상보다 3년을 더 경과한 셈이니 늦어도 많이 늦었다고 할 수 있다. 역사−영상 연구의 기반을 마련한다는 원대한 목표를 갖고 진행한 토대연구는 일사천리로 진행될 수 없었다. 역사학 분야에서 영상 연구가 일천하여 두 번의 국제학술회의와 연구서 발간을 통하여 문제의식을 공유하고, 영상 독해력도 갖추어 가야했다. 여기에 홈페이지 구축과 해제집 발간까지 병행한 6년은 프로젝트팀에게는 짧기만 한 기간이었다.

영상 자료의 수집과 해제 과정은 많은 인내와 높은 집중력을 지속적으로 요구하는 작업이다. 하나의 영상을 사료로 만드는 과정은 영상과 관련된 문헌정보, 영상 속 시각·청각 정보 등을 종합적으로 정리할 때 가능하다. 연구의 정량적 평가에 시달리는 요즘, 지리하고 힘들뿐만 아니라 생색내기도 어려운 토대구축 연구를 같이 해준 전임연구원·공동연구원 선생님들과 녹취, 번역, 해제 집필 등 다양한 방식으로 참여한 모든 분들께 진심으로 감사를 드린다. 특히 각각 문화영화, 미국지역 수집영상물, 유럽지역 수집영상물의 최종 책임 편집을 맡아 정리하고, 각 해제집의 소개글을 작성해 주신 박선영, 양정심, 박희태 세 분께 다시 한번 감사드린다.

기초해제에서부터 최종 교정까지 대학원생들이 많은 수고를 해 주었다. 대학원 박사, 석사 지도학생들의 헌신적인 참여가 없었다면 이러한 규모의 토대연구는 엄두도 내지 못했을 것이다. 충분한 장학금을 주며 연구에 전념할 수 있는 여건을 마련해 줄 수 없는 현실에서 연구 프로젝트는 계륵과도 같은 존재이다. 특히 영상자료는 문헌사료가 중심인 역사학에서 연구외적 작업이 되기 십상이라 우려가 컸는데, 참여 대학원생들은 인내와 성실로 여러 난관을 끝까지 함께 극복해 주었다. 이주호, 금보운, 서홍석 세 명의 박사과정 학생들은 마지막까지 마무리 작업을 하느라 수고가 더 컸다.

이외에도 다 열거할 수 없을 정도로 많은 분들의 도움이 있었다. 영상자료 수집에서 조준형 팀장님을 비롯한 한국영상자료원의 도움이 컸으며, 연구 진행과 자료수집 그리고 해제에 공동연구원분들이 많은 힘을 실어주셨다. 일본 및 중국 현지에서 자료조사와 수집을 맡아 주었던 도쿄대의 정지혜, 남의영 연구원, 푸단대 순커즈 교수에게 감사드린다. 또한 사업기간 지원을 아끼지 않았으며, 해제집 발간도 인내심을 갖고 기다려 준 한국학중앙연구원에 감사의 뜻을 전하지 않을 수 없다. 끝으로 한국근현대 영상자료 해제집 발간을 흔쾌히 맡아주신 선인출판 윤관백 사장님과 편집교열에 수고해 주신 편집부 여러분께 감사드린다.

많은 분들의 헌신적인 참여와 도움으로 해제집을 발간할 수 있었지만, 새로운 시도에 따른 내용적 오류나 분석방법의 미숙함이 많이 눈에 띄리라 본다. 여러분들로부터 질정을 받으며 향후 지속적으로 수정, 보완해 나가도록 하겠다.

한국인뿐만 아니라 수많은 외국인들이 격동적으로 전개된 한국현대사를 영상으로 담았고, 그 결과 방대한 분량의 영상자료들이 전 세계 각국에 흩어져 한국현대사를 우리 앞에 펼쳐 보이고 있다. 이 해제집은 그중 일부를 다루었을 뿐이다. 여기서 거의 다루지 못한 북한과 구 공산진영 국가들에 흩어져 있는 영상들은 여러 연구자와 관계기관에 의해 수집·정리되고 있다. 남북한 각각의 역사가 아닌 20세기 한반도사 또는 한민족사를 위한 영상DB 구축이 머지않아 이루어지기를 고대한다.

21세기 초입에 우리는 개항, 식민지배, 분단과 전쟁, 산업화와 민주화 등 좌절과 희망의 20세기를 차분히 재성찰하며 냉전분단시대가 남긴 질곡과 유제를 극복·청산할 방향을 모색해야 한다. 한국현대사 영상자료 해제집이 20세기 냉전분단시대를 넘어서는 역사, 그리고 활자 미디어를 넘어서는 새로운 역사쓰기를 모색하는 이들에게 디딤돌이 된다면 이는 연구팀원 모두에게 큰 기쁨일 것이다.

2017년 5월
연구팀원을 대표하여
허은 씀

차 례

Ⅰ. 미국 국립문서기록관리청 수집영상

미국지역 수집영상 해제 소개 / 3

II. 테드 코넌트 콜렉션 영상

III. 유럽수집영상

IV. 일본수집영상

I

미국 국립문서기록관리청

(National Archives and Records Administration, NARA)

수집영상

미국지역 수집영상 해제 소개

이 책에 소개된 해외소재 문화영화 및 비편집영상의 해제는 수집 지역에 따라 크게 세 종류로 나뉜다. 그중 가장 큰 비중을 차지하는 것이 미국 지역 수집 자료이다. 본 연구팀은 미국 국립문서기록보관청(National Archives and Records Administration)에 소장된 영상 자료에 대하여 해제를 진행하였다. 또한 테드 코넌트(Theodore Connant) 컬렉션 영상에 대한 해제도 수록하였다.

1. NARA는 미국정부 소속의 독립기관으로, 정부의 기록들과 역사적 기록들을 보존하며, 일반 대중들이 이 기록들을 쉽게 접할 수 있도록 서비스하려는 목적으로 설립되었다. 1934년 창립 이후 1949년 연방 조달청(General Services Administration) 산하 조직으로 개편되었다가 1985년 독립기관으로 정비되었다. 한국 근현대 역사와 관련된 영상들은 미국 메릴랜드 주 컬리지 파크(College Park, MD.)에 소재한 NARA 2관에 소장되어 있었는데, 고려대학교 한국사연구소 역사영상융합연구팀에서 조사한 바에 따르면 뉴스영화와 문화영화, 편집되지 않은 영상(비편집영상)을 모두 포함하여 약 5,000편이 넘는다.
이 영상들은 다양한 주체들에 의해 생산되었다. 그중에서 육군, 해군, 공군 등의 군대에서 생산된 영상들이 압도적 비중을 차지한다. 대체로 한국전쟁 시기에 촬영된 이 영상들의 대부분은 기록을 위해 촬영하고 편집하지 않은 푸티지(footage)의 형태로 존재한다. 미공보처(United Sates Information Agency, USIA) 산하 주한미공보원(USIS-Korea)에서 제작한 영상들은 대부분 상영을 목적으로 편집된 문화영화와 뉴스영화이다. 그 외에도 북한의 국립영화촬영소에서 제작하여 6.25전쟁 기간 중 미군에 의해 노획된 영상들도 존재한다. 본 연구팀은 주한미공보원에서 제작한 문화영화의 대부분을 수집하였고, 비편집영상들과 노획영상 중 일부를 선별·수집하였다. 또한, 20세기 폭스, 텔레뉴스, 유니버설 뉴스릴 등을 비롯한 상업 영화사들에서 제작한 뉴스영화도 일부 수집하였다. 이렇게 수집된 영상들은 뉴스영화를 제외하고 문화영화 170편, 비편집영상 84편인데, 이 영상들을 1·2차 카탈로깅 이후 분류, 선별하여 총 11편에 대한 해제가 진행되었다.

해제된 영상들은 두 가지 기준에 따라 선별되었다. 먼저 영상이 다루고 있는 시기이다. 현재 KTV에서는 〈대한뉴스〉의 경우 1953년 제작된 영상부터, 문화영화의 경우 1956년 제작된 영상부터 서비스하고 있다. 한국영상자료원에서 해방기에 제작되었던 〈해방뉴스〉 네 편과 다큐멘터리 〈해방조선을 가다〉를 발굴, 소장하고 있으나 이 시기를 기록한 영상은 절대적으로 부족한 편이라 할 수 있다. 이런 점에서 해방 직후 남한과 북한의 다양한 모습을 보여주는 〈US Soldiers on Pass, Keijo(Seoul), Korea〉, 〈Democratic Vote on 3 November 1946〉, 〈Nationalist & Communist Demonstrators Clash 47.3〉, 〈남북연석회의〉, 그리고 1948년 5월에 실시되었던 대한민국 최초의 보통선거 모습을 담은 〈Korean Elections〉 등은 그 존재 자체만으로도 매우 귀중한 사료라 할 수 있을 것이다. 두 번째로, 주제적 측면에서 제작주체인 미국의 시선과 의도 및 그들의 통치전략이 잘 드러나는 영상들을 선별하였다. 〈한국의 고아들〉을 다룬 일련의 영상들과 〈제2의 적〉, 〈The Ideal Citizen〉, 〈황토길〉, 〈신흥도시 울산〉 등의 영상이 해당된다. 마지막으로 국내 뉴스와는 다른 시선과 목소리로 한국사회의 변혁과정을 포착하고 있는 영상이 존재하는데, 주로 스케치 영상처럼 비편집본으로 존재하는 이 영상들은 한국정부의 의도를 빗겨가는 균열을 보여주기도 한다는 점에서 자세히 살펴볼 필요가 있다. 이 책에는 4·19 혁명 당시의 거리 풍경을 생생하게 묘사한 〈Korea Anti Government Riots〉에 대한 해제가 수록되어 있다.

2. 시어도어 코넌트(Theodore Conant, 이하 테드 코넌트)는 1952년에 유엔한국재건단(United Nations Korea Reconstruction Agency) 소속의 녹음 기사로 처음 한국에 왔다. 유엔한국재건단·유네스코·미군의 문화영화 및 뉴스릴 제작에 관여했으며, 한국의 초창기 영화 시설 및 기술 발전에 이바지했다. 테드 코넌트가 소장한 영상, 사진, 문서 자료 등은 미국 컬럼비아대학 동아시아도서관에 기증되었는데, 이 중 한국관련 영상물은 총 71편으로, 2011년 한국영상자료원에서 14편을 수집했고, 2012년부터 2014년까지 고려대학교 한국사연구소 역사영상융합연구팀에서 57편을 추가 수집했다.

테드 코넌트는 고교 시절 레이더, 무선전신에 대한 교육을 받고 운송선박, 라디오, TV 방송국 등에서 일하면서 오디오, 방송기술을 습득했다. 제2차 세계대전 당시 그는 태평양 상선을 타고 무선통신담당으로 전쟁을 경험했다. 전쟁 후 스워스모어(Swarthmore) 대학을 다니며 방송 일을 하던 중 다큐멘터리 감독 로버트 플래허티(Robert Flaherty)를 만나 조감독으로 일하면서 큰 영향을 받았다. 1952년 유엔한국재건단 소속 녹음 기사로 처음 한국에 온 뒤, 1957년에는 유엔한국재건단이 설립한 농업학교 '신생활교육원'에서 시청각 교육을 담당했다. 1958년에는 시러큐스 대학교(Siracuse University)와 한국 정부 가 맺은 계약에 따라 공보처 영화과의 녹음 담당 고문으로 자리를 옮기면서 한국 영화 인들에게 기술을 전수하고 녹음 기재의 설비에도 적극 관여했다. 이 시기 테드 코넌트 는 유엔, 유네스코, 미군 등을 위해 문화영화 제작에 참여했으며, 프리랜서 다큐멘터리 감독이자 사운드 엔지니어로 BBC, CBS, NBC 등 상업방송국을 위한 뉴스릴 제작에도 관 여했다. 한편, 이형표 감독과 밀접하게 교류하면서 한국을 주제로 한 〈위기의 아이들 Children in Crisis〉, 〈한국의 예술가 Korean Artist〉 등의 다큐멘터리를 연출하기도 했다.

본 연구팀은 테드 코넌트 콜렉션의 71편의 영상 중 중복 영상 한 편을 제외한 70편의 영상을 카탈로깅 하였고, 그중 특히 코넌트가 한국영화계와 맺고 있었던 관계를 잘 드 러내는 영상 4편에 대한 해제를 진행하였다. 〈Making Film of Korean Film "Dream"〉, 〈Korean Fundamental Education Center〉, 〈Welcome to Motion Pictures〉 등이 그러한 영상 이며, 또한 한국의 정치, 사회, 문화에 관심을 가지고 있었던 코넌트가 〈위기의 아이들〉 을 제작하는데 동기가 되었으며 일부 인용되기도 했던 이승만 대통령의 80회 생일 행사 를 담은 영상 해제 역시 수록되었다.

(참고자료: 한국영상자료원,『냉전시대 한국의 문화영화 - 테드 코넌트, 험프리 렌지 콜렉션을 중심으로』, 2011; 한국영상자료원,『이방인이 기록한 전후 한국, 영화: 시어도 어 코넌트 컬렉션』, 2015)

JAPANESE SURRENDER ON KOREA, 09-08-1945

수집처	National Archives and Records Administration(NARA), USA.
제작연월일	1945년 8월
상영시간	09분 01초
형식	실사
컬러	흑백
사운드	무

▌영상요약

이 영상은 1945년 9월 8일 조선총독부에서 거행된 일제의 항복문서 조인식 모습을 담고 있다. 이 조인식에는 미군 측 대표로 존 하지(John R. Hodge) 중장과 토마스 킨케이드 (Thomas C. Kinkaid) 미 해군 제독이 참석했으며 일본 측에서는 아베 노부유키(阿部信行) 총독을 비롯한 3명의 일제 관리가 배석했다. 항복 문서 조인 이후 총독부 앞의 일장기는 성조기로 교체되었다.

▌연구해제

이 영상은 해방 직후 조선총독부에서 거행된 일본의 항복문서 조인식 모습을 담고 있다. 조인식 이외에도 총독부 건물로 들어가는 미군 차량 행렬과 성조기 게양식 직전 미군의 분열식 장면이 자세하게 등장함으로써 한반도의 새로운 강자가 누구인지를 암시하고 있다. 이어서 총독부 청사의 일장기가 내려지고 그 자리를 대신하는 성조기의 게양과 경례하는 미군들의 모습에서 해방의 주체가 조선인이 아니라 미군인 듯한 인상을 보여주고 있다.

1945년 9월 9일 오후 4시 조선총독부 제1회의실에서 아베 노부유키 총독, 일본군 코즈끼 요시오(上月良夫) 제17방면군 사령관, 야마구찌 기사부로(山口儀三郎) 진해 경비부 사령관이 미 제24군단 존 하지 중장과 제7함대 사령관 킨케이드 제독 등 미군 장성들이 지켜보는 가운데 항복문서에 서명했다. 9월 2일 미주리 함상에서 공식적인 항복 조인식이 있었지만, 9월 9일의 "미국군 태평양방면 최고사령관 대리 재조선 미국군사령관에 대한 조선 북위 38도 이남 지역의 일본 육·해·공군 고급 지휘관의 항복서"의 효력은 38선 이남에만 적용된다는 점이 달랐다.

1945년 8월 20일에 미군의 B29기가 서울 항공에 나타나 웨드마이어(Albert C. Wedemeyer) 장군 명의의 삐라를 서울 시내에 살포하였다. 삐라의 내용은 미군의 진주를 예고하면서 그동안 연합군의 포로에 대하여 인도주의에 입각하여 취급해야 한다는 것이었다. 9월 2일 미군은 서울 상공에 미 제24군단 사령관 하지 중장의 포고 삐라를 살포하였다. 9월 6일에는 미군 선발대의 사절 해리스(Charles Harris) 준장 이하 31명의 일행이 김포비행장에 도착하고 9월 7일 엔도 류사쿠(遠藤柳作) 정무총감과 항복 관련 사전 회담을 가졌다. 하지는 그 자신의 대리인인 해리스 준장에게 보낸 정책설명서에서 한국은 일본 제국의 일부로서 우리의 적이며, 따라서 항복조건들을 준수해야 하며, 미국 군대는 이런 조건들의 준수를 위해 상륙할 것이라고 말했다.

하지 중장과 24군단의 미군은 9월 8일 인천에 상륙했고, 9일 아침 8시 장갑차 11대를 앞세운 미군 선발 부대는 경인가도로 서울에 진주하여 총독부와 조선호텔에 들었다. 9시에는 5~6백 명의 미군이 총독부 구내에 들어가 동쪽 광장에 캠프를 쳤다. 그리고 일본과 항복조인식을 가졌다. 9월 9일 오후 4시를 기해 남한 지역에서 일본 국기의 게양이 금지되어 오후 4시 30분 총독부 정문 앞에 달렸던 일장기가 내려지고 성조기가 게양되었다.

1945년 9월 9일 조선 총독이 미군 태평양방면 육군 총사령관 맥아더(Douglas MacArthur)의 대리인 조선 주둔 미군사령관 하지 중장에게 항복한 바로 그 시작부터 남한 지역은 미군의 군정으로 들어갔다. 맥아더는 이날로 '조선 인민에게 고함'이라는 포고 제1호, 제2호, 제3호를 공포하고 그것은 군정의 헌법적 역할을 하게 되었다. 포고 제1호는 38도 이남의 모든 행정권이 당분간 맥아더 사령부의 군정 아래에서 시행된다는 것으로서 조선인민공화국은 물론 대한민국임시정부조차도 주권 행사 기관으로 인정하지 않았다. 맥아더 포고에 따라 형식상으로 군정을 보좌하는 것으로 되어 있던 아베 총독은 9월 12일에 파면되고 7사단장 아놀드(A. V. Arnold) 소장이 군정장관으로 임명되었다. 이렇게 실시된 군정은 1947년 5월 17일에 공포된 남조선 과도정부를 거쳐 1948년 8월 15일 대한민국 정부 수립을 선포함으로써 비로소 종결되었다.

▌참고문헌

송남헌, 『解放三年史』 Ⅰ, 까치, 1985.

▌화면묘사

00:06 회의장 모습. 미군 관계자들이 착석해 있는 가운데 일제 관리 2명이 먼저 들어옴. 이어 아베 노부유키 조선총독이 회의장에 입장. 좌석에 착석한 세 사람

00:36 킨케이드 미 해군 제독과 하지 중장이 회의장으로 입장. 착석하는 미군 장성들

▌ 내레이션

(내레이션 없음)

US SOLDIERS ON PASS, KEIJO(SEOUL), KOREA

수 집 처	National Archives and Records Administration(NARA), USA
제작연월일	1945년
제공언어	영어
형 식	실사
컬 러	흑백
사운드	무

영상요약

이 영상은 두 부분으로 나뉘어져 있다. 첫 번째 영상은 1945년 9월 24일에 촬영된 것으로, 서울에 진주한 미군들의 일상생활 모습과 서울 시가지의 풍경을 담고 있다. 두 번째 영상은 1945년 9월 28일에 촬영된 것으로 보이며, 제주도 주둔 일본군 항복 조인식 관련 필름이다.

연구해제

이 영상은 두 부분으로 나뉘어져 있는데 두 번째 영상인 "SURRENDER, 3231 SIG SV DET MURPHY, SAISHLI, 9-28/45"은 제주도 주둔 일본군의 항복 조인식 관련 필름이다. 1945년 9월 9일의 조선총독부 항복 조인식과 별개로 제주도에서는 1945년 9월 28일에 항복 조인식이 따로 이루어졌다.

미군의 지방 진주 과정은 보통 3단계로 진행되었다. 사전정찰을 위한 선발대 파견, 전술부대의 진주와 관할구역 점령 및 작전형 군정 실시, 군정단 및 군정중대의 파견과 그들에 의한 영토형 군정 실시의 3단계를 거쳤다. 미군의 제주도 진주 과정은 이러한 일반적인 미군의 지방 진주 과정과는 다소 달랐다.

제주도에 최초로 진주한 미군은 전술부대 진주 이전에 사전정찰을 위해 파견된 선발대가 아니라, 제주도 주둔 일본군의 항복접수와 무장해제를 위해 1945년 9월 28일에 내도한 항복접수팀과 무장해제팀이었다. 9월 24일~25일에 있었던 미 제308항공폭격단 제주도 상공 정찰비행은, 미군의 상륙을 위한 사전정찰이었다. 그만큼 이날의 제주도 진주는 매우 신중히 계획된 것이었다.

무장해제팀은 제24군단 병기장교 파우웰(G. F. Powell) 대령의 지휘 아래 보병 제7사단 사병 100명으로 구성되었는데, 9월 26일 2척의 LSM에 분승한 뒤 인천항을 출발하여 구축함의 호위 속에 9월 28일 오전 8시 제주도에 도착했고, 10월 6일경에 임무를 완수하였다.

항복접수팀은 보병 제184연대 사령관 로이 그린(Roy A. Green) 대령의 지휘하에 장교와 민간인 38명으로 구성되었고, 여기에는 제7사단과 군정청, 군단 참모부 및 제308항공폭격단 대표들뿐만 아니라 통역사와 공보 관계자 4명, 특파원 6명, 통신원 2명, 해군 대표로 월든(A. J. Walden) 중령이 포함됐다. 이들은 9월 28일 오전 7시경 2대의 C47기에 분승하여 김포비행장을 이륙한 후 오전 9시경 제주시에서 서쪽으로 1.5마일 떨어진 제주 서비행장(Cheju West Airport)에 착륙했다.

제주농업학교에서 열린 항복조인식에는 미군 측의 로이 그린 대령과 월든 중령, 일본군 측의 제58군 사령관 도야마 노보루(遠山 登) 중장, 제주도 주둔 해군 사령관 하마다 쇼이치(濱田昇一) 중령, 제주도사(濟州島司) 센다 센페이(千田專平)가 참석했다. 항복조인식 종료 후 미군과 일본군 사이에 1시간 정도의 협의가 있었다. 이 협의가 끝난 뒤 제24군단 정보참모부 해리슨(Harrison) 대령을 포함한 몇 명의 장교들만 정보수집차 제주에 남고, 그린 대령을 위시한 항복접수팀은 항공편으로 귀경했다.

1945년 9월 9일 조선총독부 제1회의실에서 조인된 항복문서에 따라 38도선 이남의 모든 일본군이 항복한 결과가 됨에도 불구하고 제주도에서 다시 항복조인식을 가졌던 것은 제주도가 본토에서 멀리 떨어져 있었고, 제주도 주둔 제58군이 제주도의 방위작전에 관한 한 제17방면군과는 독립적인 위치에 있었으며, 그 병력규모가 컸기 때문이었다. 미군 점령 전 제주도 주둔 일본군은 당시 남한 주둔 일본군 58,320명인데, 이는 당시 서울에 주둔하고 있던 일본군보다도 많은 병력이었다. 오키나와와 거의 같은 크기로 중무장된 요새나 다름없는 제주도의 무장해제는 미군에게 중대한 문제였던 것이다.

▌참고문헌

제민일보 4·3취재반, 『4·3은 말한다』1, 전예원, 1994.
현석이, 「도제(道制) 실시를 통해 본 '제주4·3'의 정치·사회적 배경」, 고려대학교 석사
　　　학위논문, 2005.

▌화면묘사

00:01　"DATE 9/24/45, 3231st SIG SV DET, GI's on pass, ROLL1, CAMERAMAN
　　　Sgt.j.DU BOIS" 문구가 비춰짐
00:08　미군으로 보이는 병사 2명과 통역병사로 보이는 한국인 1명이 상점에서 물품을
　　　구입하는 장면

00:27 "朝鮮米穀倉庫株*** 京城支*" 문구가 쓰인 건물을 경비하는 군인이 보이고 건물 앞을 지나는 미군과 행인들이 비춰짐

01:00 시가지에서 시민들과 대화를 나누는 미군. 이어 노상에서 군화를 수선하는 미군이 비춰짐

01:47 시가지를 거니는 미군들과 시민들

02:36 상점 벽에 부착된 글귀를 살펴보는 미군 병사들의 모습

03:16 "泰東樓 中華料理" 간판이 보이고 식당으로 들어서는 미군

03:24 "SURRENDER, 3231 SIG SV DET MURPHY, SAISHLI, 9-28/45, ROLL1"

03:29 석조건축물이 비춰지고 건물 주변을 경계하는 군인이 보임. 건물 정면에 펄럭이는 성조기의 모습

03:43 왼쪽 팔에 완장을 두르고 어깨에 계급장을 단 병사가 보임

03:47 건물 현관에 성조기와 태극기가 세워져 있으며 미군으로 추정되는 군인 4명이 보임

03:54 왼쪽 팔에 완장을 두른 채 건물을 경계하는 군인들이 보임

04:04 군용차량에서 내리는 미군 장교들의 모습

04:32 "SURRENDER, 3231 SIG SV DET MURPHY, SAISHLI, 9-28/45, ROLL2" 문구가 비춰짐

04:34 건물 외부의 모습이 비춰지고 이어 건물 내부로 화면 전환. 회의실로 보이는 장소에 미군으로 보이는 군인이 착석해있으며 잠시 후 일본 관리로 보이는 인사들이 줄 지어 입실. 회의실에는 촬영기사와 미국 군인들이 자리를 잡고 있음

04:57 미군 장교가 좌석에 앉은 채로 일본인으로 보이는 인사들에게 메시지를 전함. 일본인으로 보이는 인사가 착석하여 문서에 서명하는 장면

06:18 서명한 문서를 살펴보는 미국 군인들의 모습

06:40 서명을 마친 후 회의실을 빠져나가는 일본인으로 보이는 인사들이 비춰짐

내레이션

(내레이션 없음)

Democratic Vote on 3 November 1946

수집처	National Archives and Records Administration(NARA), USA
제작연월일	1946년 11월
상영시간	08분 03초
제공언어	한국어
형식	실사
컬러	흑백
사운드	무

▌ 영상요약

이 영상은 1946년 11월 3일 북한지역에서 실시된 도시군 인민위원회 선거 과정을 소개하고 있다. 1946년 9월 5일 북조선임시인민위원회는 도시군 인민위원회 선거 규정을 발표하고 동년 11월 3일의 선거 실시를 포고하였다. 이에 따라 북한 각지에는 선거일과 그 중요성을 안내하는 홍보사업이 대대적으로 펼쳐졌다. 이와 함께 김일성 등을 비롯한 북한지도부는 선거 독려를 위한 연설대회를 추진하였다. 선거 당일 아침 일찍부터 투표하는 인민들을 소개하면서 영상은 마무리된다.

▌ 연구해제

이 영상은 1946년 11월 3일 북한지역에서 실시된 도·시·군 인민위원회 선거 과정을 담았다. 선거 포스터들과 농민, 노동자들의 활발한 생산 활동, 여성들의 투표권 선전 모습, 군중대회 등이 차례로 등장함으로써 선거의 정당성을 선전하고 있다. 여기에 김일성 초상화와 활발한 연설 모습 등을 첨가함으로써 분단으로 가는 길목에서 북한 체제의 우월성을 드러내고자 하고 있다.

북한에서는 1946년 11월과 1947년 2월에 인민위원회 선거를 통해 공식적으로 선출된 정권인 북조선인민위원회가 출범되었다. 북한에서의 체제 건설은 1946년 말~1947년 초반에는 중앙 및 지방 기구를 정비하는 데로 나아갔다. 이는 북조선임시인민위원회를 북조선인민위원회로 발전시키는 방안으로 나타났다.

이를 위해 지방주권기관과 중앙주권기관의 관계를 정리하는 것으로부터 시작해서 이를 기초로 선거를 통해 최고 정권기관을 새로이 구성하고, 이미 발표된 제반 법령을 선거에 의한 '법적확인'의 절차를 거쳐 합법적 법령으로 전환하려는 조치가 취해졌다. 이 조치의 시작은 지방정권의 재정비였다.

1946년 9월 5일 북조선임시인민위원회는 제2차 확대집행위원회를 열고 각급 인민위원회 선거 실시에 관한 결정을 채택했다. 1946년 11월 3일 도·시·군 인민위원회 단위의 선거가 북한 전역에서 실시되었다. 그 결과 도 위원 452명, 시 위원 287명, 군 위원 2,720명 등 총 3,459명에 이르는 위원들이 선출되었다. 당별로 보면 북로당 1,102명(31.8%), 민주당 351명(10%), 청우당 253명(8.1%), 무소속 1,753명(50.1%)이었다. 1947년 2월 17일~

20일까지 4일간에 걸쳐 평양에서는 각 도·시·군 인민위원회 및 각 정당·단체 대표 1,157명이 참석한 가운데「북조선 도·시·군 인민위원회 대회」가 개최되었다. 이 대회는 북조선임시인민위원회가 제안한 모든 법령들을 승인함으로써 그동안 진행된 정책의 정당성을 확인해주었다. 이 대회에서 237명의 선출되어 북조선인민회의가 구성되었다.

북조선인민회의는 1차 회의를 통해 김일성을 수반으로 하는 북조선인민위원회를 결성하였다. 북조선인민위원회는 모든 국가사업을 책임지는 합법적 최고 권력기관이며 미소 합의에 의한 임시정부 수립까지를 존속 기한으로 정했다. 김일성을 위원장으로 하고, 부위원장 2인, 사무장, 14개의 국장과 4개 부장으로 조직되었다. 정당별 구성은 북(남)로당 16명, 조선민주당 2명, 청우당 2명, 무소속 2명이었다.

북조선인민위원회는 기존의 민족통일전선에 따라 비공산계가 과반수를 차지한 북조선임시인민위원회와는 차이가 있었다. 북조선인민위원회의 위상 변화를 이끈 부서는 신설된 외무국과 보안국에서 개편된 내무국이었다. 외무국은 대소 교류 등의 대외관계를 전담하려고 신설되었고, 내무국은 보안국에서 개편되어 치안과 군대 양성을 맡았다. 국방을 담당하는 조직은 민감한 문제여서 1948년 2월 4일에야 민족보위국이 발족하였다. 위원회는 실무를 담당할 부국장으로 소련계 한인들을 임명했다. 북조선인민위원회는 실질적인 정부의 위상을 가지고 북한의 변화와 개혁을 실행하였다.

북조선인민위원회는 북한 지역의 정치, 경제적 기반을 공고히 하는 북조선 인민의 최고집행기관이었다. 북한은 이미 실시된 민주개혁의 법적인 정당성 확보와 계속적인 추진을 위해 보통선거를 거쳐 대중의 지지를 획득해 나갔다. 증산경쟁을 통해 생산성을 향상시키고 각종 개혁을 추진했다. 사법제도도 개혁되어 각급 재판소는 선출된 인사들로 재조직되었다. 또한 화폐교환사업을 통해 인민정권이 시장을 통제하고 상업금융을 국가 계획 아래 통제할 수 있는 기반을 다져나갔다. 북한은 조선임시정부 수립 시에도 지방정권기관들과 인민위원회 형태를 보존해야 한다고 주장했다. 북한의 이러한 입장은 자신들이 독자적인 분단정권을 추진한다는 비판을 피하고 인민위원회 활동을 한반도 차원의 정부수립과 연계시키려는 것이었다.

참고문헌

기광서, 「해방 후 북한 중앙정권기관의 형성과 변화(1945~1948)」, 『평화연구』 제19권 2호, 2011.

김광운, 『북한정치사 연구』 Ⅰ, 선인, 2003.

화면묘사

00:05 "演出助手 文奎三, 撮影助手 康根英, 照明助手 白麟起, 編輯助手 *景淑" 자막

00:11 인쇄소에서 신문을 찍어내는 장면. 로동신문 1면이 비춰짐. "民主選擧制實*" 제목이 보임. 민주조선 1면에 "인민의 선거***" 제목의 기사

00:20 "北朝鮮임시人民委員會는 1946年 9月 5日 北朝鮮道市郡人民委員會의 위원선거에 關한 規定을 發布하였음. 선거日 1946年 11月 3日" 자막

00:34 "처음 맞이하는 民主 선거" 자막. "歷史的 民主選擧" 제목의 신문기사가 비춰짐

00:50 "평양시 인민위원 후보자" 현수막이 걸린 건물이 보임. "우리의 人民委員이 될 候補者는 民主主義民族統一戰線委員會에서 推薦되었으며 이에 따라 群衆宣傳 선동사업은 한 層 더 活潑히 展開되었다" 자막

01:06 "이번 選擧는 一般 平等 直接 無記名 投票로 하는 가장 進步된 民主主義 選擧이다!!" 문구가 적힌 유인물이 부착된 모습

01:11 "완전독립도 이 한 표에 있다, 朝蘇文化協會"가 적힌 선거포스터가 비춰짐. "北朝鮮 人民은 이 選擧를 通하여 金日成 委員長의 周圍에 일층 튼튼히 뭉치자", "民主主義民族統一戰線에서 推薦한 人民委員 候補者 万才" 문구가 적힌 선거홍보물

01:27 "여자는 남자와 동등의 선거권을 가진다"는 문구를 담은 선거포스터가 비춰짐

01:31 가두에 김일성 초상화와 함께 11월 3일이 선거일이라는 홍보물이 게시되어 있음. 건물 옥상에 걸린 태극기가 보임. 건물 외부에 붙은 "선거" 문구

02:13 "40,000名의 宣傳員들이 動員되어 전 北조선 坊坊曲曲에 宣傳사업이 展開되였다." 자막

02:19 선전원이 중년 여성에게 선거포스터를 보여주며 선거 홍보를 하는 장면

02:37 꽃 장식을 한 전차가 비춰짐

02:43 "民主선거를 期하야 職場에서는", "生産增强에 突入하였다" 자막. 기계설비를 가지고 일하는 근로자와 공장 벽면에 "民主선거 万세!" 문구가 비춰짐

03:07 "農村에서는 現物稅를 完納함으로써 民主선거의 勝利를 期하였다" 자막. 수레와 지게를 이용하여 쌀 가마니를 나르는 농민들. "그리하여 전 北조선 人民은 내 나라를 새로히 건설하는 기빨아래 열성적으로 뭉치였으며 參加하였다" 자막

03:40 "11月 1日 이날 밤에는 金日成 委員長의 民主선거에 對한 報告 演說大會가 열이였다" 자막. 김일성의 연설 모습. 김두봉과 최용건, 무정으로 보이는 인사가 비춰짐

04:11 "우리 民族 歷史 上에 있어서 처음으로 自由롭게 그 性*로 보아 眞正한 人民主權인 人民委員會 委員을 선거하게 되었습니다" 자막. 김일성의 연설 이어짐. "우리 人民이 團結되고 조직되고 統一되였음과 自治할 能力을 가졌고 우리나라를 民主主義 獨立國家로 맨들 수 있다는 것을 全 世界에 示威하여야 할 것입니다" 자막. 김일성의 연설에 박수로 호응하는 참석자들

05:06 "선거일을 앞둔 11月 2日 전 北조선 인민은 선거에 對한 群衆大會를 열성적으로 조직하였다" 자막

05:16 깃발을 들고 광장에 운집한 북한 인민들이 비춰짐. 군중대회에 참석한 김일성과 김두봉의 모습

05:51 "平壤特別市 選舉 慶祝 群衆大會" 현수막이 비춰짐. 홍기주의 연설 장면. 박정애가 비춰짐. 민주청년동맹과 여성동맹 깃발을 들고 운집한 북한 인민들. 장시우가 비춰짐

07:12 "11月 3日" 자막. "산업부흥" 문구가 걸려있는 건물이 비춰짐. 선거를 위해 투표장에 모여 있는 인민들

07:43 "아침 일직이부터 전 人民은 희망에 넘친 얼골로" 자막. 아기를 등에 업고 줄을 서 있는 여성이 비춰짐

내레이션

(내레이션 없음)

Nationalist & Communist Demonstrators Clash 47.3

제명	Nationalist & Communist Demonstrators Clash 47.3
수집처	National Archives and Records Administration(NARA), USA
제작연월일	1947년 3월
상영시간	10분 26초
형식	실사
컬러	흑백
사운드	무

▌ 영상요약

본 영상은 두 부분으로 구성되어 있다. 첫 번째 영상은 1947년 2월 28일에 촬영된 것으로 시가지에 나붙은 반탁(反託) 관계 벽보들을 보여준다. 두 번째 영상은 1947년 3월 1일에 촬영된 것으로 서울 시가지와 중앙청 일대에서 열린 경찰 시열식을 모습을 담고 있다. 이 행사에는 러치(Archer L. Lerch) 군정장관과 경무부장 조병옥, 수도청장 장택상 등이 참석했다.

▌ 연구해제

이 영상은 1947년 3월 1일 삼일절을 맞아 시열식을 거행하는 경찰, 그리고 남산에서 충돌하는 좌우세력을 촬영한 것이다.

1945년 12월 28일 미국과 소련은 임시조선민주주의 정부의 설치와 미영중소 4개국의 관할하에 신탁통치 후 완전 독립을 실시한다는 '모스크바3상회의안'에 합의했다. 하지만 이 안은 『동아일보』에 의해 신탁통치만이 크게 부각되며 신탁통치 제안의 주체도 '미국은 즉시독립 주장, 소련이 신탁통치 주장'이라는 내용으로 정반대로 왜곡 보도되었다. 이는 독립을 열망했던 한국인들의 감정을 자극했으며 민족국가 건설의 이슈가 민족문제(친일파 배제)에서 이념문제(신탁통치반대·공산당반대)로 급격히 바뀌는 결과를 낳았다. 1945년 8월 15일이래 친일파를 제외한 국내외 민족운동세력들에 기반한 국가건설의 시도들은 일순간 힘을 잃어버렸다. 모스크바 삼상회의안을 완전독립 방안으로 지지한 공산주의자 및 급진적 민족주의자들은 '민주주의 민족전선'을 결성하였고, 반탁을 주창한 우익세력들은 대한독립촉성국민회를 결성했다. 이에 따른 좌우 분화와 정치적 대립·충돌은 서울의 중앙정치 수준에서뿐만 아니라 전국의 마을단위까지 확산되어갔다.

그러나 모스크바삼상회의 결정안을 실행하기 위한 제1차 미소공동위원회는 진척을 이루지 못했다. 이후 김규식·여운형 주도로 좌우합작운동이 추진되었으나 찬반탁 대립으로 갈라진 우익과 좌익을 견인하지 못했다. 1947년 3월 1일 좌익과 우익이 삼일절 기념행사를 별도로 치루고 끝내 유혈충돌을 낳은 것은 이러한 상황을 상징적으로 보여주는 사례라 할 수 있다.

이 영상은 1947년 2월 28일부터 3월 1일까지 삼일절 행사를 매개로 발생했던 일들을 촬영한 것이다. 내용은 크게 3부분으로 나누어진다. 첫째, 삼일절 전일 전국학생총연맹이 거리에 붙인 반탁벽보를 보여주며 거리의 분위기를 보여주는 것. 둘째, 삼일절 기념행사에 대한 소개. 여기에는 경찰의 대규모 시열식, 군정 및 임정요인이 참석한 우익 측의 기념식, 그리고 남산에서 개최된 좌익 측의 기념식이 포함된다. 셋째, 좌익 측 행진대열을 습격하는 우익청년들의 모습과 경찰의 해산조치이다.

영상이 담은 삼일절 전날의 거리의 모습은 삼일절 축하의 분위기가 아닌 반탁 분위기이다. 1947년 2월 28일 촬영된 영상은 전위조직인 전국학생총연맹이 붙인 반탁벽보들을 클로즈업하여 보여준다. '신탁배격', '탁치반대', '삼팔선 즉시철폐', '미국지지' 등이 그것이다. 전국학생총연맹은 반탁학생운동을 주도했던 반탁전국학생총연맹의 후속조직으로 1946년 7월 31일 발족했다. 1947년 3·1절 기념행사가 유혈충돌을 낳을 것이라는 풍문은 이미 며칠 전부터 언론을 통해 흘러나오고 있었다. 삼일절 기념식 준비보다 반탁분위기를 찍는데 초점을 맞춘 이 영상촬영자도 이러한 충돌의 가능성을 인지하고 촬영을 준비하고 있었던 것으로 추정해볼 수 있다.

삼일절에 경찰은 일종의 무력시위를 전개했다. 3천여 명의 병력을 동원하여 사열식을 거행했다. 영상은 지금의 광화문 대로로 보여지는 곳에서 사열을 받는 러치 군정장관, 조병옥 경무부장, 장택상 수도경찰청장의 모습을 보여준다. 또한 중앙청 앞에서 훈시를 하는 러치 군정장관과 조병옥 경무부장의 모습도 확인된다.

우익 단체들은 서울운동장에서, 좌익 단체들은 남산 공원에서 삼일절 기념행사를 각자 치렀다. 흥미로운 점은 우익 측 행진대열은 거의 학생들로 구성되었고, 좌익 측 행진대열에는 학생들보다 일반인, 특히 다수의 여성들이 참여하고 있다는 차이가 확인되는 것이다. 행사를 마친 양 측은 행진을 벌였고, 남산 인근에 도착한 우익 청년들은 좌익 행진대열에 공격을 가했다. 영상은 충돌 직후 경찰의 무력진압까지의 상황을 생생히 보여준다. 영상을 통해 미군과 경찰은 좌익 측 행사를 감시하고 참여한 대중을 행사장 입구에서 검속하는데 집중했음을 알 수 있다.

언론보도에 따르면 해산 후 중학생 정인수(鄭仁洙)가 머리에 탄환이 관통되어 남대문 옆에 쓰러져 있는 것이 발견되었다. 언론은 누구의 발포인지는 확인되지 않았다고 보도했다. 이외에도 이날 대한기선회사 부근에서 4명이 피격을 당해 2명이 절명하고 나머지 2명도 중태에 빠지는 상황이 발생했다. 3월 4일 조병옥 경무부장에 따르면 전국에서 실시된 삼일절 기념행사에서 일어난 충돌을 진압하기 위해 경찰이 발포하였고, 그 결과

전국적으로 사망자 16명, 부상자 22명이 발생했다고 한다.

영상 중에 우익 청년들의 주도하에 社會葬(애국단체연합회장)을 치르는 장면이 짧게 나온다. 이는 1947년 2월 16일 고양군 원당면 주교리(高陽郡 元堂面 舟橋里)에서 좌우익 청년간의 충돌와중에 죽은 대한청년단원 소속 강금복(姜金福)의 사회장 모습이다. 언론에 따르면 강금복은 지역 좌익청년단체 민주청년동맹원의 습격으로 돌에 맞아 즉사했다. 이 사회장은 2월 24일 안국동 대한청년단 본부 앞에서 거행되었는데, 사회장을 거행한 당일에도 좌우익 청년간의 충돌이 발생했다. 2월 16일 거행된 사회장 영상이 여기에 포함된 이유는 분명하지 않다. 이후 편집과정에서 3월 1일 우익청년들이 좌익을 공격한 배경을 설명하기 위해 포함시킨 것으로 추론해볼 수 있을 것이다.

▌참고문헌

강만길 편, 『우리민족해방운동사』, 역사비평사, 2000.

▌화면묘사

00:06 "SCENE PROJECT A, ROLL A, DATE 2-28-47, CAMERANMAN *IVERS" 문구가 적힌 큐시트

00:15 화신백화점으로 보이는 건물 앞에 모인 사람들이 호외를 읽고 있음. 도로를 오가는 차량과 자전거, 인도를 걷는 시민들이 보임

00:50 건물에 부착된 벽보가 비춰짐. "WE WANT INDEPENDENCE OR DEATH, ALL KOREA STUDENT ASSOCIATION", "IMMEDIATE WITHDRAWAL OF THE ARMIES, ALL KOREAN STUDENTS ASSOCIATION", "ABOLISHMNET OF THE 38TH PARALLEL BARRIER, ALL KOREAN STUDENTS ASSOCIATION" 문구가 기재된 벽보

01:27 건물 앞에 모여 벽보를 보는 시민들

02:06 "夜間民衆醫院" 현판과 병원 건물에 붙은 "ANTI TRUSTSHIP" 문구가 적힌 벽보

02:43 "協昌洋行", "中央商事社" 현판이 보임. "信託排擊" 문구가 건물 전면에 부착되어 있음. 건물 앞을 오가는 사람들

03:20 시가지의 담벼락에 "託治反對" 등의 벽보가 게시되어 있음. 일부 벽보의 뜯긴 흔적도 보임

04:06 "DO AWAY WITH 38TH PARALLEL ANTI- TRUSTEESHIP", "ANTI-TRUSTEESHIP", "信託 決死反對", "GIVE INDEPENDENCE OR DEATH" 문구가 적힌 벽보가 건물 외벽에 부착되어 있음

04:56 "HURRAH!!! INDEPENDENCE OF KOREA", "DO AWAY WITH 38TH PARALLEL" 문구가 기재된 벽보가 비춰짐

05:40 "大韓獨立靑年團總本部", "全國學生總聯盟 현판이 걸린 건물이 비춰짐

05:56 "SCENE PROJECT A, Roll A, DATE 3-1-47, CAMERAMAN RIVERS" 문구가 적힌 큐시트

06:04 '우로 어깨총' 자세로 열을 맞춰 시가지를 행진하는 경찰

06:30 단상에 수도관구경찰청장 장택상 총감과 러치 군정장관 및 미 군정청 관계자들로 보이는 인사들이 서 있음

07:19 경찰들의 행렬 옆으로 악대들의 연주 모습이 보임

07:51 시열식을 바라보는 시민들

08:12 "DIVISION M. NATIONAL POLICE 國立警察首都管區" 문구가 적힌 차량이 보임

08:17 여성 경찰들의 행진 장면

08:29 중앙청을 향해 행진하는 경찰행렬. 멀리 중앙청 건물이 보임

08:42 중앙청 앞뜰에 도열한 경찰들

08:55 단상에 조병옥 경무부장과 러치 미 군정장관 군정청 요인이 함께 서 있음. 훈시를 하는 조병옥 경무부장과 훈시를 듣는 경찰들

09:54 장택상을 비롯한 행사 참석 요인들이 비춰짐

10:05 중앙청 앞뜰에서 퇴장하는 경찰 대열

내레이션

(내레이션 없음)

Nationalist & Communist Demonstrators Clash 47.4

제 명	Nationalist & Communist Demonstrators Clash 47.4
수 집 처	National Archives and Records Administration(NARA), USA
제 작 연 월 일	1947년 3월
상 영 시 간	09분 05초
형 식	실사
컬 러	흑백
사 운 드	무

영상요약

본 영상은 1947년 3월 1일 서울운동장에서 거행된 3.1절 행사장면으로 시작된다. 기념식에는 김구를 비롯한 임시정부 요인들과 미 군정청의 브라운(Albert E. Brown) 소장 등이 참석했다. 기념행사가 종료된 후 학생들을 중심으로 서울 시가지를 행진하였다. 한편 남산공원에서도 좌익 측의 주도로 3.1절 기념행사가 벌어지는데 기념식에 참가한 시민들 중에는 여성들이 많았다. 영상 중반부부터는 경찰에 연행된 시위 참가자들을 주로 보여주고 있다.

화면묘사

00:06 "三八線 卽時 撤廢, ABOLISHMENT OF THE 38TH PARALLEL", "신탁통치 결사 반대, WE DENOUNCE TH TRUSTEESHIP" 문구가 기재된 현수막을 들고 있는 학생들

00:18   "贊託 賣國奴 打倒", "美蘇兩軍 卽時 撤退, IMMEDIATE WITHDRWAL OF THE US AND SOVIET ARMIES" 현수막

00:27   연단에 오세창으로 보이는 인물과 김구 등의 임시정부 요인들 및 미 군정 브라운 소장 등의 요인들이 착석해 있음

01:03   연단에서 브라운 소장을 비롯한 참석 요인들이 연설하는 장면

01:45   중앙청 앞 도로를 주행하는 트럭. 트럭 뒤에 탑승한 남성들이 태극기를 흔들고 있음

01:53   플래카드를 들고 시가지를 행진하는 사람들. 행렬 중에 교복을 입은 학생들이 다수 포함. 우익 측 진영으로 보임

02:04   "京城公立中學校", "美蘇兩軍 卽時 撤退", "三八線 卽時 撤廢" 문구가 기재된 플래카드를 들고 행진하는 학생들

02:29   "全國學生總聯盟" 플래카드가 보임

02:50   남산 부근으로 보이는 곳에서 길을 걷는 여학생들. 이어 어깨동무를 하고 둥글게 모여 시위를 함. 계단에서 시위 모습을 지켜보는 시민들. 시위대는 좌익 측 세력으로 보임

03:30   말을 탄 경찰들이 남산의 시위 현장을 이리저리 돌아다님

03:55   플래카드를 들고 행진하는 시위대. "(…)를 徹底히 粉碎하라 (…)을 人民委員會로 넘겨라", "三相決定" 등의 문구가 기재된 플래카드. 시위대에 여성과 어린 소년들이 보임

04:13   태극기를 든 행렬. 이어 남산에 모인 시위대가 비춰짐. "民主靑年同盟 (…)", "모-든 權力은 人民(…)", "(…)力은 人民에게로" 등의 플래카드가 보임

04:51   차량 뒤에 탑승한 인물들. 무전연락을 취하는 남성이 비춰짐

05:02   "京城機械商會" 현판이 보이고 그 앞에 연행된 것으로 보이는 시위대가 두 손을 든 채 앉아 있음. 이들을 감시하는 무장경찰들. 추가로 연행되어 오는 시위대가 비춰짐

05:31   우익 세력들로 보이는 시위대가 서울역전에 집결

05:49   연행된 시위자들이 골목을 가득히 메움. 소지품을 검사하는 사복경찰

06:06   경찰 트럭에 올라타는 시위대

06:25   무장한 채 트럭 뒤에 탑승해 있는 경찰들이 비춰짐

06:32   태극기와 성조기가 걸린 건물 앞에서 손을 든 채 서 있는 시위 가담자들

06:51   태극기를 들고 행진하는 대열. 대열에 완장을 찬 남성, 태극기를 든 교복을 착
         용한 학생들이 있음

07:11   시가지에 운집한 시민들을 원거리에 촬영한 모습

07:54   "SCENE MASSM(…) SEOUL, KOREA, DATE 1 MAR-47, UNIT 123, CAMERAN
         LEE" 문구가 기재된 큐시트

08:01   "獨立宣言記念式 全國大會式場" 문구. 태극기 성조기, 영국 및 대만의 국기가
         걸려 있음

08:08   기념식장에 입장하는 시민들과 왼팔에 완장을 찬 남성들이 참석자들의 서류를
         확인하는 장면. "서울 建國*料奉公團"

08:38   "信託統治決死排擊" 문구가 기재된 플래카드가 보임. 기념식장으로 들어서는
         행렬

▌ 내레이션

(내레이션 없음)

Nationalist & Communist Demonstrators Clash

제명	Nationalist & Communist Demonstrators Clash
수집처	National Archives and Records Administration(NARA), USA
제작연월일	1947년 3월
상영시간	10분 56초
형식	실사
컬러	흑백
사운드	무

영상요약

본 영상은 1947년 3·1절 당시 신탁통치 문제로 충돌하는 좌우익 세력 시위대를 보여준다. 도입부에서는 경찰에 의해 연행된 좌익 측 시위대의 검거 이후 모습을 보여준다. 이어 남산공원에서 좌익 세력에 의해 개최된 3·1절 기념행사장에 난입한 우익 시위대 및 경찰의 진압 장면을 비춰준다. 영상 말미에는 대한청년단 소속으로 좌익 세력에 의해 희생된 강금복이라는 청년의 사회장 모습을 잠시 소개하고 있다.

화면묘사

00:05   경찰봉을 휴대한 50여 명가량의 경찰이 비춰짐. 이들 중 일부는 경찰 트럭에 탑승해 있음

00:28   중앙청 앞에서 "李博士 絕對支持", "全國學生總聯盟" 등의 플래카드를 들고 줄지어 행진하는 우익 측 시위대. 교복을 입고 왼팔에 완장을 찬 학생이 보임

00:50	우익 시위대가 원거리에서 비춰짐. 행렬의 다수는 학생으로 구성되었음. "京城公立中學校", "美蘇兩軍 卽時 撤退" "三八線 卽時 撤廢" 등의 플래카드를 들고 행진하는 학생들. 태극기를 든 여학생들도 보임
01:11	군용지프 배경의 미군 2명이 비춰짐
01:14	좌익 측 시위에 참여하였다가 연행된 것으로 보이는 인사들의 소지품을 검사하는 경찰. 연행된 인사들은 두 손을 든 채로 있고 경찰은 소총을 소지했으며 곁에 미군들도 있음
01:37	선글라스를 쓴 남성이 소련 깃발을 펼침. 미군 헌병이 소련 깃발을 가리키고 이후 남성의 멱살을 잡고 소련 깃발을 뺏으려 함
01:57	두 손을 든 채 건물 밖에 앉아 있는 시위 참여자들. 총을 소지하고 이들을 경계하는 경찰
02:31	두 손을 들고 시위 참여자들 사이에 앉아 있는 어린 소녀가 비춰짐
02:39	연행된 시위자들이 경찰서 밖에 앉아 있고 주변을 둘러 싼 경찰과 미군 헌병. 연행된 시위자들이 계속 나타나 자리를 채움
03:18	남산의 3 · 1운동 기념식장에 몰린 인파와 시위대. 호외로 보이는 종이조각이 거리에 산재해 있음. 시위대 사이에 펄럭이는 깃발. 깃발 가운데 별이 그려져 있고 문구가 기재된 것으로 보이나 문구는 판독 불가
03:57	"삼일운동 이십팔주년 기념대(…)" 문구가 보임
04:20	오토바이를 탄 예닐곱 명의 시위대가 깃발을 펄럭이며 이동
04:24	시가지를 행진하는 시위대. "전기" 문구가 적힌 깃발과 "新孔德洞北***" 문구가 기재된 플래카드가 보임. 시위행렬을 감시하는 경찰
04:44	달리는 시위대 사이로 여학생과 여성들이 보임. "朝鮮人民共和國樹立**", "土地改革(…)" 문구가 기재된 플래카드
05:25	주행하는 '꽃전차'가 비춰짐. "獨立宣言記念", "完全自主獨立萬歲" 등의 문구가 게시되어 있음
05:35	남산으로 보이는 장소에서 말을 탄 경찰이 시위대 사이를 지나감. 시위대는 경찰을 경계로 좌익 측과 우익 측으로 나뉘어 진 것으로 보임. 이어 경찰 간부로 보이는 인사들이 트럭을 타고 오르막길을 올라감. 남성 1명은 무전을 하고 있음
06:04	남산 길을 오르는 시민들 무리가 보임

06:31	"朝鮮建國**會本部" 문구가 기재된 깃발을 들고 행진하는 청년들
06:44	우익 세력으로 보이는 청년들이 트럭에서 하차하는 장면. 이어 좌익 시위대로 보이는 사람들을 공격하는 모습. 경찰을 피해 도망치는 시위대가 비춰짐
07:07	남산의 공원에 배치된 군용트럭과 마차. 경찰을 피해 몸을 낮추며 도망치는 시위대. 이어 텅 빈 기념식장의 모습이 비춰짐
07:32	머리에 부상을 당한 학생
07:39	중앙청 앞을 지나는 장례 행렬. 태극기를 든 남성들이 행렬의 선두에 위치. 화환 행렬
08:01	"哀悼", "赤色 테로단(…)" 문구 등이 보이고 대한청년단원 소속 강금복(姜金福)의 운구행렬이 비춰짐
08:22	서울시청 앞을 지나는 사회장(애국단체연합회장) 행렬
08:42	남산 광장에 모인 좌익 측 시위 인파. 만세를 외치며 남산 길을 걷는 여성들
09:07	악기를 들고 시위대에 참가한 남성들.
09:46	"SCENE SEOUL, KOREA, DATE MAR-47, UNIT 123, CAMERAMAN Lt. Lee" 문구가 기재된 큐시트
09:47	"建靑百奉隊", "西北靑年(…)" 등의 문구가 기재된 플래카드. 수천 명으로 추산되는 인파가 광장에 몰려 있음
10:28	연단에서 연설하는 인사가 비춰짐

▎ 내레이션

(내레이션 없음)

남북연석회의

수 집 처	National Archives and Records Administration (NARA), USA
제 작 연 월 일	1948년 5월
상 영 시 간	34분 36초
제 공 언 어	한국어
제 작	북조선 국립영화촬영소
형 식	실사
컬 러	흑백
사 운 드	유

영상요약

이 영상은 1948년 4월 북한 평양의 모란봉극장에서 남북한 제정당 사회단체 대표들의 참석하에 개최된 남북연석회의를 소개하고 있다. 영상 초반부에는 민족의 자주독립과 통일에 있어 남북연석회의의 의의가 소개되고 있으며 이어 김월송의 개회로 주석단을 선출한 후 본격적인 회의에 돌입한다. 회의에서 남북의 정치정세에 대하여 각각 박헌영과 김일성이 보고하는데, 먼저 북한에 대한 김일성의 보고에서는 미국이 남한을 식민지화한 상태에서 한반도 정세에 위협을 가하고 있다고 언급하고 있으며 아울러 북한에서 실시된 각종 민주개혁의 결과로 부강해진 북한의 발전상을 설명한다. 이어 박헌영은 남한정치정세 보고에서 기아와 도탄에 빠진 남한 사회상을 보고하며 미국의 제국주의적 침략정책을 비판한다. 아울러 회의에 참석한 김구의 연설이 이어지고 이후 각 대표들의 의사발언이 진행된다.

연구해제

이 노획영상에는 1948년 4월 평양에서 개최된 남북연석회의가 비교적 자세하게 담겨 있다. 이 영상은 남북연석회의를 개최하는 북한의 의도를 잘 보여주고 있다. 김일성과 박헌영의 연설 과정에 남북한을 비교하는 장면들을 보여줌으로써 북한 체제의 우월성을 강조했다. 김일성 육성연설 사이에는 북한의 토지개혁 성과와 공업의 발전상 등 민주개혁의 성과를 선전하고 있는 반면에 박헌영 육성연설 중간에는 남한 사회의 굶주린 비참한 광경들과 이에 대한 벽보들이 대부분을 차지하고 있다.

1948년 4월, 남북 정치지도자 간에 진행된 일련의 정치회담을 흔히 '남북협상'으로 통칭한다. 엄밀한 의미에서 남북연석회의는 19일부터 23일까지 진행된 본회의를 지칭한다고 할 수도 있다. 그렇지만 회의의 성격 등을 고려하여 통상적으로, 19일부터 30일 기간에 진행된 본회의, 4김회담, 조선제정당·사회단체지도자협의회(남북지도자협의회) 등을 통틀어 남북연석회의, 또는 남북협상이라 부른다.

제2차 미소공동위원회의 결렬로 통일정부 수립이 희박해지는 상황에서 남북협상을 통한 문제 해결이 제기되기 시작했다. 1948년 1월 김구와 김규식이 미·소 양군 철수, 남북요인회담과 총선을 통한 통일정부 수립이라는 원칙에 합의했고, 2월 16일에는 남북협상을 제의하는 두 사람의 서한이 북측 지도자들인 김일성, 김두봉에게 발송되었다. 북측은 3월 25일에 이르러 평양방송을 통해 공개적으로 답변을 내놓았지만, 그것은 남북요인회담이 아니라 남북 정당·사회단체 대표자 연석회의를 제의한 것이었다. 즉, 요인회담보다 범위가 훨씬 넓은 정치·단체 대표자들의 연석회의를 주장했다. 회담에 대한 입장 차이가 있었지만 남한 측의 중도파, 민족주의 단체들은 찬성의사를 밝혔고, 김구와 김규식이 이를 수락함으로써 남북연석회의가 개최되었다.

1948년 4월 19일 평양 모란봉 극장에서 오전에는 남북연석회의 예비회담이 개최되었고, 오후에는 본회의가 개막되었다. 김구 일행을 기다리면서 20일을 휴회한 회의는 21일 속개하여 23일까지 진행되었다. 남북연석회의만이 사전에 예고된 공식일정이었고, 4김회담과 남북지도자협의회는 남측 우익 인사들의 요구로 긴급히 마련된 것이었다.

남북연석회의에는 남북의 56개 정당·사회단체(남측 41개, 북측 15개) 대표 695명이 참석하였다. 남한 측에서는 좌파 인사들뿐 아니라, 조소앙을 비롯한 임시정부 관계자들과 홍명희 같은 민족주의자들도 대거 참석하였다. 26일과 30일에는 김구·김규식·김일성·김두봉의 4김회담이 진행되었다. 더불어 남북의 주요 단체 대표들 간에는 조선제정당·사회단체지도자협의회(남북지도자협의회)가 27일과 30일 두 차례에 걸쳐 진행되었다. 회담 기간 동안에는 이 외에도 다양한 행사와 회의, 요담 등이 진행되었다.

4월 23일 폐막된 남북조선제정당·사회단체대표자연석회의에서는 '조선 정치정세에 대한 결정서'와 격문 '전조선 동포에게 격함', 그리고 '미소 양국정부에 보내는 전조선 정당·사회단체 연석회의 요청서'가 채택되었다.

남북협상의 주요 결정은 4김회담과 남북지도자협의회를 통해 이루어졌다. 4김회담의 합의와 추인을 거쳐 남북지도자협의회에서 4월 30일 채택한 '남북조선 제정당·사회단체 공동성명서'에는 ① 외국 군대 즉시 동시 철거, ② 외국군 철거 이후 내전이 발생될 수 없다는 것을 확인, ③ 총선에 의한 통일적 민주정부 수립, ④ 남조선 단선단정 반대와 불인정이라는 4가지 원칙이 담겨 있다.

남북협상은 통일정부 수립이라는 당위성과 정당성에 기반하고, 그것을 이룩하기 위한 남북연합의 기구, 즉 단성단정 반대를 위한 기구를 만들어냈다. 그러나 그 합의는 현실정치에서 실현되지 못했다. 남북 총선거를 통한 임시정부 수립의 전제조건이었던 미소 양군의 철수는 논의조차 되지 못했고, 남한에서 단독선거를 저지하지도 못했던 것이다. 그럼에도 이 회의는 남북 분단정부 수립을 목전에 둔 시점에 진행된, 통일정부 수립을 목표로 한 회담이었다는 점에서 역사적 의의가 있다.

▌ 참고문헌

이신철, 『북한 민족주의운동 연구』, 역사비평사, 2008.

▌ 화면묘사

00:01 "남북조선련석회의 결정실행을 위한 투쟁에 총궐기 하자!", "북조선 국립영화촬영소 제작 1948. 5", "남북련석회의"자막

00:26 "모쓰크바 삼상회의 결정을 삼천만 겨레 반겨 지지하였거늘 이에 방해하고 나선 자 누구였드냐 쏘미공동위원회 열리었거늘 두 번씩 이를 깨트린 자 누구였드냐 우리들은 똑똑히 보았노라 우리 강토를 노리는 미제국주의자 그들과 야합한 민족반역자의 무리 세계 민주성벽 쏘련정부는 두 나라 군대 돌아가기를 제의했거늘 끝내 반대한 자 누구였드냐 피의 항쟁 뿌리치고 유.엔에 문제 삼아 허망한 선거를 꾸민 자 누구였드냐 우리들은 낱낱이 알았노라 조국을 삼키려는 미제국주의 인민의 원쑤 반동도배의 무리 그렇다 미제국주의는 마수를 뻗치고 매국노 리승만 김성수는 흉계를 써 우리 강토를 절반으로 쪼개고 우리 민족을 둘로 갈라놓아 남조선에 단독정부 세우려 들기에 절세의 애국자 김 장군의 영도 받들어 북조선 민전은 제의하였노라 남북연석회의의 역사적 모임을 오늘 우리는 자기의 옳음을 가히 알기에 오늘 우리는 자기의 힘을 능히 믿기에 저들의 흉계를 단숨에 박차고 조국의 영예와 독립을 지키리니 삼천만 승리의 노래 소리 우렁차 삼천리 산하의 봄빛도 가득 차 인민의 새 역사는 또 하나 엮어지노라" 자막

02:38 산야가 비춰짐

03:02 건물 외벽에 김일성 초상화가 배치되어 있음. "우리민족* 령도자 김일성 위원장 * 주위* 더욱 튼튼* 뭉치자!", "전체 근로자*** 一九四七년도* 인민경제계획* 넘쳐 실행**!" 등의 구호도 보임. 평양시가지의 모습. 전차가 다니고 인민들이 "全體人民의 期待 속에 迫頭한 南北聯席會議" 벽보를 읽는 장면

03:50 "평원면 송석리 농촌구락부" 현판이 보이고 다양한 군상의 인민들이 비춰짐. "우리민족은 하나이다" 포스터. "南朝鮮代表 入北 交通 保障에 關한 北朝鮮通信 社의 公式報道" 신문기사

04:28 전통 건축물들이 보임. 남북연석회의 회의장인 모란봉극장 전경과 회의장 내부 가 비춰짐. 회의장 전면에 위치한 태극기. "全 人民의 巨大한 期待 속에 歷史的 南北聯席會議 開幕" 신문기사

05:26 차량에서 내리는 김일성, 허헌, 박헌영의 모습. 이어 연석회의 참석자들이 비춰 짐. 박일우, 김원봉, 최용건 등의 인물도 보임. 김일성, 허헌, 박헌영 세 명이 나란히 걷는 모습

07:27 회의장에 입장하는 연석회의 참가자들. 착석한 참가자들의 모습이 비춰짐

08:09 김일성을 비롯한 북한 고위급 인사들이 회의장으로 입장하는 장면. 박헌영, 김 두봉, 무정, 김원봉 등의 인사가 보임

08:56 김월송의 개회 선언 장면. 김책이 비춰짐

09:38 주석단을 선출하는 장면. 주석단에 오르는 대표들의 모습

10:42 김두봉, 허헌, 최용건, 백남운, 김달현, 김원봉, 유영준, 허정숙의 연설 모습이 이어짐. 박수를 치는 회의 참가자들

11:38 회의 개최를 축하하는 노동자, 농민, 학생들의 입장. 김일성에게 꽃다발을 건네는 여성이 비춰짐

12:26 강원식 학생의 연설 장면과 연설을 지켜보는 참석자들

13:47 연단에 서서 연설을 하는 김일성. 김일성의 육성연설. "해방된 이후에 남북조선 제정당사회단체 대표자들이 처음으로 한 자리에 모여 회합하게 되는데 있습니 다. 또 한 방면으로는 이번 우리 회합이 가지는 의의는 우리 조국의 남쪽 반부 를 미제국주의자들이 자기들의 시도가 노골화되고 있는 조건하에서 집합하게 되었으며 해방 후 두 해 반 동안에 우리 조국에 닥쳐온 위기가 가장 엄중한 시 점에 소집된 데 있습니다. 이러한 의의를 가지고 소집되는 우리는 남북조선이 정당하게 토의하고 민족분열을 타파할 기본 대책들을 강구. 현하 우리 조국의 정치정세는 아주 복잡하고 지극히 첨예합니다. 우리 조국의 정치정세가 지극히 첨예한 일면은 미제국주의자들이 친일파 민족반역자들의 지지하에서 우리 삼 천만 민족을 분열하고 우리 조국의 강토를 자기들이 식민지로 만들려고 책동하

는데 있습니다. 미제국주의자들은 자기들의 이 음흉한 야망을 실현하기 위하여 유엔조선위원단이라는 명의로써 남조선에서 소위 전민족적정부 단독선거를 실시하려고 기도하고 있습니다. 우리 조국에는 위기가 닥쳐왔습니다. 우리 조국의 정치정세가 특이한 것은 반만 년의 유구한 역사를 가지고 내려온 단일민족인 우리 삼천만 조선민족이 삼팔선을 계선으로 인공적으로 분리되어 있는 사실입니다. 조선 인민은 각각 남북에 분리된 조건하에서 조국의 영예와 자유와 민주독립을 위하여 투쟁하게 되었습니다. 북조선 인민들은 소련의 진정한 우의적 성원하에서 우리 조국을 민주주의적으로 재건하는 역사적 위업에 있어서 거대한 성과를 달성하였습니다." 김일성의 연설을 지켜보는 김책, 허가이, 박일우 등이 비춰짐

16:08 인민위원회 선거로 보이는 선거 모습. 기표소에는 찬성과 반대로 투표함이 나뉘어져 있음. "선거완수 만세", "민주선거 만세", "북조선인민위원회 만세" 등의 플래카드가 보임

16:30 "토지는 농민에게 제국주의민족반역자 토지는 무상몰수 조선공산당" 문구가 비춰지고 농토에서 작업하는 농민들의 모습이 보여짐

17:27 '愛國米' 성출 장면. 성출된 쌀 가마니가 산적된 모습

17:48 초가지붕에서 기와지붕으로 지붕개량을 하는 장면

18:08 선박을 건조하고 광물을 채취하는 모습. 수풍발전소 시설이 비춰짐

19:20 "로동자들은 자기 손으로 공장을 복구하고 기계를 돌렸다" 자막. 철을 제련하고 기차를 만드는 근로자들이 비춰짐

20:25 섬유공장에서 작업하는 근로자들. "인민경제계획은 넘쳐 이루어진다" 자막

20:57 "증산 증산 또 증산!" 자막. 연기를 뿜으며 가동되는 공장이 비춰짐. "산뎀이 같은 비료는 농촌을 기름지게" 자막. 산적한 비료를 포대에 담는 장면

21:33 건물 건설현장. 철골구조에 올라가 일을 하는 작업자들

21:49 김일성의 연설이 이어짐. "우리가 쟁취한 이 위대한 성과들은 북조선 인민들을 자기의 정권기관인 인민위원회 주위에 철썩 같이 결속시키고 통일시키는 튼튼한 물질적 토대로 되었습니다. 조선정치정세에 대한 총화와 우리 조국의 정치생활에서 가장 기본적인 특수현상들은 간단히 이러합니다. 여러분이 보시는 바와 같이 우리 조국이 처하여 있는 이러한 복잡다단한 환경과 극난한 각종문제

들을 내포한 조건하에서 집합된 우리의 이 회의는 반드시 우리 조국에 조성된 정치정세를 기탄없이 흉금을 털어놓고 토의하여 우리 조국의 분열과 유엔조선위원단의 행동과 남조선단독선거를 반대하여 투쟁할 유일한 공동정책을 반드시 강구해야 하겠습니다. 지금 조국의 위기가 닥쳐 온 이 엄중한 시기에 처한 우리가 통일되지 않고 또는 우리 조국을 분열할 위기를 배격하지 않고 우리 조국의 남쪽 반부를 미제국주의자들의 식민지로 만들려는 기도를 분쇄할 일대 구국정책을 강구하지 않는다면 우리는 전 조선인민들과 후손들에게 대하여 천추에 씻을 수 없는 죄를 짓는다는 것을 각오하여야 하겠습니다."

23:04 김일성의 연설이 종료되고 박수를 치는 회의 참석자들

23:22 백남운의 연설 모습

23:33 박헌영의 보고 장면. "대표자 여러분. 우리 회의가 갖은 중대한 의의에 대하여는 먼저 보고하신 여러분이 충분히 지적하였습니다. 제가 더욱 강조하고 싶은 것은 우리 회의가 조선인민의 진정한 의사가 무엇이며 그의 참된 감정과 의향이 무엇이라는 것을 전 세계에 보여준다는 것입니다. 동시에 우리 회의는 조선 전 애국세력의 통일을 명백히 보여주고 있습니다. 다 아시는 바와 같이 미국인들은 조선사람들이 통일의 능력이 없다고 말하기를 좋아합니다. 그들은 지금도 우리 회의를 비방하면서 이 회의가 기어코 실패 하리라고 예언하고 있습니다. 남조선에서는 민주가 없고 경제부흥도 볼 수가 없으며 국민은 빈궁과 기아에 비참한 형편에서 살고 있습니다."

24:38 배고픔에 쓰러져 있는 남한 주민들이 비춰짐. "주림과 헐벗은 인민은 거리에 넘쳐 헤맨다" 자막. "쌀을 달라! 쌀을 주는 우리 정부를 속히 세우자" 문구가 담긴 포스터. "쌀과 職業과 權利를 주는 政府여 어서오라" 문구가 비춰짐

25:23 "一日 四合의 食糧을 배급하라", "軍政으로부터 政權을 人民에게 돌려라", "北朝鮮勞動法令을 支持하자!" 등의 플래카드를 들고 집회를 하는 시민들이 비춰짐

25:36 파괴된 채 가동이 멈춘 공장이 연이어 비춰짐. "공장은 무너지고 기계는 부서지고" 자막

26:15 시민들의 집회장면. "학대와 억압에 인민은 이러났다" 자막

27:21 박헌영의 연설이 이어짐. "남조선에서는 민주세력이 탄압되며 경찰의 폭압과 테로가 지배하고 있으며 남조선은 정치적으로 경제적으로 미국에 예속되고 있

습니다. (...). 조선의 모든 애국세력의 전체 통일이 이때까지 없는 것을 제국주의 침략가들은 자기 식민지화 정책에 이용하였다는 것을 우리는 잊어서는 안 됩니다. 우리의 회의는 이 결점을 고치는 중요한 계기입니다. 우리는 이 방향으로 함께 맹진합니다."

27:57   박헌영의 연설이 종료되고 박수를 치는 회의 참석자들

28:33   휴회 이후 회의장에서 빠져 나오는 참석자들의 모습. 기념촬영을 하는 김일성, 무정, 김두봉, 김책, 허가이, 최창익 등의 북한 고위인사들

28:56   회의장에 도착하는 김구와 홍명희 일행이 비춰짐. 회의장에 들어서는 김일성과 김구. 김일성으로부터 자리를 안내 받는 김구

30:00   김구의 연설 장면. "본인은 일찍이 글을 배우지 못해 (...). 따라서 (...). "친애하는 의장단과 각 정당단체 대표 여러분. 조국분열의 위기를 **하기 위하여 남북의 열렬한 애국자들이 일당에 회집하여 민주자주의 통일독립을 전취할 대계를 성토하게 된 것은 실로 우리 독립운동사의 위대한 발전이며 이와 같은 위대한 회합에 본인이 참가하게 된 것을 큰 영광으로 생각합니다."

31:10   조소앙, 홍명희의 연설 모습이 이어짐

31:34   토론자들의 토론 모습이 이어짐. 이주연, 임종철, 김정주 등의 토론가들이 주석단에 서서 연설하는 장면이 이어짐

33:18   홍명희, 이극로, 허헌의 연설 장면(이후 영상 끊김)

내레이션

00:26   모스크바 삼상회의 결정을 삼천만 겨레 반겨 지지하였거늘 이에 방해하고 나선 자 누구였더냐. 소미공동위원회 열리었거늘 두 번씩 이를 깨트린 자 누구였더냐. 우리들은 똑똑히 보았노라. 우리 강토를 노리는 미제국주의자 그들과 야합한 민족반역자의 무리. 세계 민주성벽 소련정부는 두 나라 군대 돌아가기를 제의했거늘 끝내 반대한 자 누구였더냐. 피의 항쟁 뿌리치고 유엔에 문제 삼아 허망한 선거를 꾸민 자 누구였더냐. 우리들은 낱낱이 알았노라. 조국을 삼키려는 미제국주의 인민의 원수 반동도배의 무리. 그렇다. 미제국주의는 마수를 뻗치고 매국노 이승만, 김성수는 흉계를 써 우리 강토를 절반으로 쪼개고 우리

민족을 둘로 갈라놓아 남조선에 단독정부 세우려들기에 절세의 애국자 김 장군의 영도 받들어 북조선 민전은 제의하였노라. 남북연석회의의 역사적 모임을. 오늘 우리는 자기의 옳음을 가히 알기에 오늘 우리는 자기의 힘을 능히 믿기에 저들의 흉계를 단숨에 박차고 조국의 영예와 독립을 지키리니 삼천만 승리의 노래 소리 우렁차 삼천리 산하의 봄빛도 가득 차 인민의 새 역사는 또 하나 엮어지노라.

02:48 장백산 줄기 뻗어 산수도 아름다운 조국 조선. 반만년 긴긴 역사 위에 새로운 광채 드리우는 민주건설의 북조선. 낙랑문화의 발상지며 오늘의 민주 모습도 아리땁고 승리의 **도 드높은 민주 북조선의 서울 평양.

03:28 우리 강토의 절반 땅인 남조선에서는 조국을 삼키고 인민에게 노예의 **를 씌우려는 단독선거와 단독정부 수립을 획책하였습니다. 이 흉계를 반대하는 전 조선동포들은 방방곡곡에서 미제국주의자와 그들의 앞잡이 매국노 이승만, 김성수들의 책동을 철저히 분쇄하려고 총궐기하였습니다.

04:06 우리 민족은 하나이다. 누가 감히 우리 민족의 등줄기를 끊는다더냐. 남조선제 정당사회단체 대표들은 그리운 민주 북조선의 서울 평양으로 달려와 역사적 회의의 날을 ** 되었습니다. 오색의 창연한 (...) 애수의 물줄기 기슭을 새맑게 씻어내려 나라 백성들의 슬기롭고 이로운 우리의 전통 정든 모습 이어가고 해방의 봄빛 영원히 서리운 모란봉 위에서 오늘 인민의 힘으로 이루어진 아담한 회의장소. 구국투쟁을 논할 이날에 주인 **임을 기다린 듯 엄숙한 회장은 삼천만 겨레의 자자손손 길이길이 자유롭고 행복스러운 살림을 굳게 차리는 조국의 영광을 받드는 터전입니다.

05:20 4월 19일 삼천만 국민의 기대와 희망과 환호 가운데서 역사적 회의를 열리게 되었습니다. 회장에는 우리 민족의 영명한 지도자 김일성 장군을 비롯하여 남조선노동당 대표 허헌 선생과 박헌영 선생도 다다랐습니다. 한날 한시에 해방된 조국(....) 남북으로 갈려 울분도 깊었다가 오늘에야 비로소 한자리에 모여 **을 헤치고 정회를 풀게 된 대표자들은 인민의 자유 깃발 높이 펄럭이고 민주의 향기도 *** 풍기는 회장 주변에서 조국의 들끓는 가슴 속에 미제국주의자와 그들의 앞잡이 잔악무도한 반동배들의 흉악한 음모를 두들겨 부수고야 말 새로운 **굳게 다짐하는 것이었습니다.

06:38 ****으로 세계에 빛나는 절세의 애국자이시며 해방된 우리 민족을 영도하시는 김일성 장군께서는 허헌 선생, 박헌영 선생과 더불어 정견을 교환하시는 듯 유유히 거닐고 계십니다. 장군의 일념 가운데는 오직 이 민족과 후손의 운명을 행복되게 개척하시려는(...)

07:43 남북 56개 정당사회단체 695명의 대표자들로써 가득 찬 회장은 엄숙하고도 긴장된 분위기 속에 잠겨갑니다. 대표자들은 애국 인민들의 정열과 투지를 신문 지상에서 찾아보고 있습니다. 오후 여섯 시 정각 직전, 우리 민족의 위대한 영도자 김일성 장군을 선두로 김두봉 선생, 허헌 선생, 박헌영 선생을 비롯하여 제정당사회단체 지도자들은 ***를 받으면서 입장하셨습니다.

08:54 대표자들 중에서 가장 연세가 높으신 김월송 노인께서 역사적인 개회를 선언하셨습니다. 김일성 장군을 비롯한 24명의 주석단이 선거되었습니다. 위대한 우리 민족의 영도자 김일성 장군의 사회로 역사적인 회의는 축사로써 시작되었습니다. 북조선노동당을 대표하여 김두봉 선생은 지성으로 민족의 활로를 열라고 호소하셨으며 남조선노동당 허헌 선생은 호의를 표하라고 강조하시었고 북조선민주당 최용건 씨는 만난을 극복해야 한다고 진술하셨습니다. 남조선근로인민당 백남운 씨는 인민들의 희망과 **할 것을 부르짖었으며 북조선청우당 김달현 씨도 자신의 저의를 표명하였고 조선인민공화당 김원봉 씨는 양국 군대 공식철퇴를 **하였습니다. 남조선여성동맹 대표 유영준 씨는 망국적인 남조선 단선을 철저히 분쇄할 것을 소리 높여 외쳤으며 각 대표의 축사도 끝난 다음 허정숙 씨로부터 12,300여 통의 축문과 43,200여 통의 축전이 소개되었습니다.

11:38 이 회의를 경축하는 축하부대는 역사적 회의의 성공을 확신하면서 화환과 플랑카트를 선두로 회장으로 들어가고 조국 건설의 주 역군인 노동자, 토지개혁의 혜택으로 토지의 주인이 된 농민, 민주학원에서 자유스럽게 공부하는 학생들, 남자와 동등한 권리를 찾은 여성들, 민족문화예술 창건에 이바지하는 예술**** 김일성 장군에게 삼가 꽃다발을 올리었습니다. 혁명자유가족학원 학생 강원식 군은 **하게 부르짖었습니다. 우리 부모들은 철천의 원한을 품고 (...) 산기슭에 수많은 뼈를 묻었습니다. 왜 남조선에서는 우리 부모들을 학살하던 왜놈의 앞잡이 *** 동포들을 학살합니까? 왜 우리 남조선 형제들이 일제시대의 (...). 이들은 오늘 이 자리에 오는 선생님을 대할 때에도 마지막 숨결까지 조선독립

만세를 부르짖으며 쓰러진 우리들의 부모를 만난 듯 합니다. 우리들이 안타깝게 바라 마지않는 조국독립을 하루 바삐 이뤄(...)

13:31 진실로 전 조선 인민을 대표하고 있다는 것을. 남조선노동당 위원장 허헌의 사회로 만장의 절대한 환호 가운데 우리 민족의 김일성 장군은 조선 정치, 정세적 보고를 하시었습니다.

23:24 남조선 근로인민당 백남운 씨는 미제국주의자들이 조국을 식민지화하려는 남조선 오늘의 암흑상에 대하여 보고하였으며 남조선노동당 박헌영 선생은 남조선 정치정세에 대한 보고를 하시었습니다.

28:10 박헌영 선생의 자세한 보고에서 남조선의 비참한 **을 듣고 모든 대표자들의 가슴은 ** **** 떨리었습니다. 이날의 회의는 많은 성과를 거두고 김두봉 선생께서 휴회를 선언하셨습니다.

28:55 남조선 한국독립당 김구 씨 일행은 회의 제3일에 도착하였으며 남조선 민주독립당 홍명희 씨도 내참하게 되었습니다. 일동은 신작로를 따라 회장으로 들어갑니다. 회의는 김구 씨, 홍명희 씨, 조소앙 씨 *** 이상 세분을 주석단으로 보선하였습니다. 김구 씨는 이번 연석회의의 성공을 축하합니다.

31:01 한국독립당 조소앙 씨도 인사의 말씀이 있었습니다. 드디어 홍명희 씨는 민족자결로 **돼야 한다고 진술하고. 이상 세 분이 인사말씀이 끝난 다음 남북조선 정치정세 보고에 대한 열렬한 토론이 전개되었습니다. 북조선로동당 이주연 씨를 비롯하여 남조선민주애국청년동맹 임종철 씨, 북조선천도교청우당 김정주 씨, 남조선노동당 홍남표 씨, 북조선민주여성동맹 김귀선 씨, 북조선민주당 정성언 씨, 남조선근로인민당 송강 씨, 남조선인민공화당 윤성산 씨, 북조선문화예술총동맹 홍순철 씨, 조선노동조합전국평의회 허성택 씨, 남조선민중동맹 황욱 씨, 재일본조선인연맹 이동민 씨, 조선노동당 김민산 씨, 남조선건민회 이극로 씨, 남조선민주여성동맹 김옥희 씨, 북조선민주청년동맹 이영섬 씨, 남조선민주당 유해붕 씨, 남조선기독교연맹 김창준 씨, 북조선 직업총동맹 최경덕 씨, 남조선신진당 김충규 씨, 남조선전국유교연맹 김응섭 씨 등 많은 토론자들은 보다 한결 같이 비법적인 유엔 결정을 반대하며 남조선 단선을 절대 배격할 것을 주장하였습니다.

33:18 회의 뒤에 사회되어 홍명희 씨가 낭독하기를 남북조선 정치정세에 관한 안이

만장일치로 통과되었습니다. 이 결정서는 전체 조선인민의 의사와 요구를 정확히 표시하는 역사적 **인 것입니다. 이극로 씨로부터 민족통일과 조국의 독립을 위하여 일어나라는 삼천만 국민자매에게 호소하는 격문이 통과 결정되었습니다. 허헌 선생께서 남조선 단선 단정을 반대하여 조국의 위기를 타계하는 우리들의 나아갈 길을 명백히 진술하신다. 무릇 대표들이 홀연히 일어섰으니 남조선노동당 대표, 북조선민주당 대표, 남조선인민공화당 대표, 북조선기독교연맹 대표, 남조선근로인민당 대표, 남조선전농 대표, 남조선문화연맹 대표, 민주(이후 끊김)

KOREAN ELECTIONS

수 집 처	National Archives and Records Administration(NARA), USA
제작연월일	1948년
상 영 시 간	08분 32초
컬 러	흑백
사 운 드	무

▍영상요약

이 영상은 1948년 5월 10일 선거 당시 유권자들의 모습과 선거에 반대하는 세력, 유엔 관계자들의 선거 감시 및 투표소 주변의 치안 상황을 보여주고 있다.

▍연구해제

이 영상은 1948년 5월 10일 선거 당시 유권자들의 모습과 유엔 관계자들의 선거 감시 및 투표소 주변의 치안 상황을 보여주고 있다. 줄을 서서 투표하는 사람들과 선거를 반대한 세력들이 피를 흘리며 체포된 모습을 대비시켜 선거의 의미와 이를 반대하는 세력에 대한 비난을 아우르고 있다. 그리고 야구를 가르치는 미군의 모습을 등장시킴으로써 미국식 민주주의의 도입을 함축하는 느낌을 준다.

1948년 2월 26일 유엔소총회 결의에 의해 치러진 5·10선거는 우리나라 최초의 보통선거였다. 1948년 3월 17일 미군정 법령으로 국회의원선거법이 공포된다. 5월 10일(첫 발표에서는 9일이었음) 선거를 선포하고 만21세 이상의 모든 국민에게 선거권을 주는 보통선거, 1인 1표를 행사하는 평등선거, 그리고 비밀·직접 선거라는 민주주의 선거 원칙이 적용되었다.

1947년 말 제2차 미소공동위원회가 결렬된 이후 미국은 소련과의 협의를 중단하고 한반도 문제를 유엔으로 이관했다. 유엔은 호주, 캐나다, 중화민국, 엘살바도르, 프랑스, 인도, 시리아 등 9개국 대표로 구성된 '유엔한국임시위원단(UN Temporary Commission on Korea)'을 발족시켰다. 1948년 2월 유엔소총회는 공산권이 불참한 소총회는 유엔한국임시위원단으로 하여금 "선거 실시가 가능한 남한 지역에서라도" 선거를 실시하고 이를 감독한다는 결정을 내렸다.

남한만의 단독선거가 기정사실화 된 상황에서 5·10선거를 반대하는 단선단정반대투쟁이 전국 각지에서 일어났다. 5·10선거는 누구를 뽑느냐가 아니라 참여하느냐 마느냐가 중요한 성격의 선거였다. 4월 3일 제주에서 단독정부 수립을 반대하는 봉기가 일어났고 김구를 비롯한 단독정부 반대 세력과 좌파는 선거 참여를 거부했다. 전국 대부분의 지역에서 선거사무소 습격, 방화, 선거반대 시위, 인명피해 등이 일어났다. 선거 저지투쟁이 심해지는 상황에서 미군정과 경찰의 성공적인 선거를 치르고자 하는 활동도

강화되었다.

선거 등록을 한 유권자의 95.2%인 703만 6,750명이 투표에 참가했고, 이는 유권자 총수의 75%였다. 국회선거위원회는 4월 9일 마감된 선거등록 결과 등록률은 모두 805만 5,798명이 등록하여 91.7%에 이른다고 4월 14일에 발표했다. 하지 중장이 전체 유권자의 90% 이상이 등록을 완료했다고 성명서를 냈지만, 한국여론조사협회의 여론조사 결과는 90%가 넘는 응답자가 강제등록을 했다고 밝혀 이런 주장을 무색케 했다.

선거가 다가오자 주한미군사령부는 5월 8일 5·10선거에 대비해 남한 주둔 미군에 특별경계령을 내렸다. 경찰도 본격적인 선거체제에 들어가 4월 30일 경무부장 조병옥이 총선거에 대비한 남한의 치안확보에 대한 담화를 발표하고, 선거 당일에는 향보단과 경찰 인원을 총동원해 투표소를 왕래하는 도로의 중요지점과 같이 중요 장소를 경계하도록 지시했다. 이어 5월 3일 경무부 내에 비상경비총사령부를 두고 각 관구에도 경비사령부를 설치했다. 5월 7일에는 경무부장 조병옥이 선거 당일의 치안대책을 발표했다. 대책안은 첫째, 동리(洞里)는 향보단의 자위력으로 방위할 것, 둘째, 동리와 투표장소간 왕래거리의 위험지점에 경찰과 향보단원이 합류해 경호할 것, 셋째 투표소 부근에는 경찰과 향보단원의 혼성인원으로 방위할 것, 넷째, 경찰청의 기동경찰대들은 소관 경찰본서를 지키고 각 경찰서의 신편 기동부대는 소할 지서를 유통 시찰해 경비할 것 등이었다. 수도경찰청에는 5·10비상경비총사령부를 설치했다. 그리고 선거 당일 정복 경관이 투표소 2~3곳 일반의 눈에 띄지 않는 곳에 20명씩 무장 배치하고, 사복형사는 투표소 요소마다 1~2명씩 무장 배치했다. 기마대도 도로 곳곳에 3개 분대를 배치했다. 또 특별행동대, 자전거부대가 편성 배치되었다. 이처럼 무장경찰, 향보단원, 미군의 경비태세 등 삼엄한 경계 아래 첫 보통선거가 남한에서 실시되었다.

선거 결과 정당·단체별 당선자는 198명(전체 의석은 200석이었지만 제주도 2개 선거구에서 선거 무효가 선언되었다)이었고, 선출된 의원들의 제1과제는 헌법 제정이었다. 따라서 초대 국회를 제헌국회라 부른다. 5월 31일 소집된 제헌국회는 대한민국을 국호로 정했다. 제헌국회는 7월 20일 대통령에 이승만, 부통령에 이시영을 선출했고, 24일 취임식을 가졌다. 8월 15일 대한민국 정부 수립이 공포되었다.

참고문헌

김득중, 「제헌국회의 구성과정과 성격」, 성균관대학교 석사학위논문, 1993.
중앙선거관리위원회, 『대한민국선거사』, 1964.

화면묘사

- "2038235 DATE 10/5/48 UNIT 123SIG CAMERA BYCMO#2 SCENE ELECTION ROLL 5 CAMERAMAN BUERKLE" 문구가 영상에서 보임
- 투표소 앞에 줄을 지어 서 있는 유권자들이 비춰짐
- 투표장 입구에 후보자들의 사진이 걸려 있음
- 경찰로 추정되는 남성들이 줄지어 시가지를 걷고 있는 모습
- "SCENE KOREAN ELECTION DATE 10/5/48 UNIT 123 CAMERAMAN CRAIN OFFICER IN CHARGE LT PORTER" 문구
- 경찰 2명이 화면에 비춰지고 손에는 폭발물 모형의 물체를 쥐고 있음
- 젊은 남성들 예닐곱 명이 경찰에 붙잡힌 후 취재 당하는 모습. 얼굴에 상처가 있는 남성도 비춰짐
- "NEWS-UNIT-OIC LE#67 SUBJECT KOREAN ELECTIONS CAMERAMAN HEATON LOCATION SEOUL DATE 5/10/48" 문구
- 투표장에서 줄을 지어 기다리는 유권자들의 모습
- 투표용지를 지급 받아 투표하는 유권자들이 비춰짐
- 지장을 찍는 유권자
- 칼과 도끼 등의 흉기들이 비춰짐
- 쇳조각을 손에 움켜쥐고 쥔 모습이 보임
- 수거한 흉기들을 살피는 경찰들
- "2038235 DATE 10/5/48 UNIT 123SIG CAMERABYCME#2 SCENE ELECTION ROLL6 CAMERAMAN BUERKLE" 문구
- 투표소 앞에서 대화를 나누는 선거 관계자와 유권자들의 모습. 유엔 관계자로 보이는 외국인이 무리에 섞여 있음

- 투표소를 빠져 나와 유엔기가 걸린 차량에 탑승하는 외국인
- "永登浦區選擧區永登浦*第一投票區 入口" 문구가 보이고 선거관계자들이 비춰짐
- "DATE 10/5/48 UNIT123SIG CAMERA BYCMO#2 SCENE ELECTION ROLL4 CAMERAMAN BUERKLE" 문구
- 투표소 앞에 줄지어 서 있는 유권자들의 모습. 총을 들고 투표소 주위를 살피는 젊은 청년이 비춰짐
- 공놀이 하는 어린이들이 보임
- 어린이들에게 야구를 가르치는 미국 군인의 모습과 야구를 하는 소녀들이 비춰짐
- 투표소 앞에 줄 지어 서 있는 유권자들
- 투표소 주위를 살피는 선거 관계자들이 비춰짐
- 말을 타고 권총을 손에 쥔 채 투표소 주위를 이동하는 경찰

▌ 내레이션

(내레이션 없음)

KOREAN ORPHAN STORY

수집처	National Archives and Records Administration(NARA), USA
제작연월일	1952년 2월 20일
상영시간	34분 29초
형식	극영화
컬러	흑백
사운드	유

영상요약

미 공군에서 1952년 당시 한국의 한 고아원에 지원사업을 하는 모습이 담긴 영상. 본 영상에서 미 공군은 고아원에 각종 구호물자를 제공하고 있으며, 서울시장이 보낸 감사장이 전달되는 모습 등이 담겨있다.

연구해제

미군의 전쟁고아 구호활동을 보여주는 필름으로는 현재 1952년 1, 2월에 걸쳐 미공군(United States Air Force)이 촬영한 Korean Orphan Story, 1952년 9월에 미육군통신대(U.S. Army Signal Corps)가 촬영한 War Orphans Korea, 1952년에 촬영된 것으로 추정되는 미항공안보통신군(Army Airways Communications System Units, AACS)의 War Orphans Taken Under Air Force Wings, USIS 필름 Orphans in Korea가 수집되어 있다. 제작 주체는 전부 다르지만 내용상 이들 필름은 모두 미국군인의 한국 전쟁고아 구호활동을 담고 있는 군사기록물이다. 동란기에 미군이 군사작전 못지않게 적극적으로 전재민과 피난민들의

구호활동을 하고 있다는 점을 선전하기 위한 기록물들이 제작되었는데 특히 이들 필름
은 한국전쟁의 가장 큰 피해자 중의 하나인 전쟁고아를 '친절한 미군 아저씨들'이 보살
피는 광경과 함께 고아원에 대한 미군의 지원, 원조물자 배급 등의 행위를 보여줌으로
써 미국의 인도주의와 박애정신을 선전하려는 목적으로 제작되었다.

34분가량의 비교적 긴 영상인 Korean Orphan Story는 영화 슬레이트와 손글씨로 쓴
신(Scene) 카드가 그대로 노출된 가편집 영상이다. 1952년 1월 17일, 1월 30일, 2월 20일,
2월 25일에 촬영된 시퀀스들을 모아 놓았는데 유기적으로 연결되어 있지는 않은 단계이
다. 이미지로 미루어 보건대 한 고아원을 중심으로 미군의 구호활동과 그에 대한 한국
인들의 감사를 보여주려는 구성을 취했다. 미군이 구호물자(의류)를 운반하고 분류하는
장면, 미군 의무병이 원아들을 진찰하고 상처를 치료해주는 장면, 미군이 길에서 만난
전쟁고아를 고아원으로 데려오는 장면, 미군 지휘관에 서울시장이 보낸 감사장이 전달
되는 장면, 고아원 교사와 원아들이 합창하는 장면, 고아원의 교사들이 갓 데려온 전쟁
고아를 씻기는 장면 등이 뒤섞여 있다.

1952년 9월 19일에서 20일에 촬영된 War Orphans Korea는 미군 헌병대가 두 명의 전
쟁고아를 길거리에서 포착하고 응급구호소에 데려가 예방접종, 소독 등의 조치를 취한
뒤 고아원으로 인도하는 모습을 담았다. 고아원에서 미군이 원아들과 섞여 놀아주는 장
면, 원아들이 기도를 올리고 식사하거나 고아원 마당에서 천진난만하게 율동하는 장면
들이 전쟁고아들이 미군의 보호와 원조로 평화로운 생활을 보내고 있다는 점을 선전한다.

War Orphans Taken Under Air Force Wings는 미항공안보통신군이 서울의 한 고아원을
후원하고 있음을 알리는 자막으로 시작한다. 구호물자를 짊어진 미군들이 한국보육원
에 도착하자 무척 익숙한 듯이 원아들이 뛰어나가 그들을 반기며 안기는 모습이 담겨있
다. 한 군인이 어린이에게 자기 군모를 씌워주는 장면, 구호물자로 보내온 옷가지를 나
누어주는 장면, 고아들이 식전 기도를 올리고 식사하는 장면, 보육원 마당에서 군인들
이 원아들과 어울려 노는 장면들이 앞의 영화들과 마찬가지로 미군의 선의를 보여주기
위해 나열되어 있다.

마지막으로 Orphans in Korea는 미군이 아니라 USIS가 제공한 영화이다. 앞의 필름들
과는 달리 전쟁고아가 어떻게 발생했는지를 설명하기 위해 피난민의 대열을 담은 기록
영상을 전반부에 배치했다. 미군이 전쟁고아의 부상을 치료하고 먹이고 군대 막사에서
같이 생활하는 장면, 고아들을 비행기로 안전한 후방로 수송하는 장면이 잇달아 나온

다. 그 다음에는 아이들이 '행복산(Happy Mountain)보육원'이라고 이름 붙은 시설에서 생활하는 모습이 조명된다. 행복산보육원은 1951년에 미군대위 맥킨(Mckeon)이 부산시 아미동에 세운 고아원으로, 약 600여 명의 고아가 수용되어 있었다. 1951년 11월 1일에 한국정부 사회부가 이를 인수하여 국립으로 운영되었고 CAC의 원조를 받았다.

이들 필름이 촬영된 시기인 1952년의 통계에 따르면 전국 291개소의 고아원에 31,173명의 고아가 수용되어 있었고 미처 수용되지 못한 전쟁고아들이 사회문제가 되어 있었다. 위의 필름들은 한결같이 미군이 길거리에서 발견한 전쟁고아를 고아원으로 인도하여 안정적인 생활을 하게끔 하는 결말을 보여주지만 실제로는 고아원에 수용되지 못하고 거리로 나와 구두를 닦는 '슈샤인 보이', 신문을 파는 '뉴스보이', 미군의 잔심부름을 하는 '하우스 보이'가 부지기수였다. 휴전 후 주한합동아동구제위원회가 전쟁고아의 보호, 물질적 원조, 취학, 고아원의 설치 등의 계획을 추진해 나갔지만 이들 필름이 제작되던 시기는 전쟁고아 구호대책이 마련되지 못한 상태였고 많은 부분을 원조에 의지할 수밖에 없는 상황이었다.

참고문헌

「전쟁 이면의 사회상」, 『경향신문』, 1952년 5월 27일.

화면묘사

00:07 자막 "ORPHANAGE STORY R-V, Faulkner-20 FEB 1952"

00:12 미군 1명과 한국군 1명이 고아원에 찾아와 고아원 외관을 살펴봄

00:29 건물 하단 외벽이 부서진 부분을 한 남성이 손가락으로 가리키고 있음

00:36 두 군인이 쪼그려 앉아 건물 외벽을 가리키며 서로 대화를 하고 있음

00:47 두 군인이 일어나 건물을 살펴보면서 감

00:55 마을로 군용 트럭 한대가 들어옴

01:11 자막 "ORPHANAGE STORY R-III, Faulkner-20 FEB 1952"

01:15 인솔자를 따라서 고아들이 고아원으로 오름. 이 장면이 한차례 반복됨

01:38 고아원으로 올라가는 아이들의 얼굴이 비춰짐

01:58 　고아들이 고아원 건물 안으로 들어감

02:17 　자막 "ORPHANAGE STORY R-IV, Faulkner-20 FEB 1952"

02:19 　고아들이 인솔자를 따라서 고아원 건물 아래로 뛰어 내려옴

02:49 　고아들이 마당으로 나와 서로 장난을 치며 뛰어 노는 모습들이 비춰짐

03:15 　여자 고아들이 서로 손을 잡고 둥글게 서서 놀이를 함

03:21 　신(SCENE) 카드가 비춰짐 "PROJECT NO. FP 12/2 156, DATE 17 JAN 152, ROLL 1 SCENE 1, CAMERA TYPE A-7 NO.605, CAMERMAN MOORE, REMARKS 2 NO. ORPHANAGE"

03:27 　미군들이 구호물자를 포대에서 꺼내어 쌓아두고 있음

03:50 　미군 3병의 얼굴이 차례로 비춰짐

04:03 　군용트럭이 들어옴. 트럭에는 "USAF 269292"라고 적혀 있음. 한 병사가 트럭 들어오는 경로 쪽에 서있음

04:12 　미군들이 구호물자들을 트럭에 실음

04:28 　자막 "ORPHANAGE STORY R-VI, Faulkner-20 FEB 1952"

04:31 　고아원에 미군 군용차량 1대가 들어오고 고아 한 명을 안고 미군 두 명이 차량 에서 내림. 고아원에서는 고아원 교사 2명이 나와서 이들을 맞음. 그리고는 고 아원 교사가 고아를 데리고 고아원으로 들어감. 미군들도 따라 들어감

04:52 　동산 위에 사람들이 올라가 걷고 있음. 같은 장면이 한차례 반복됨. 그리고 미 군 군용 트럭 한대가 동산 옆을 도로를 지나감

05:26 　한 어린아이가 추위에 떨며 도로 옆에 앉아 있음

05:37 　군용 트럭을 타고 있던 미군 2명이 도로 옆에 앉아 떨고 있는 아이를 발견하고 는 아이에게 말을 걸음

05:54 　자막 "ORPHANAGE STORY R-1 Faulkner"

05:57 　신(SCENE) 카드가 비춰짐 "PROJECT NO. FP 12/2 156, DATE 17 JAN 1952, ROLL 2 SCENE CUT-INS, CAMERA TYPE, NO.709, CAMERMAN RodKey, REMARKS XX-502D ORPH-Prod"

05:58 　지폐가 담겨 있는 쟁반이 하나 놓여 있고 사람들이 들어서면서 고아원으로 들 어오면서 그 쟁반에 지폐를 놓고 입장함

06:13 　미군들이 구호물자로 들어온 옷을 박스에서 꺼내어 정리하고 있는 영상들이 이

어짐

07:04 미군 옆에 한 고아가 서 있음

07:11 영상 공백

07:24 SCENE1－TAKE1 슬레이트. 고아원 의무실에서 미군 의무병이 어린 고아에게 약을 발라 상처를 치료해 줌. 그리고 옆에 청소년 고아 한 명이 의무병 옆에서 보조를 해줌

08:08 SCENE2－TAKE1 슬레이트. 미군 의무병이 어린 고아의 팔에 반창고를 붙여 줌. 그리고 옆에 청소년 고아 한 명이 의무병 옆에서 보조를 함

09:03 SCENE3－TAKE1 슬레이트. 미군 의무병이 어린 고아의 팔에 반창고를 붙여주는 모습이 클로즈업 됨

09:31 SCENE3－TAKE2 슬레이트. 미군 의무병이 어린 고아의 팔에 반창고를 붙여주는 모습이 클로즈업 됨. 반창고를 다 붙이자 어린 고아 옆에 있던 청소년이 어린 고아를 보며 미소를 지음

10:02 SCENE4－TAKE1 슬레이트. 고아원 사람들이 의무실에 모여 있고 미군 의무병이 안고 있던 어린 아이를 고아원 교사에게 건네 줌. 이어서 차례로 다른 고아들의 구강 검사를 함

11:18 SCENE5－TAKE1 슬레이트. 미군 의무병이 고아들 구강 검사하는 모습이 클로즈업 됨

12:21 신(SCENE) 카드가 비춰짐 "PROJECT NO. FP 12/2 156, DATE 30 JAN 52, ROLL 9 SCENE MAYOR, CAMERA TYPE WALL, NO.938, CAMERMAN POOLE, REMARKS OFFICER IN CHARGE-LT HOCKMAN-"

12:22 한 남성이 미군 지휘관에게 감사장을 전달하기 위해 감사장의 내용을 읽고 있음

13:37 영상 공백

13:40 한 남성이 미군 지휘관에게 감사장을 전달하기 위해 감사장의 내용을 읽고 있음

14:28 감사장을 받는 미군 지휘관의 얼굴이 클로즈업 됨

14:42 감사장을 다 읽은 후 미군 지휘관에게 감사장과 부상을 같이 건네주고는 악수를 하며 대화를 나눔

15:07 한 남성이 감사장을 읽는 연습을 하고 있음

15:18 영상 공백

15:27 칠판에 메모가 적혀 있음. "25 FEB. 52, 502ND ORPHANAGE STORY// 2ND PHOTO DEX#/ROLL-1 SCENE-1, CAMERAMAN-FAULKNER, O.I.C. Lt HOLTBY //SOUND-JESSUP" 그리고 칠판 아래로 고아들이 돌아다니고 있음

15:48 고아원 교사가 학생들을 모아 놓고 노래를 가르침

고아원 교사 : 지금부터 노래공부 시작할 텐데 처음에는 고요한 밤, 거룩한 밤 다 같이 하고, 그 다음에는 힘 솟아라, 일하라 하는 것을 할 텐데 열심으로 아주 재밌게 공부해요.

16:05 고아원 아이들이 전원 기립해 있고, 교사는 풍금 연주를 시작함. 풍금 소리에 맞춰 아이들이 노래를 부름

18:04 화면이 가려졌다가 전원 기립해 있는 고아원 아이들의 모습을 비춤. 아이들이 풍금 소리에 맞춰 노래를 부름

19:46 노래를 부르는 아이들의 모습들이 클로즈업 됨

20:44 영상 공백

20:45 노래를 부르는 아이의 모습들이 클로즈업 됨

21:03 여교사가 치는 풍금이 클로즈업 됨

21:29 풍금 반주에 맞추어 아이들이 노래를 부름

23:28 풍금을 치며 노래를 부르는 여교사의 모습이 클로즈업 됨

23:42 영상 공백

23:47 풍금을 치며 노래를 부르는 여교사의 모습이 클로즈업 됨

24:44 영상 공백

24:53 SCENE 6 – TAKE 1 슬레이트가 비춰짐. 슬레이트에는 "FP 12/0156 502ND TCC ORPHAGE"라고 적힌 종이가 부착되어 있음. 슬레이트를 침

25:10 한 고아가 벽장에 기대어 서 있음

26:23 SCENE 7 – TAKE 1 슬레이트

26:32 고아가 손톱을 깨물며 벽장에 기대어 있고, 옆에서는 여교사가 연기 연습을 하

는 목소리가 들림

27:07 SCENE 8-TAKE 1 슬레이트

27:17 한 여교사가 고아를 방으로 데려와서는 다른 여선생에게 목욕시키라고 지시한 후 다시 방 밖으로 나감. 다른 여교사가 대야를 들고 와 바닥에 놓음

27:52 SCENE 8-TAKE 2 슬레이트

28:04 한 여선생이 고아를 방으로 데려옴

28:20 SCENE 8-TAKE 3 슬레이트. 슬레이트 친 남성이 카메라 밖으로 걸어나감. 한 여교사가 고아를 방으로 데려와서는 다른 여교사에게 목욕시키라고 지시한 후 다시 방 밖으로 나감. 다른 여교사가 대야를 들고 와 바닥에 놓음

28:59 화면 공백

29:01 SCENE 9-TAKE 1 슬레이트. 두 여교사와 고아가 방에 서 있다가 한 여교사가 방 밖으로 나가고 한 여교사는 대야를 내린 후 고아의 외투를 벗김

29:44 SCENE 9-TAKE 2 슬레이트. 두 여교사와 고아가 방에 서 있다가 한 여교사가 방 밖으로 나가고 한 여교사는 대야를 내린 후 대야에 물을 부음. 그리고는 고아의 외투를 벗김

30:33 SCENE 10-TAKE 1 슬레이트. 여교사가 고아의 옷을 벗김.

30:58 SCENE 11-TAKE 1 슬레이트. 여교사가 고아를 대야에 앉힌 채 몸을 씻기고 있음

31:19 SCENE 11-TAKE 2 슬레이트. 여교사가 고아를 대야에 앉힌 채 몸을 씻기고 있음

32:11 SCENE 12-TAKE 1 슬레이트. 여교사가 아이를 씻기는 모습이 클로즈업 됨

32:51 SCENE 13-TAKE 1 슬레이트. 한 여교사가 수건으로 고아의 몸에 묻은 물기를 닦아주고 있고, 다른 한 교사가 옷을 들고 방 안으로 들어옴. 여교사가 아이에게 새 옷을 입힘

▌내레이션

(내레이션 없음)

War Orphans Korea

제 명	War Orphans Korea
수집처	National Archives and Records Administration(NARA), USA
상영시간	10분 19초
형 식	실사
컬 러	흑백
사운드	무

영상요약

이 영상은 전쟁 고아들의 보육을 담당하는 시설의 운영을 보여준다.

화면묘사

00:06 "CORONA * KATO 3Rd Siq. 3Rd INF. DIV. ORPHANS OF WAR ROLL#, SUPER XX HAZY BR." 문구가 보임

00:12 전쟁 고아로 보이는 두 어린이가 길을 걷는 장면. 뒤따르던 군용지프에서 2명의 군인이 하차. 고아들을 달래던 군인이 차량에 태움

01:09 "CORONA * KATO 3Rd Siq. 3Rd INF. DIV. ORPHANS OF WAR ROLL#2, SUPER XX HAZY BR." 문구가 비춰짐

01:12 고아를 태운 군용지프가 달리는 장면

01:58 군 막사에서 나오는 군인과 여성

02:10 "CORONA * KATO 3Rd Siq. 3Rd INF. DIV. ORPHANS OF WAR ROLL#3, SUPER

XX HAZY BR." 문구가 비춰짐

02:14 고아들과 여성이 만남. 고아들의 신변을 살피는 군인들

02:55 의료진에게 치료를 받는 어린이가 비춰짐

03:08 "CORONA * KATO 3Rd Siq. 3Rd INF. DIV. ORPHANS OF WAR ROLL#4, SUPER XX HAZY BR." 문구

03:33 어린이를 민가로 인도하는 군인이 비춰짐. 옷을 갈아입은 어린이가 집 밖으로 나옴

04:08 군용지프에 타는 어린이

04:11 "CORONA * KATO 3Rd Siq. 3Rd INF. DIV. ORPHANS OF WAR ROLL#5, SUPER XX HAZY BR." 문구

04:14 기와집이 비춰지고 그 앞에 다가서는 군용지프. 기와집 앞에 모여있는 고아들이 비춰짐. 고아들을 안고 기와집으로 들어서는 군인. 마당에서 어울려 놀이를 하는 고아들

05:12 "CORONA * KATO 3Rd Siq. 3Rd INF. DIV. ORPHANS OF WAR ROLL#6, SUPER XX HAZY BR." 문구

05:15 마당에서 군인과 어울려 놀이를 하는 고아들

05:48 고아를 돌보는 여성들이 비춰짐

06:13 "CORONA * KATO 3Rd Siq. 3Rd INF. DIV. ORPHANS OF WAR ROLL#7, SUPER XX HAZY BR." 문구

06:16 고아원에 마련된 식탁으로 줄을 지어 이동하는 고아들. 음식을 먹는 고아들이 비춰짐. 기도를 하는 고아들

07:15 "CORONA * KATO 3Rd Siq. 3Rd INF. DIV. ORPHANS OF WAR ROLL#8, SUPER XX HAZY BR." 문구

07:18 마루에서 음식을 먹는 고아들이 비춰짐. 분유를 먹는 갓난아이

07:49 고아원 마당에 둥글게 서서 율동을 하는 고아들

08:17 "CORONA * KATO 3Rd Siq. 3Rd INF. DIV. ORPHANS OF WAR ROLL#9, SUPER XX HAZY BR." 문구

08:19 둥글게 둘러 앉아 수건 돌리기와 노래를 하는 고아들

09:17 "CORONA * KATO 3Rd Siq. 3Rd INF. DIV. ORPHANS OF WAR ROLL#10, SUPER

XX HAZY BR." 문구

09:19 마루에서 고아를 재우는 여성 보육인들이 비춰짐

09:35 고아원을 떠나는 군인들

❚ 내레이션

(내레이션 없음)

War Orphans Taken Under Air Force Wings

제 명	342.NR.156(War Orphans Taken Under Air Force Wings)
수 집 처	National Archives and Records Administration(NARA), USA
제 작 국 가	대한민국
상 영 시 간	01분 23초
형 식	실사
컬 러	흑백
사 운 드	무

영상요약

미군이 미항공안보통신군(AACS) 한국보육원에 찾아가 구호물자를 나누어주고 보육원의 고아들과 놀아주는 영상이다.

화면묘사

00:04   자막 "KOREA: AIRMEN SPONSOR SEOUL ORPHANAGE"

00:07   미군들이 구호물자들 들고 미항공안보통신군 한국보육원 계단을 오르고 있음. 보육원 입구 위에는 "AACS ORPHANAGE IN KOREA 美航空安保通信軍韓國保育院(미항공안보통신군한국보육원)"이라고 적힌 팻말이 세워져 있음

00:12   구호물자를 들고 있는 미군들이 보육원 마당에서 고아들에게 구호물자를 나누어줌

00:28   보육원 안에 고아들이 앉아 있고 미군 한 명이 고아 아이 한 명에게 구호물자

로 지급된 옷을 입혀줌

00:40 고아들이 식사 전 기도를 드리고 있고, 미군들 역시 고아들 옆에 서서 기도를
      드리고 있음. 기도가 끝나고 고아들이 식사를 함

00:54 보육원 놀이터에서 미군들이 고아들과 놀아주고 있음

내레이션

(내레이션 없음)

Orphans in Korea

영문제명	Orphans in Korea
수집처	National Archives and Records Administration(NARA), USA
상영시간	08분 39초
제공언어	영어
제작	USIS(UNITED STATES INFORMATION SERVICE)
형식	실사
컬러	흑백
사운드	유

영상요약

이 영상은 6·25전쟁으로 발생한 고아문제를 다루고 있다. 고아들에 대해서 군인들이 먼저 고아들의 식량과 거처 문제를 해결하고 이후 전쟁에서 안전한 보육원 시설에서 고아들을 돌보게 되었다. 영상 말미에는 밴 플리트(James A. Van Fleet) 장군의 보육원 방문 장면도 담겨있다.

화면묘사

00:01 "U.S.I.S. UNITED STATES INFORMATION SERVICE Presents", "ORPHANS IN KOREA" 자막

00:21 피난행렬이 비춰짐. 봇짐과 등짐을 짊어지고 걸어가는 사람들. 피난행렬 중에 어린이들도 비춰짐

00:53   어린이를 부축해주고 음식을 주는 군인의 모습

01:09   비행기에 오르는 부상당한 어린이와 군인에게 치료받는 어린이가 비춰짐

01:54   군인 복장을 한 어린이가 군인과 함께 식사를 하는 장면. 군인들 틈에서 잔반을 버리는 어린이

02:41   이발을 하는 어린이가 비춰짐

03:06   군인들과 장난을 치고 옷을 배급 받는 어린이들의 모습

03:37   군용트럭과 비행기에 오르는 고아들

04:21   어린이들을 돌보는 장교가 비춰짐

04:34   목욕을 하고 체온을 재는 어린이의 모습. 병상에 누워 있는 어린 고아들

05:21   배에서 내리는 어린이들의 모습. 줄을 지어 고아원으로 이동하는 어린이들이 비춰짐. 둥글게 모여 앉아 식사를 하는 어린이들

05:55   춤을 추며 놀이를 하는 고아들의 모습

06:19   "HAPPY MOUNTAIN 국립행복산보육원 國立幸福山保育院" 현판이 보임. 보육원에서 뜨개질과 바느질을 하고 춤을 추는 고아들의 모습

07:04   보육원을 방문한 밴 플리트 장군. 럭비를 하는 남자 어린이들

07:59   모여서 합창을 하는 어린이들의 모습

08:32   "THE END" 자막

▌ 내레이션

00:18   이들은 대한민국의 국민들입니다. 폐허로부터 북한의 인민군들로부터 도망치고 있습니다. 끝도 없이 비극적으로 늘어선 행렬에 서 있습니다. 냉철한 통계에 의하면 피난민은 무려 천만 명 정도 될 것이라고 합니다. 대한민국 인구의 반입니다. 하지만 이 통계의 숫자 하나하나는 사람입니다. 아기를 안고 가는 어머니, 남은 집안살림을 짊어지고 가는 아버지. 이들은 인민군과 싸우러 가는 군대의 움직임을 제한합니다. 하지만 이렇게 힘든 사람들을 어느 누가 길에 오르지 못하게 하겠습니까?

00:54   많은 사람들은 위험을 무릅쓰고 피난길에 올라 살아남지 못합니다. 하지만 살아남는 사람들은 도움을 받습니다. 유엔은 의료지원을 제공합니다. 공산군의

공격을 막기 위해 어렵고 힘든 전쟁에서 싸우고 있는 유엔군은 시간을 내 추위에 떨며 굶주리는 사람들을 도와줍니다.

01:55 따뜻한 새 옷을 받은 어린이들은 영양가 있는 음식도 받습니다. 대부분 하루 종일 돌아다니다 먹는 한 끼입니다. 이 아이들에게 전쟁, 도피, 두려움, 굶주림, 그리고 피난은 새로운 경험입니다. 그러나 전에도 유럽과 아시아에서 일어난 전쟁에서 싸워본 미군과 전우들에게 그들의 경험은 반복적이고 없애버려야 할 패턴입니다.

02:16 많은 고아들은 부모의 죽음을 보았습니다. 그래서 새로 사귄 군인들에게 의존합니다. 미군부대는 전쟁고아들을 마스코트로 삼기도 합니다. 어떤 부대는 수십 명의 고아들을 돌보기도 합니다. 이 아이들이 비슷한 나이의 남동생, 조카, 심지어 아들을 생각나게 하기 때문입니다. 그래서 이 아이들이 배급된 식량을 먹으며 힘 세지고 건강해지는 것을 보고 기뻐합니다. 그리고 영어도 몇 마디 가르쳐 줍니다. 아이들은 전쟁터를 떠나 유엔군부대에서의 새로운 생활에 거리낌없이 적응합니다. 전선후방에서 다른 군인들처럼 이발도 합니다. 그리고는 이내 아이들은 군인들과 거칠게 노는 사이가 됩니다.

03:14 미국에서는 아이들에게 옷을 보내줍니다. 친절한 미국인들이 한국인들에게 기부하는 400파운드의 보급품의 일부입니다. 하지만 전선으로 돌아가야 하는 전투부대는 고아들에게 적합한 곳이 아닙니다. 수십만 명의 아이들은 더 안전한 곳으로 대피시켜집니다. 이 중에는 6개월밖에 안 되는 아기들도 있습니다. 이 아기들이 기억하는 위험은 카키색 담요에 쌓였던 것 정도입니다.

03:56 아이들은 멀리 남쪽에 있는 안전한 피난처에 내려집니다. 이곳은 전투, 도피해야하는 공포에서 멀리 떨어진 곳입니다. 전쟁고아들은 북한의 침공으로 폐허가 된 수천 개의 도시와 마을에서 왔습니다. 이 아이들의 나라는 거의 다 황폐해졌고 집은 잿더미가 되었습니다. 부모님들은 잃어버렸거나 돌아가셨습니다.

04:21 이제 아이들은 얼마 전까지만 해도 한국이 어디 있는 나라인지도 몰랐던 사람들에게서 도움을 받습니다. 악몽 같은 기억에 둘러 쌓인 몇몇 아이들은 다시는 웃지 않을 것처럼 보입니다. 미국에서 온 동화책은 아이들에게 새로운 세계를 보여줍니다. 하지만 많은 아이들이 전쟁에서 받은 아픈 충격을 잊으려면 시간이 걸립니다.

05:21   제주도는 주요 피난처 중 한 곳입니다. 한반도의 남서쪽 끝으로부터 80여 킬로미터 떨어진 곳에 있습니다. 수천 명의 아이들을 포함한 70,000명의 피난민은 이미 이곳에 왔습니다. 이 중 많은 아이들은 수개월간 제대로 돌봐지지 못했습니다. 어떤 아이들은 자신의 이름도 기억하지 못하고 살던 마을이 어딘지 심지어 부모님의 얼굴조차도 기억하지 못합니다. 그리고 매일 더 많은 고아들이 제주도에 옵니다. 농업대학은 고아원으로 탈바꿈했습니다. 아이들은 옷, 이불, 심지어는 숟가락도 같이 씁니다. 하지만 미국에서 보내지는 약은 충분합니다. 아이들은 리듬게임과 전통춤을 추며 시간을 보냅니다. 우선 당장은 보살핌 받고 있고 안전합니다.

06:20   국립행복산보육원에서 전쟁은 먼 이야기입니다. 평화로운 환경에서 아이들은 오래되어 어렴풋이 기억에 남은 한국 전통 공예를 배웁니다. 하지만 진정한 평화는 아직 멀리 있습니다. 한국국민의 반은 정처 없이 떠돌게 되었기 때문입니다. 그리고 이 조용하고 사람을 믿는 아이들은 아직 임시로 만든 수용소에서 대충 남는 음식을 먹고 물려받은 옷을 입으며 살아야 합니다. 하지만 여느 아이들처럼 이 아이들도 전통 노래와 춤을 배우며 즐거워합니다.

07:05   미8군사령관을 지낸 밴 플리트 장군은 한 고아원의 아이들을 방문합니다. 몇 주 몇 개월 전에 몇몇 아이들은 서울같은 도시에서 쓰레기 더미를 뒤지며 살고 있었습니다. 죽은 기록도 없는 익명인 부모님을 잃고, 아이들은 길 잃은 양처럼 지냈습니다. 여느 아이들처럼 아이들은 다시 놀 수 있게 되었습니다. 바로 이런 아이들이 한국의 새로운 심장이 될 것입니다. 한국은 세계 자유진영의 국가의 일원인 평화로운 나라가 될 것입니다.

제2의 적

영문제명	The Second Enemy
수 집 처	National Archives and Records Administration(NARA), USA
제작연월일	1954년
상 영 시 간	1시간 8분
제공언어	영어
제 작	USIS Korea(주한미공보원)
제 공	USIS
형 식	실사
컬 러	흑백
사 운 드	유

▍영상요약

위생문제 개선을 위한 위생관리원 김 씨의 노력과 이를 통해 깨끗한 환경과 개인의 건강을 되찾아가는 내성리 사람들의 모습을 그린 영상이다.

▍연구해제

〈제2의 적〉은 전후 한 농촌마을 주민들이 '제2의 적'인 질병과 각종 전염병을 미국의 원조기관인 '주한민사처'(KCAC: The Korean Civil Assistance Command)의 지원을 받으며 퇴치해 나가는 모습을 다루고 있다. 주한민사처는 주한미공보원(USIS-Korea)과 협조하여 주한민사처의 대민지원활동이 한국의 마을들을 얼마나 더 살기 좋은 곳으로 만들었는가를 한국인들에게 알리기 위해 1954년에 이 영화를 제작했다.

1955년까지 존속했던 주한민사처는 '6·25전쟁' 개전 직후 설치된 유엔민사처(UNCACK: United Nations Civil Assistance Command Korea)가 정전 이후 개편된 조직이다. 전쟁 초기 유엔군사령부(CINCUNC)은 질병, 기근, 소요를 유발할 가능성이 있는 요인들을 미연에 예방하거나 확산을 방지하여 군사작전의 사회적 장애물을 제거하기 위한 민사활동을 전개했다. 유엔군사령부는 낙동강 전선 이남으로 피난민이 몰려 전염병의 발병 가능성이 높아지고 생필품이 부족한 상황이 발생하는 상황에 대처하기 위해, '유엔보건후생부'로 명명된 보건위생 담당기구를 설치했다. 이어서 미 8군 사령부는 1950년 12월 경에 '유엔보건후생부'를 개편하여 유엔민사처를 설치했다. 유엔민사처는 각 도와 주요도시에 예하 팀을 배치하여, 도 및 산하 행정기관의 행정, 공안, 보건위생, 노동, 복지 등 관련분야 운영을 지원하고, 원조물자 운용을 감독했다.

휴전 체결 시점부터 미군 민사 활동이 종료된 1955년 사이에 미국의 대한 원조 정책 중심은 전시 긴급 구호에서 장기 재건을 위한 지원으로 이동했다. 휴전과 함께 유엔민사처는 주한민사처로 그 명칭을 개편하며 미국의 대한 원조 활동에 일익을 담당했다. 주한민사처는 운송, 공중보건·위생, 체신, 공공근로, 전력, 사회(복지)사업, 노동, 농촌교도, 임업, 홍수 통제, 관개, 公安, 철도와 항만 등 광범한 분야에 걸쳐 전후 재건의 관여했다. 한편, 주한민사처는 보건위생 인력을 양성하고 관련내용을 교육하는데도 힘을 쏟았다. 이러한 배경하에 이 영화의 주인공도 주한민사처가 주관한 교육을 이수한 인물로서, 마을의 보건위생 문제를 해결하고자 할 때 적극적으로 주한민사처의 협조를 구하는 인물로 설정되었다.

각 지역에 배치된 주한민사처 지방팀의 위생 담당자들은 지역 의료인들에 대한 교육 프로그램을 실시하고 대중에게 강연, 포스터, 시현, 자료 배포, 영화 상영 등을 활용해 보건위생의 중요성을 숙지시켰다. 이 과정에서 주한민사처는 주한미공보원이나 미군 심리전 부대와의 원활한 협조를 통해 대민 계몽활동의 효과를 극대화하고자 노력했다. 이러한 활동을 알리기 위한 의도는 영화에서 주인공이 '보건전람회와 미국공보원 영화 상영'을 알리는 전단을 붙이는 장면과 보건전람회를 마을 주민들이 관람하는 장면에 잘 반영되어 있다.

주한민사처와 함께 전후 재건을 지원한 대표적인 원조기간은 '운크라(UNKRA: United Nations Korean Reconstruction Agency)'라 불렸던 '유엔한국재건단'이었다. 실제 지원분야가 겹치기도 했던 양 기관은 긴밀하게 상호협조를 하고 한국정부와 유기적인 관계를 맺으며 전후 한국의 재건을 지원했다. 〈제2의 적〉은 이러한 전후 재건상황을 잘 보여준다. 주인공이 보건위생 지원을 받기 위해 지방행정당국을 방문했을 때, 주한민사처 직원과 지방 공무원의 협의 장면, 그리고 운크라의 지원으로 마련된 이동 의료지원팀과 마을 보건위생 환경의 개선을 지원하는 주한민사처 직원이 함께 마을을 방문하고 활동을 전개하는 장면 등은 이러한 원조기관들의 행정당국에 미쳤던 영향력과 상호 긴밀한 관계를 보여주기 위해 배치되었다고 볼 수 있다.

이 영화는 근대와 전근대적인 문화적 요소를 대비하며 다양한 보건위생 환경의 개선 방안을 제시하고 있기 때문에 교육계몽적 성격이 크다. 그러나 동시에 영화의 말미에 자유세계 즉, 유엔과 미국이 전개한 지원을 강조했다는 점에서 이는 또한 냉전시대 미국에 대한 긍정적 이미지를 심기 위한 선전영화의 성격을 강하게 드러낸다. 미국은 대민원조와 미국의 영향력 확대를 연동시켰고, 한국의 대민지원과 개선활동을 동아시아 및 제3세계에 미국의 영향력을 확대하기 위한 소재로 여겼기 때문이다. 주한민사처가 이 영화를 17개 국어로 더빙해 미공보원을 통해 배포하는 계획을 세웠다는 점이 이를 확인시켜 준다.

참고문헌

허은, 「1950년대 전반 미국의 '생체정치'와 한국사회 헤게모니 구축」, 『한국사연구』 133,
    2006.

화면묘사

00:07   시골 마을 그림을 배경으로 자막 "U.S.I.S UNITED STATES INFORMATION
        SERVICE PRESENTS"

00:13   전통 혼례 그림을 배경으로 타이틀 "The Second Enemy"

00:20   소를 타고 피리를 부는 목동의 그림을 배경으로 크레딧 "With Grateful
        Acknowledgement For Music To EWHA WOMEN'S UNIVERSITY and the KOREAN
        CHILDREN'S CHORUS"

00:27   냇가에 두 아이와 함께 있는 여성 그림을 배경으로 크레딧 "Produced by ROBERT
        LAVELL Photographed by LOUIS STEIN Narrated by WILLIAM B. WHITAKER"

00:33   버드나무 아래에서 바둑을 두고 있는 노인과 곰방대를 물고 길을 가는 할아버
        지 그림을 배경으로 크레딧 "Story Sketches by EUI WHAN KIM Technical
        Advisor TAI YUNG KIM Written and Directed by FRANKLIN JUDSON"

00:41   군인들이 가로수를 쓰러뜨리고 탱크를 끌고 마을로 들어섬. 불타고 있는 건물
        과 전투 중인 군인들이 뛰어다니고 총을 쏘는 모습

01:01   거리를 걸어다니는 많은 사람들의 모습. 전차와 자동차가 돌아다니고 교통경찰
        이 신호를 주고 있음. 새롭게 복구되고 있는 건물들. 어린 아이들이 빈 그릇을
        들고 모여 있는 모습. 아이들이 줄서서 우유를 받음. 아이들이 모여 서서 그릇
        에 담긴 우유를 마심

01:54   한국과 주변 국가들이 그려진 지도. 한국 지도 위에는 "38°" 위에 선이 그려져
        있음

02:11   군인들이 산을 타고 올라가는 모습. 산을 위에서 내려다본 모습. 산의 능선 사
        이로 흐르는 작은 계곡. 나무가 없이 바위가 드러난 산세. 산을 개간하여 농지
        로 만든 계단식 농지를 내려다 본 모습

02:40 소를 이용해 논을 갈고 있는 농부의 모습. 내성리를 하늘에서 내려다 보면서
다양한 사이즈와 각도로 보여주는 영상

03:21 내성리 안에 위치한 초가집. 초가집 마당에는 이장이 마당을 쓸고 있음. 물레
방앗간의 전경. 밖에는 물레가 돌아가고 있고 안에는 기계가 곡식을 빻고 있
음. 이장이 기계에 곡식을 넣고 아래에서는 이장의 부인이 가루를 받고 있음

04:04 여성들이 서서 디딜방아를 밟고 있는 모습을 다양하게 보여줌

04:31 가게에서 할아버지가 여성들에게 계란을 팔고 있음

04:38 내성리 면사무소의 전경. 사람들이 면사무소를 향해 가고 있음

04:42 경찰서의 전경. 경찰서 문 앞에 경비를 보고 있던 경찰이 트럭을 살펴보고 지
나가라는 수신호를 보냄

04:51 전망대에서 총을 들고 경비를 보고 있는 군인의 모습. 내성리가 내려다보임.
논둑길을 걸어 순찰을 돌고 있는 시민군의 모습이 멀리서 보임

05:00 벼들이 자라고 있는 논 너머로 공장이 보임. 두 명의 여성이 멍석 위에 해초를
널어 말리는 모습

05:14 나무 사이로 내성리 초등학교 운동장과 학교 건물이 보임. 아이들이 운동장에
모여서 숨바꼭질을 하고 있음. 여자 아이들이 모여 널뛰기를 하는 모습

05:28 두 여성이 길을 따라 걸어가고 있고, 이들의 걸음을 따라 카메라가 이동하며
가정집들의 전경을 보여줌. 길옆에 있는 시냇가에 여성들이 앉아서 빨래를 하
고 있음. 빨래를 하며 서로 대화를 나누고 있는 여성들의 모습(여성들의 대화
내용은 청취 불가)

06:23 여성들이 장에서 바구니를 사고 있는 모습. 내성리 오일장의 모습을 보여줌.
수많은 여성들이 장터에 나와 앉아있고 구경하는 사람들의 모습도 다수 보임.
고무신 가게에서 흥정하는 여성들의 모습. 옷감을 파는 가게에서 흥정하는 여
성들. 벽지를 파는 가게의 모습. 장에서 산 물건들을 머리에 이고 돌아가는 여
성의 모습

06:33 지게를 지고 마당으로 들어서는 할아버지의 모습. 마당에 소와 닭들이 있고 각
자 자신의 일을 하고 있는 가족들의 모습이 보임. 여자 어린이가 아궁이에 불
을 지피고 있고, 마루에서는 두 남성이 앉아 이야기를 나누고 있음. 방 안에서
는 김씨가 일을 하고 있음. 옆방에서는 여성이 베틀에 앉아 옷감을 짜고 있음.

그 옆에는 할머니들이 물레를 돌리거나 바느질을 하고 있고, 한 여성은 아이를 돌보고 있으며, 다듬이질을 하고 있는 여성들과 공부를 하고 있는 아이의 모습도 보임. 다시 김씨가 일을 하고 있는 모습을 보여줌. 김씨가 하던 일을 끝내고 일어섬

09:42 아궁이에 불을 지피던 여자 어린이가 일어나 자리를 떠남. 그리고 김씨의 아내가 솥에서 밥을 퍼냄. 부엌과 방을 연결해주는 창문으로 아기가 고개를 내밀고 있는 모습. 창문을 통해 밥을 받아 상 위에 놓음. 김 씨의 할아버지와 아버지가 먼저 밥상 앞에 앉아 술을 받음. 그 옆에서는 어머니와 김 씨가 대화를 나누며 함께 밥을 먹고 있음. 그리고 다른 밥상에는 김 씨의 두 여동생과 고모, 할머니가 앉아서 식사를 하고 있음. 또 그 옆에서는 김 씨의 아내가 아이들에게 밥을 먹이고 있음. 온 가족이 방에 앉아 밥을 먹고 있는 모습을 보여줌

11:58 마을의 집 사이를 걸어가는 김 씨의 뒷모습. 길을 걷다가 길가에 쌓여있는 짚더미를 발로 차서 길 아래로 밀어 넣고 무언가를 기록함. 계속해서 길을 걷다가 길가에 버려진 쓰레기를 길 아래로 차 넣음. 이때 다시 위에서 쓰레기가 버려지고, 김 씨는 담벼락에서 길가로 오물을 버리던 여성에게 화를 냄

12:58 우물에서 물을 긷고 있는 여성. 물동이를 머리에 이고 돌아가는 길에 김 씨와 마주침. 여성과 인사를 나눈 김 씨가 우물을 살펴보고 기록함

13:48 마을 길을 걷고 있는 김 씨의 뒷모습. 여자 아이가 뛰어나와 김 씨를 붙잡음. 김 씨가 여자 아이를 따라 이 씨의 집으로 들어감. 마루에 앉아있던 이 씨가 김 씨와 인사를 한 뒤 대화를 나눔. 방문을 열자 누워있는 이 씨의 아들이 보임

15:05 병들어 누워있는 이 씨의 아들을 둘러싸고 무당이 굿을 하고 있음. 노래를 하고 춤을 추며 굿을 하는 무당과 고수의 모습

15:41 천장에 한약재가 매달려있는 모습에서 카메라가 천천히 아래로 이동하면서 한약방의 전경이 보임. 한의사가 약을 짓고 있는 모습

16:01 사찰로 들어가는 이 씨 내외. 대웅전 앞 계단을 올라가는 두 사람의 모습을 뒤에서 보여줌

16:23 노인들이 방안에 둘러앉아 곰방대를 피우며 대화를 나누고 있음

16:34 김 씨가 이 씨 아들의 상태를 살펴보고 이 씨와 대화를 나눔

17:03 마을길을 따라 상여가 지나가는 모습. 이 씨와 김 씨가 상여를 바라봄

18:39 마을 게시판에 벽보를 붙이고 있는 김 씨와 이를 구경하는 아이들의 모습. 벽보에는 "보건 전람회와 미국공보원 영화상연 6월 1일 화요일 개량하자 우리 마을!"이라고 적혀 있음. 옆에 붙어있는 포스터에는 "KCAC가 가져오는 자유세계의 한국원조"라는 문구가 보임

18:59 아이들의 도움을 받아 보건 포스터 전시회를 준비하는 김 씨. 이장님이 전시회장을 찾아와 김 씨를 격려해줌. 여러 마을 주민들이 전시회를 보기 위해 오는 모습. 김 씨와 이장님이 전시회장으로 들어오는 사람들을 맞이함. 전시된 포스터에는 "식물성 식료품 배추 무 파", "식료품 가공소", "식료품* 운반", "생선 취급", "과실 낙화* 사과 곶감", "위생적 변소와 분변처치 매일 솔로 닦을 것 꼭맞는 뚜껑 한달동안 저장", "쥐와 해충을 없애자 우리의 가장 무서운 적", "안전한 물만을 사용하라", "열 제일 좋은 소독약" 등의 문구가 적혀있음. 포스터를 보며 이야기를 나누는 사람들의 모습

20:18 마을 남자들이 방안에 모여 회의를 하고 있는 모습. 김 씨와 이 씨가 각자의 의견을 이야기한 뒤 마을 사람들이 서로 의견을 나눔. 고개를 저으며 반대를 하는 사람의 모습. 이장이 김 씨에게 대안을 제시해주길 요구하고 이에 김 씨가 응함

21:39 보건소 앞 전경. 아이들이 계단에 앉아 놀고 있고 사람들이 건물로 들어오고 나감. 건물 앞에 붙은 안내문 클로즈업 "보건과 301 위생 301 치료 301 방역 가 2 약제" 보건과 사무실 내부. 두 명의 미국인과 4명의 한국 남성들이 회의를 하고 있음. 김 씨가 사무실 안으로 들어오고 사람들의 소개를 받은 뒤 함께 앉아 내성리의 문제를 논의함. 보건과 사람들이 경상남도 지도를 보고 옆에 붙은 사진들(이동진료소 차량과 간호복을 입은 여성 진료원들)을 보며 이야기를 나눔. 김 씨가 보건과 사무실을 나감

24:16 건물 안에서 사람들의 도움을 받아 책상을 바깥으로 옮기는 김 씨. 책상 위에 진료 기록을 올려놓는 등 이동진료소를 차릴 준비를 함. 산 위에서 깃발을 든 사람이 대기하고 있는 모습

24:56 멀리서 마을 길을 따라 들어오는 이동진료소 트럭. 산 위에 깃발을 흔들어 진료소 트럭의 도착을 알림. 김 씨가 이를 보고 손을 흔들어 화답해줌

25:14 빨래터에서 빨래를 하고 있는 여성들 뒤로 이동진료소를 방문하기 위해 가는 마을 사람들의 모습이 보임. 마을 길을 걸어서 속속 이동진료소를 찾아오는 사람들을 다양하게 보여줌. 사람들 사이로 트럭이 들어옴. 김 선생이 트럭에서 내려 김 씨 및 이장, 마을 어른들과 인사를 나눔. 이동진료소에서 간호사와 박 의사, 노 선생, 스미스, 쿡 의사가 내려서 인사를 함

26:56 이동진료소 트럭의 뒤를 클로즈업한 모습. 트럭에는 "UNITED NATIONS KOREAN RECONSTRUCTION AGENCY UNKRA"라는 문구와 함께 유엔 마크가 그려져 있음. 문이 열리고 이동진료소 트럭의 내부가 보임. 진료 준비를 하는 김 의사와 보조

27:37 이동진료소 밖에 길게 줄을 선 마을 사람들. 김 씨가 책상에 앉아 마을 사람들과 대화를 나누며 건강 기록표를 적고 번호표를 나눠줌. 아이와 할머니의 옷 속으로 소독약을 뿌려주는 모습. 옆에서는 박 의사가 책상을 놓고 마을 사람들을 진찰함. 팔을 다친 남자가 진찰을 받음. 그 옆에서 또 다른 의사와 간호사가 아이들에게 예방주사를 놔줌. 이동진료 트럭 안에서 예방 접종을 받고 있는 아이의 모습. 그 옆에서는 더 어린 아이가 어머니 품에 안겨 진찰을 받고 떠남. 뒤이어 할아버지가 들어와서 진찰을 받음. 진료소 침대에 누워 증세를 진단 받은 뒤 약을 받고 복용법을 안내 받음

31:46 진료를 받은 할아버지가 친구와 대화를 나누고 있음. 다른 마을 사람들도 모여서 이동진료소와 새로운 의료에 대해서 이야기를 나눔. 진료를 받고 손녀에게 부축을 받아 돌아가는 할머니. 아기를 등에 업은 여성

32:16 이동진료를 마치고 짐을 챙겨 간호사와 함께 자리를 옮기는 의사

32:38 마을을 돌아보기 위해 의료 도구가 든 가방을 들고 나서는 의사. 이 씨의 딸이 의사를 마중 나와 집으로 안내함. 의사가 이 씨의 아들이 누워있는 방으로 들어간 뒤 이 씨와 아들의 병에 대해 이야기를 나누고 진찰함. 이 씨 아들의 피를 뽑음

34:41 보건팀이 마을을 돌아다니며 위생 및 안전 상태를 점검함. 담벼락에 있는 구멍을 발견하고 살펴봄

35:20 보건팀이 함께 우물을 살펴봄. 남자 어린이가 미국인 위생 관리원에게 수질 검사 도구 상자를 가져다 줌. 도구 상자에서 꺼낸 유리병을 우물 안에 넣어 물을

채취함. 채취한 물을 상자 안에 넣고 소년이 다시 상자를 갖고 감. 김 씨가 위생 관리원과 악수를 나누며 모두에게 감사 인사를 함. 우물을 떠나는 보건팀

37:16 이동진료소로 돌아온 보건팀. 다른 의사들이 이동진료소의 짐들을 트럭에 실으며 떠날 준비를 하고 있음. 마을 주민들과 김 씨가 의사에게 감사를 표함. 이동진료소 트럭이 떠남

38:24 "음료수 분석표"를 클로즈업한 화면. 확인 사항들에 번호가 매겨져 있고 한 항목을 제외하고 모두 체크 표시가 되어 있음. 마을 어른들이 김 씨와 우물을 살펴봄. 우물 안을 지탱하고 있는 돌과 그 틈새를 보여줌. 마을의 다른 부분들을 살펴보기 위해 떠남

39:05 우물이 있던 곳 마당에서 마을의 이곳 저곳을 살펴봄. 우물 옆에 있는 화장실. 애니메이션으로 화장실의 오염수가 어떻게 우물로 유입되는지를 설명함. "노천우물 OPEN WELL 변소 LATRINE 인분뇨저장소 NIGHT SOIL STORAGE"로 각각의 단면을 설명하고 비가 내리고 물이 땅 속으로 스며들면 우물물을 마실 수 없음을 "X"로 표시

39:49 여성이 물동이를 머리에 이고 개울가에 있는 우물로 물을 길어 감

40:09 담벼락에 난 구멍을 보며 함께 이야기를 나누는 마을 어른들과 김 씨. 보수를 필요로 하는 담벼락에 먹으로 표시를 함

40:36 지저분한 부엌의 모습. 부뚜막에 밥이 담긴 그릇을 올려놓는 여성. 밥그릇 위에 파리가 앉은 모습 클로즈업

40:59 부엌 문 앞에 할머니 한 분이 김 씨 및 마을 어른들과 서서 대화를 나누고 있음. 할머니가 손사래를 치며 김 씨의 요청을 거부함. 하지만 김 씨가 할머니를 설득함

41:13 공동묘지의 전경. 묘비에 애니메이션 효과를 이용해 하나씩 하얀 "X" 표시가 그려짐

41:21 김 씨의 설득에도 불구하고 할머니가 여전히 손사래를 치며 거부함. 김 씨와 마을 어른들이 돌아감

41:40 마을 길을 살펴보는 김 씨와 마을 어른들. 김 씨가 길 옆 도랑에 버려져 있는 쓰레기를 주워 마을 어른들에게 보여줌. 마을 어른들이 지팡이로 길 옆에 버려져 있는 쓰레기 더미를 헤침

42:25 방 안에 누워있는 이 씨의 아들과 그를 간호하는 이 씨. 방문이 열리고 김 씨와 마을 위원회가 이 씨를 찾아옴. 이 씨 아들의 혈액검사 결과가 적힌 종이를 이 씨에게 전달함. 검사 결과와 진단 내용을 이 씨가 아들에게 이야기해줌. 이 씨가 마을 위원회 사람들에게 감사를 표하고 김 씨와 마을 위원들이 인사를 하고 돌아감

43:29 김 씨가 마을 위원회 사람들과 모여 마을 개선에 필요한 사항들을 점검하고 현재까지의 진행 상황을 이야기함. 김 씨의 뒤에 있는 칠판에는 "5月5日 동리 개선 1 예방주사 100% 2 쥐잡이 75% 3 또랑개선 80% 4 쓰레기처리 60% 변소개선 40% *료수문제 35%"라고 적혀있음

43:54 창고에 있는 쥐의 모습. 옷장에 쥐가 낸 구멍을 보여줌. 서랍을 열자 안에 있는 옷을 쥐가 갉아 먹었음. 쥐구멍 앞에 곡식이 쌓여있고 이것을 쥐들이 모여 먹음. 쥐덫 안에 쥐가 잡혀있는 모습. 쥐구멍 앞에 놓은 쥐덫에 쥐가 다가가 잡히는 것을 반복해서 보여줌. 죽은 쥐의 시체를 쌓아놓은 모습

44:30 마을 회관에서 회의 중인 마을 위원회의 모습. 김 씨가 칠판에 적혀있는 "또랑개선"을 지휘봉으로 짚으며 이야기를 함

44:39 마을 주민들이 도랑에 흙을 파내고 돌을 쌓아 보수하는 모습

44:49 부엌에서 여성이 쓰레기를 그릇에 따로 담아 쓰레기통에 버리는 모습

45:03 마을 회관에서 회의 중인 마을 위원회의 모습. 이번에는 김 씨가 "변소개선"에 지휘봉을 가리키고 이야기를 함

45:07 이전에 있던 변소를 철거하는 모습. 애니메이션으로 개선된 변소의 모습을 보여주고, 이에 대해 "재목, 돌 혹은 통나무 LUMBER, ROCK OR ROUGH POLES 꼭 맞는 덮개 FLY-TIGHT COVER 헛간 STORAGE PIT"라는 자막으로 설명을 덧붙임. 노 선생도 변소개량에 참여함. 새로운 변소 길이를 측정하는 모습. 위생 관리인이 적합한 크기를 알려주며 변소개량을 도와줌. 어느 정도 완성된 새로운 화장실의 모습

46:22 깔끔해진 부엌의 내부를 보여주는 화면. 부엌 아궁이에 쇠살대를 놓아 정리한 모습을 클로즈업으로 보여줌. 여자 어린이가 큰 솥에 물을 끓임. 설거지한 그릇을 뜨거운 물에 담궈 소독한 후 문이 달린 선반에 정리해서 넣음. 장작을 상자 안에 정리해서 넣은 모습. 그릇과 남은 음식을 문이 달린 찬장에 넣어서 보

관함. 식수를 넣은 항아리에 뚜껑을 닫음

47:32 마을 회관에서 회의하는 김 씨와 마을 위원회. 포스터 한 장을 들어 사람들에게 보여줌. 포스터에는 시냇물에 야채를 씻는 여성들, 뚜껑이 달린 우물과 수도 시설이 그려져 있음

48:09 우물 안으로 돌을 던져 넣는 남자들. 우물 안의 돌 사이를 시멘트로 메움. KCAC 전문가와 함께 새로운 우물을 만들 장소를 물색하는 마을 위원들. 공터에 이르자 KCAC 전문가가 마을 사람들에게 설명을 하며 지팡이를 들어 바닥에 표시를 함. 그리고 새로운 우물 옆에 있는 가축 우리를 옮겨야 한다고 설명함

49:15 제사상을 차려놓고 제문을 읽는 마을 위원들. 제문을 읽는 마을 위원의 목소리가 육성으로 포함. 제문 낭독이 끝나자 제사상 위에 있던 술을 들어 새로운 우물 자리에 뿌림. 이장이 제사상에 절을 하자 마을 위원들이 술을 따라 나눠 마심

50:28 우물의 구조를 보여주는 애니메이션 화면. "방수벽 WATER-TIGHT WALL 지하 수층 WATER BEARING STRATUM 물이 스며드는 벽 PERVIOUS WALL"로 구성되어 있음. 그리고 이어 "아스팔트 씰 ASPHALTIC SEAL 콩크리트 우물 덮개 CONCRETE WELL COVER 철사망 WIRE SCREEN"의 구조를 설명함. 우물 바깥은 "돌도랑 ROCK DRAIN 콩크리트 바닥 CONCRETE APRON"으로 이루어져 있음. 실제 공사를 통해 개조되는 우물의 모습. 우물이 완성되고 마을 사람이 우물 앞을 청소하고 있음

51:36 마을 사람들이 모여있는 가운데 김 씨가 높은 곳에 앉아 무언가를 기록하고 있음

51:43 게시판에 붙어있는 포스터를 보는 마을 사람들. 포스터에는 "쥐를 잡읍시다 금주일의 성과 5 내성리부락개량운동"이라고 적혀있음

51:47 처마 밑에 난 구멍을 흙으로 막는 남자의 모습

51:52 뚜껑이 덮히는 쓰레기통을 집에 비치함

52:00 땅에 구멍만 뚫려있던 과거의 변소. 뚜껑이 달린 개량된 변소를 이어 보여줌. 뚜껑이 달려있고 주변이 콘크리트로 다져진 공중화장실의 내부와 외부를 보여줌

52:14 새로운 벽보를 붙이고 있는 김 씨. "기생충 회충 십이지장충 촌충 간디스토마"라는 글씨가 적혀있고 각 기생충의 생김새와 감염 경로가 그려져 있음

52:21 길 옆 도랑에 살충제를 뿌리는 마을 남성의 모습. 도랑에는 깨끗한 물이 흐르고 있음

52:32 돌로 막아놓은 우물. 우물 안쪽 돌벽의 벌어진 틈새에 시멘트를 바르는 모습. 개량된 우물

52:44 깨끗한 물이 흐르는 계곡의 모습

52:50 마을 광장에 사람들이 모여 있고 노래를 하고 악기를 연주하는 모습을 구경함. 김 씨는 이들 옆에서 담장 위에 앉아 마을의 상태에 대해 기록하고 있음. 축제를 즐기고 있는 마을 사람들의 모습을 다양하게 보여줌. 장구를 치며 노래를 하는 여성과 춤을 추는 여성의 모습을 다양한 사이즈와 각도로 보여줌. 노래하고 춤추는 여성들과 구경하는 마을 주민들의 모습이 교차되어 보임. 지붕 위에 앉아있는 남자 아이가 이 씨 아들과 아내가 내성리에 도착했음을 알림. 이 씨네 가족이 모두 마을로 들어옴. 이장과 김 씨가 이 씨의 아들 및 가족들과 인사를 나눔. 그리고 뒤이어 펌프가 도착함. 이 씨 가족들과 인사를 나누고 있던 이장과 김 씨도 펌프를 보러 감. 위생 관리원이 펌프를 조립해줌. 우물에 펌프를 장착한 모습을 위생 관리원과 김 씨 그리고 마을 사람들이 바라봄. 남자 아이 한 명이 펌프를 작동시키자 물이 나오고 남자 아이가 그 물을 받아 마심. 김 씨가 계속 펌프질을 하고 수도관을 통해 물이 나오는 모습을 클로즈업으로 보여줌. 이장이 물을 그릇에 받아 이 씨의 아들과 그의 아내에게 줌

56:13 전면에 우물 펌프가 크게 보이고 그 뒤로 축제를 즐기고 있는 내성리 마을 사람들의 모습이 보임. 이 씨 아들 내외와 마을 아이들, 사람들의 모습을 다양하게 보여줌

56:40 이 씨 가족들이 축제 자리를 떠나고 김 씨가 이들을 배웅하며 인사함

56:57 이 씨네 가족들이 시냇물을 건너 마을 길을 따라 집으로 감

57:22 김 씨와 이장이 기뻐하는 모습

57:24 이동진료차량이 마을로 들어오는 모습. 아이들이 "유급식용" 우유를 받아 마시는 모습. 이동진료소에서 진료를 받고 있는 아이와 엄마. 예방 주사를 맞고 있는 남자 아이와 할머니. 외국인 위생관리원의 도움을 받아 우물물을 채집하는 모습

57:51 내성리 마을의 전경을 위에서 내려다 본 모습. 사람들이 마을 길을 소달구지를 끌고 가는 모습

58:04 화를 내고 있는 여성의 모습. 뒤이어 이 여성이 밝은 표정으로 대화를 나누는

모습이 이어짐. 김 씨네 할머니가 웃고 있는 모습

58:14 내성리 마을을 내려다 본 모습. 이 씨네 가족들이 길을 따라 가는 모습을 다양한 사이즈와 각도로 보여줌

59:12 풍물놀이를 하는 사람들의 그림 중간에 자막 "The End"

내레이션

01:01 인민군에 의해 다 타버렸던 이 거리는 한국의 성공적인 재건설을 향한 분투를 입증합니다. 하지만 한국의 제2의 적인 병과 물, 건강을 향한 투쟁은 이제 겨우 시작됐습니다. 지금 즉시 필요한 것은 앞으로 해야 할 어려운 재건설을 위해 한국 사람들의 몸과 마음을 튼튼히 하는 것입니다. 전시에 강제적으로 방치되었던 아이들에게는 특별히 더 많은 관심을 쏟아야 합니다. 다행히도 한국은 혼자가 아닙니다. 우방들인 미국과 국제연합(UN)의 도움으로 국민의 건강을 보호하기 위한 기본적인 일들이 이루어지고 있습니다. 이것은 자유진영의 국가들이 전시에도 평시에도 단결하고 있다는 희망적인 증거입니다.

01:54 1950년까지 한국은 많은 사람들에게 비교적 알려져 있지 않았습니다. 하지만 아시아 대륙에서 한국은 수백 년 동안 전략적으로 중요한 위치에 있었습니다. 이 사실은 북한의 침략을 받은 것, 미국과 UN이 즉시 방어에 나섰다는 것에서 확인할 수 있습니다. 그 이후로 수 천 부대가 한국의 험난한 지형을 직접 경험하게 되었습니다. 지형적으로 한국은 비탈진 산, 작은 계곡, 그리고 땔나무로 인해 벌거벗은 산비탈이 많은 곳입니다. 경제적으로 한국은 농업국가입니다. 매년, 매세대마다 농경지는 산비탈을 타고 올라 넓어집니다.

02:47 80퍼센트의 사람들이 농사를 지으며 내성리 같은 작은 마을에 삽니다. 내성리는 계곡을 따라 세 부분으로 나누어진 마을입니다. 길가에 옹기종기 모여 있는 집들, 개울 중류에 조금 더 많이 자리 잡은 집들, 그리고 경사지에 올라앉은 몇 채의 집, 그리고 내성리와 계곡을 내려다보는 전설의 우물이 있는 금정산이 있습니다. 내성리와 그곳 주민들에 대해 알아간다는 것은 한국에 대해 알아가고 있다는 것과 같습니다. 이장님은 이 초가집에 살며 이 물레방앗간에서 일합니다. 보리, 쌀, 고추, 그리고 콩을 가루로 만듭니다. 하지만 서둘러야 하는 것이

아니라면 오래된 디딜방아도 결국 같은 일을 합니다.

04:31 내성리에는 가게가 하나 있습니다. 그곳에서는 계란 같은 생필품을 팝니다. 면사무소도 이곳에 있습니다. 그 옆에는 마을을 보호하기 위해 로드블럭을 관리하는 경찰이 있습니다. 그들은 밤낮으로 마을 변두리를 순찰하는 국방시민군도 감독합니다. 밭 뒤로는 내성리에서 하나뿐인 공장이 있습니다. 식용해초를 가공하는 곳입니다. 산이 드리우는 그림자 속에는 내성리의 초등학교가 있습니다. 시골학교에는 운동장에 놀이시설이 거의 없어서 아이들은 스스로 놀거리를 만들어 냅니다.

05:29 현재 내성에는 623명의 주민, 총 141 가정이 삽니다. 이 중 7가족은 다른 지역에서 피난 온 사람들입니다. 젊은 남성들은 거의 보이지 않는 내성리는 아이들, 젊은 여자들, 그리고 노인들로 이루어져 있습니다. 내성리에는 의사도, 간호사도, 진료소도, 그리고 약국도 없습니다. 전화도, 라디오도, 전기도, 신문도 없습니다. 하지만 새로운 소식은 오랫동안 해오던 방식으로 잘 퍼집니다.

06:21 약 11킬로미터 떨어진 군청소재지에서 열리는 오일장에서 흥정을 하는 것이 유일한 재미입니다. 처음 부르는 가격을 지불하는 것은 재미를 망쳐버립니다. 어떤 때는 신발이 한 켤레 필요합니다. 가끔은 새 옷을 만들 천이 필요합니다. 그리고 언제나 집을 꾸미고 따뜻하게 하기 위해 벽지가 필요합니다. 하지만 집에 가는 길은 멉니다. 그래서 어두워지기 전에 도착하려면 일찍 나서야 합니다. 내성리에서의 삶은 수백 년 동안 그래왔던 방식으로 흘러갑니다. 이곳이 내성리입니다. 바로 여기가 한국입니다.

07:39 하지만 변화가 일어나고 있습니다. 이곳은 구에서 새로 위생관리원에 임명된 김씨의 집입니다. 아버지와 이장님이 마을 문제에 대해 이야기하는 동안 김씨는 다른 문제와 씨름하고 있습니다. 김씨는 막 지방 정부와 한국민사원조사령부KCAC에서 후원한 교육프로그램에서 돌아왔습니다. 우선 마을의 일을 먼저 하기 위해서 김씨는 지금 마을 기록을 갱신하고 있습니다. 어떤 경우에는 한가지 일을 다른 일보다 먼저 해야 합니다. 집안의 여성들이 생각하기에는 그들이 하는 일이 제일 중요합니다. 천을 짜고, 빨래를 하고, 다듬이질을 해서 김씨가족 사람들의 옷을 해 입히는 데에는 손이 많이 갑니다. 밤낮으로 다듬이질이 만들어내는 리듬은 새로운 종류의 음악을 만들어 냅니다. 김씨가 일을 끝내면

내성리 모든 주민의 건강기록이 처음으로 만들어 질 것입니다. 하지만 저녁시간이 되니 김씨도 하던 일을 멈춥니다. 이제 그의 가족들을 만나봅시다.

09:44   그리고 그의 아내와 세 아이 중 막내입니다. 한국에서 연장자들은 특권을 누립니다. 김씨의 할아버지는 그런 특권을 향유합니다. 김씨의 아버지도 마찬가지입니다. 김씨는 새로운 계획을 많이 세우고 있습니다. 그리고 그의 어머니는 그런 김씨를 자랑스러워합니다. 이 자리에는 김씨의 두 여동생과 고모, 할머니가 계십니다. 할머니는 나이가 많으시지만 여전히 정정하십니다. 부엌일을 다 끝낸 김씨의 아내와 조카는 아이들을 먹입니다. 오늘 저녁 김씨의 형과 형수는 출타 중입니다. 그리고 김씨의 남동생은 군대에 있습니다. 한국의 모든 가족들이 대가족은 아니지만 비슷하게 살아갑니다.

12:01   다음날 아침 일찍 김씨는 마을을 둘러보기 위해 집을 나섭니다. 그리고 제2의 적과 싸울 준비를 합니다. 그는 자신이 배운 것을 다른 곳에 적용하기 전에 마을에서 잘 적용할 수 있을지 몹시 궁금합니다. 김씨는 사람들이 일생 동안 해오던 방식을 바꾸는 것이 쉽지 않다는 것을 이제 막 깨닫고 있습니다. 친구들과 이웃들은 특히 더 어렵습니다.

13:20   김씨에겐 내성리의 상수도가 제일 큰 문제입니다. 김씨는 교육과정에서 배웠던 것을 기억해 봅니다. "모든 우물은 검사해야 한다". "대부분은 오염에 노출되어 있다". 우물에서 나오는 모든 물은 분석을 통해서만 깨끗한지 확인할 수 있습니다.

13:50   김씨는 아직 모르지만 이제 곧 그는 새로운 문제에 봉착하게 됩니다. 마을 사람들은 위생 관리인인 김씨가 문제들을 해결해주기를 바랍니다. 이곳은 이씨의 집입니다. 이씨의 아들을 7주가 넘도록 병을 앓고 있습니다. 아직까지 병세는 호전되지 않아서 결혼식까지 미루었습니다. 이씨는 김씨에게 아들의 병을 치료하기 위해 무엇을 했는지 설명합니다. 아니다 싶으면서도 이씨는 이웃 사람이 무당을 데려오도록 했습니다. 하지만 굿도 그에게 씌었다고 하는 귀신을 쫓아내지 못했습니다. 다른 이웃은 북 치는 장님 소리꾼을 데려왔습니다. 이런 것이 도움이 될 거라고 생각하는 사람들도 있습니다. 한의사의 처방으로 열은 내렸지만 병세가 나아지지는 않았습니다. 이씨와 그의 아내는 아들을 위해서 사찰을 방문합니다. 사랑과 믿음이 기적을 일으키기도 하지만 정확한 진단과 처

방 또한 필요합니다. 가족과 친구들은 더 이상 조언해 줄 것이 없었습니다. 아들이 병은 나아질 가망이 없어 보입니다. 김씨와 그가 받은 특별교육이 이씨의 마지막 희망입니다. 이제 김씨는 기록관리가 매우 중요하지만 그가 해야 하는 일 중 극히 일부라는 것을 알게 됐습니다. 김 씨는 기억해냅니다. 윗마을에 살던 열세 살 남자 아이의 장례식입니다. 원인불명의 죽음이었습니다. 올해 이 지역에서 제2의 적에 의해 발생한 다섯 번째 희생자였습니다. 다시 한 번 김씨는 자신의 일의 중요성을 상기하고 마을 사람들을 돕기 위해 최선을 다하기로 다짐합니다.

18:41 김씨는 마을 사람들의 관심을 끌기 위해 특별한 것이 필요하다고 생각해서 미국 공보원(USIS)을 통해 영화를 상영하기로 합니다. 또한 자유 진영 국가들이 모여 한국에 원조를 제공하는 한국민사원조사령부의 협조로 건강포스터 전시회를 엽니다. 학생들은 준비를 하며 즐거워합니다. 전시회 시작에 맞춰 준비를 끝냅니다. 이장님이 들어와 김씨가 준비를 끝냈는지 보고 사람들이 거의 도착했다고 말해 줍니다. 이것이 내성리에서 열린 첫 번째 전시회입니다. 김씨의 희망이 이루어진다면 이 전시회가 마지막이 되지는 않을 것입니다. 처음에 사람들은 포스터를 빨리 지나쳐갑니다. 무엇을 해야 하는지 잘 모르기 때문이지요. 그러나 포스터들이 재미있어지면서 점점 천천히 걷기 시작합니다. 뜻을 정확히 알아듣지는 못하더라도 이 그림들은 사람들에게 향후 몇 개월 동안 이야기 거리가 됩니다. "파리가 건강에 안 좋다고?" 이런 얘기는 들어본 적도 없습니다. 젊은 사람들은 새로운 아이디어와 그 메시지를 더 빨리 알아챕니다. 여자 아이들은 매일 해야 하는 일을 조금 덜어주는 것들을 예리하게 봅니다. 할머니도 여느 때처럼 마을 일에 깊은 관심을 보입니다.

20:19 김씨의 강력한 제안으로 마을의회는 건강상태에 대해 회의를 열기로 합니다. 마을 원로들은 마을에 의료기관이 없는 것에 대해 오랫동안 걱정해 왔습니다. 김씨는 최근 다섯 명의 죽음을 상기시키며 지방정부에 도움을 요청하자고 합니다. 아픈 아이의 아버지는 의원들에게 최대한 빨리 해결해 달라고 촉구합니다. 다음 번에는 의원들의 가족 중 한 명이 아플지도 모른다고 말합니다. 그렇다면 그 비용은? 논의는 시간이 많이 걸리지만 장기적으로 봤을 때 좋은 결과를 가져옵니다. 모든 사람들이 자신의 의견을 제시하고 나면 서로 더 협력해서 일하

기 때문입니다. 물론 항상 그렇듯이 회의적인 사람도 있습니다. 그리고 반대되는 의견이 원칙인 양 이의를 제기하는 사람도 있습니다. 김씨는 사람들이 제일 심각한 문제라는 것을 더욱 분명히 깨닫습니다. 이씨는 김씨가 조사를 하는 것은 안 좋은 영향을 끼치지는 않을 것이라고 말합니다. 이장님은 김씨에게 마을을 위해 어떤 도움을 받을 수 있을지 알아보라고 합니다.

21:49 김씨는 서둘러 지방 건강관리부서의 보건과에 갑니다. 다행히도 보건과장님이 자리에 계십니다. 구의 하급관리를 상대하기에는 조금 바빠 보입니다. 하지만 먼 길을 찾아온 김씨를 알아보고, 보건과장님은 잠시 일을 멈춥니다. 그리고 모인 사람들에게 무엇이 문제인지 얘기해 보라고 합니다. 여기 모인 사람들에게 김씨의 이야기는 전혀 새롭지 않습니다. 모든 지역에 도움이 필요하기 때문입니다. 하지만 김씨의 이야기를 계속 들으며 과장님은 내성리를 양산군에서 모범사례로 만들 수 있을지 모르겠다는 생각을 합니다. 유엔 이동진료소의 동선을 변경해서 내성리에 들를 수 있게 할 수 있습니다. 진료원들은 병을 예방하는 기본적인 방법을 알려주고 한국민사원조사령부의 협조로 개선 프로그램을 시작할 수 있도록 도와줄 것입니다. 공중보건전문가도 도움을 주겠다고 합니다. 김씨가 다음주까지 준비를 마친다면 진료소 방문 일정이 정해질 것 같습니다. 김씨는 모든 일을 시간에 맞춰 준비할 수 있다고 확신합니다. 김씨의 방문은 성공적이었던 것 같습니다.

24:32 김씨는 지시사항대로 이동진료실이 오기 전에 모든 준비를 마칩니다. 내성리에 사는 모든 사람들의 건강 기록도 가져왔습니다. 이동진료소의 방문 이유와 목적은 이미 설명했습니다. 그리고 모든 사람들은 깊은 관심을 보입니다. 진료소가 도움을 주었다는 소문은 도착하기도 전에 벌써 다 퍼졌습니다. 이곳 사람들 대부분은 유엔의 선물인 이동진료소를 통해 현대 약품을 처음으로 받게 됩니다. 또한 지난 몇 년간 이루어진 과학적 진전과 기적 같은 약의 혜택을 처음으로 받게 됩니다. 건강 교육과정에서 만났던 이동 의료소 의사인 김선생과 김씨는 서로를 알아봅니다. 오늘은 영선구진료소장인 박의사도 함께 왔습니다. 일의 순조로운 진행을 위해서 지방정부 보건과의 노선생과 한국민사원조사령부의 공공건강 및 보건전문가인 스미스의사와 쿡 선생도 참여했습니다.

27:04 밖에서 계획을 설정하는 동안 김의사와 그의 보조는 준비를 합니다. 국제연합

한국재건단과 한국민사원조사령부의 공공 보건 프로그램을 통해 현대의술은 한국의 시골 지역으로 퍼져나가고 있습니다. 미국과 유엔이 기부한 의약용품과 의료 기구는 수백 명의 사람을 살렸고 수천 명의 목숨을 연장시켰습니다. 그리고 한국 사람들의 건강한 미래를 위한 근간을 마련했습니다. 김씨는 모인 사람들의 숫자를 보고 놀라지만 그리 놀랄 일은 아닙니다. 한국 사람들은 아플 여유가 없습니다. 그날그날 일을 하지 못하면 굶을 수밖에 없기 때문입니다. 김씨가 적던 이름과 통계는 어느 순간 숫자나 기호가 아닌 사람들이 됩니다. 건강 기록서에 적힌 몇 가지 질문에 답하면 사람들은 다음 단계로 향합니다. 바로 가루살포입니다. 한국민사원조사령부가 제공한 살충제가루는 발진티푸스와 파라티푸스를 예방합니다. 그리고 병을 옮기는 이와 벼룩을 제거합니다. 물론 모든 사람들에게 다 살포가 필요한 것은 아닙니다. 하지만 신중을 기하기 위해, 그리고 재감염을 막기 위해 모든 사람에게 가루를 살포합니다. 할머니도 하시는데 어떤 사람이 안 하겠다고 하겠습니까? 다음으로 예비조사를 통해 응급조치를 받을 환자와 세밀한 진단이 필요한 사람들은 가려냅니다. 이 농부는 쟁기에 팔을 심하게 다쳤습니다. 치료를 받지 않으면 영구적으로 상처가 남을 수도 있습니다. 하지만 소독하고 몇 바늘 꿰맨 후 붕대로 잘 감으면 완치될 수 있을 것입니다. 모든 마을에는 이분처럼 예방접종을 해주는 공공의료사가 생길 것입니다. 이 의료사는 지금 천연두 예방주사를 놓아주고 있습니다. 한국민사원조사령부가 제공한 백신으로 천연두, 발진티푸스, 그리고 장티푸스를 예방할 수 있습니다. 여름이 오면 파라티푸스와 콜레라를 예방하기 위한 주사를 맞아야 할 것입니다. 많은 사람들이 가루살포와 예방주사를 맞고 있을 때, 김의사는 세밀한 진단이 필요한 사람들을 검진합니다. 이 남자는 심한 복통을 호소합니다. 흔한 질병인 복통은 가끔은 기생충 때문에 생기기도 하지만 다른 심각한 이유가 있을 수도 있습니다. 교육받은 의사와 실험 결과를 통해서만 확실한 진단을 내릴 수 있습니다. 의사는 이것은 매우 긴 치료의 시작에 불과하다고 말합니다. 그리고 정기적으로 김씨에게 진행 상황을 전해달라고 말합니다. 몸이 건강해지는 데에는 좋은 친구가 있다는 사실이 크게 작용합니다. 이 두 어르신들은 한국이 매우 좋은 친구들을 두었다는데 동의합니다. 내성리 같은 오지에까지 도움을 보내주는 우방들이기 때문이지요. 이 남자처럼 악성 종양을 가진 사람, 몸이 좋아지는 법을 알고 싶은 이 세 여자들, 고통을 완화시키기 위해서라면 무엇이든 하고 싶은 할머니, 그리고 제때에 적절한 치료로 인생이 바뀔 수도 있는 이런 아기에게까지도. 줄 선 사람들의 진료가 다 끝난 후, 의사는 병상에 누운 사람들을 진료할 준비를 합니다.

32:42 김씨는 의사에게 이씨의 아들을 먼저 봐달라고 부탁합니다. 이씨에게서 아들의 병에 관한 이야기를 듣지만 의사는 병이 발생하게 된 이유는 전혀 알 수가 없습니다. 혹시 창고를 청소하다 쥐한테 물린 것이 문제가 된 걸까요? 의사가 보기에는 발진티푸스 같습니다. 하지만 쥐한테 물렸다는 이야기를 듣고는 황달, 회귀열일 가능성도 있다고 생각합니다. 이씨는 아들이 빨리 낫지 않으면 결혼할 여자의 부모가 결혼 날짜로 받아놓은 길일을 바꿀까봐 걱정합니다. 의사는 이런 경우에는 피검사를 해서 문제를 확실히 알아내야, 식을 올릴 수 있는지 알 수 있다고 설명합니다.

34:37 그동안 보건팀은 마을을 돌아다니며 상태를 점검합니다. 이 구멍으로 쥐가 들어가 이 씨의 아들을 물었을지도 모릅니다. 이런 곳을 꼭 수리해야 합니다. KCAC전문가들과 지방정부 관리가 마을에 필요한 것에 대해 논의할 때 김씨는 다시 한 번 할 일이 얼마나 많은지 깨닫습니다.

35:23 위생 관리원이 김씨에게 채수하는 방법을 가르쳐 줍니다. 마을 위원들은 이 우물은 깨끗하다고 했지만 위생 관리원은 눈으로는 깨끗한지 아닌지 판단할 수 없다고 말합니다. 마셔도 안전한지의 여부는 검사를 해봐야 알 수 있습니다. 김씨는 위생 관리원의 도움에 고마워합니다. 위생 관리원은 김씨처럼 이론을 실천하는 사람이 있어서 기뻐합니다.

37:29 김씨는 준비를 잘해 놓았습니다. 그리고 진료진도 그들의 일을 마쳤습니다. 기록적인 시간 내에 모든 가루살포, 예방접종과 진료가 끝났습니다. 그리고 위생 상태 개선을 위한 추가적 계획이 세워졌습니다.

38:25 진료소와 진료원들의 방문으로 내성리 주민의 건강을 위한 첫걸음이 시작되었습니다. 하나를 제외한 모든 우물이 어느 정도 오염되었다는 결과가 나왔습니다. 상수도는 이제 마을 위원회가 해결해야 할 가장 시급한 문제입니다. 느슨한 돌로 만들어진 우물은 오염물질이 흘러 들어오는 것을 막을 수 없습니다. 이런 우물은 수리하거나 사용을 중지해야 합니다. 대부분이 마을에서 태어나

자랐지만 이들은 이제서야 처음으로 마을을 꼼꼼히 살펴봅니다. 예를 들어, 이 변소나 우물 중 하나는 옮겨야 합니다. 우물의 위치는 매우 중요합니다. 우물과 변소는 오염 방지를 위해 멀리 떨어져 있어야 합니다. 건조한 날에는 쓰레기 더미에서 먼지가 바람에 실려와 노천 우물을 오염시키고 비 오는 날이면 변소나 가축의 오염물질이 우물로 스며듭니다. 물을 깨끗이 관리하는 방법은 하나밖에 없습니다. 안전한 위치에 우물을 만들어 뚜껑을 덮고, 오염의 근원이 될 수 있는 것을 멀리해야 합니다. 이런 우물은 사용하면 안 됩니다. 홍수로 넘친 개울물과 논에서 흘러내려오는 물로 인해 수질관리가 불가능하기 때문입니다. 한 우물물이 마을 전체를 오염시킬 수 있습니다.

40:11 병을 옮기고 힘겹게 수확한 곡식과 옷을 갉아먹는 쥐는 퇴치해야 합니다. 모든 마을 사람들이 힘을 합치지 않으면 쥐를 없애는 일은 실패할 수밖에 없습니다. 부엌의 위생과 음식 취급 방법도 검사해야 합니다. 모든 음식은 뚜껑을 덮어서 병을 옮기는 파리로부터 보호해야 합니다. 덮여 있지 않은 음식은 위험합니다. 어떤 사람들은 김씨와 마을 위원회가 하는 일을 달가워하지 않습니다. 이 할머니는 김씨 같이 젊은 남자가 하는 주방 관련 이야기를 듣지 않습니다. 할머니는 나쁜 위생환경으로 인해 불필요한 죽음이 많이 일어났다는 것을 간과하고 있습니다. 사람들이 계속 행해 온 생활방식을 더 좋게 바꾸는 것은 확실히 힘든 일입니다. 사람들은 주로 이 도랑에 흐르는 물에 빨래를 하거나 음식을 씻습니다. 하지만 이곳에 버려지는 쓰레기나 흘러 들어오는 오염물 때문에 이 물을 쓰는 것은 위험합니다. 도랑을 청소하고, 쓰레기를 치우고 묻거나 태워야만 마을 사람들의 건강을 지킬 수 있습니다.

42:34 마을 위원회는 좋은 소식을 가져오기도 합니다. 혈액검사를 한 결과 이씨의 아들은 황달이라는 결과를 받았습니다. 쥐에 물려서 생긴 병입니다. 이제 병명을 알았으니 적절한 치료를 받으면 빨리 회복해서 결혼을 할 수 있을 것입니다. 김씨는 위원들에게 이런 일이 다시는 일어나서는 안 된다고 명심시킵니다.

43:39 위원회는 마을 개선 프로그램을 시작하는데 어려움을 겪었지만 6주간 상당한 진전이 있었습니다. 가루살포와 예방접종을 위해 이동진료소가 방문했고 쥐잡이도 잘 이루어지고 있습니다. 많은 사람들은 매년 쥐가 우리에게 어떤 피해를 주는지 알지 못합니다. 가족들이 먹을 것도 많지 않은데 쥐까지 먹일 수 있는

사람은 거의 없습니다. 김씨의 지휘하에 내성리에서 쥐의 숫자는 급속히 줄어들고 있습니다. 독이 섞인 곡물과 쥐덫 덕입니다. 김씨에 의하면 "좋은 쥐는 죽은 쥐"입니다. 마을 청소도 빠르게 진행되고 있습니다. 마을에 있는 배수로 중 3/4 이상은 청소되었고, 몇 곳은 이전되었으며, 쓰레기도 치웠습니다. 음식물 쓰레기는 버리기 전까지 뚜껑이 있는 통에 넣어 둡니다. 위치 문제가 있거나 수리할 수 없는 변소 때문에 새로운 계획을 세웠습니다. 본보기를 위해 위원회는 회의장 근처에 공공화장실을 만들기로 합니다. 우선 있던 자리를 들어올립니다. 건물 자체는 재목, 돌, 혹은 통나무로 짓기로 합니다. 중요한 요소는 콘크리트로 만드는 분뇨 저장소와 오물을 치우기 위해 낸 구멍과 덮개입니다. 착공을 돕기 위해서 보건과의 노선생도 왔습니다. 이곳이 영산구 지역의 본보기가 될 곳이기 때문에 KCAC의 위생관리 전문가가 이 현장을 세밀히 감독합니다. 이런 종류의 변소를 집 한 채마다 만들기에는 비싸지만 몇 가구가 같이 사용한다면 비용은 적당합니다. 집안에서는 여자들 대부분이 부엌을 개선하기 위해 함께 노력합니다. 곧 모든 여자들이 동참할 것입니다. 예를 들어 아궁이에 쇠살대를 대면 연료도 절약하고 연기도 줄일 수 있습니다. 물을 끓이려면 비용이 많이 들지만 그릇을 헹구면 병이 전염되는 것을 막을 수 있고 이로 인해 돈도 절약하고 생명도 살릴 수 있습니다. 깨끗이 씻은 그릇을 문이 있는 찬장에 보관하는 것은 그릇을 깨끗이 씻는 것만큼 중요합니다. 땔감을 상자에 보관하면 먼지나 벌레가 음식에 들어가는 것을 막을 수 있습니다. 먹은 음식을 보관하는 찬장은 항상 꼭 닫아두어야 합니다. 먹을 음식과 물을 뚜껑을 닫아 보관하는 것은 간단하면서도 값싼 필수 건강대비책입니다. 마을 위원회는 상수도 문제가 가장 심각하다는 사실을 이미 알고 있습니다. 건강포스터 전시회에서 안 좋은 위생 관례를 확인했고 이는 새로운 종류의 우물로 해결할 수 있습니다. 그래서 다른 일들이 진행되면 새로운 공공 우물을 만들기로 하고 상수도 개선에 힘쓰기로 합니다.

48:09 우선 오염 방지가 불가능한 우물은 메워 버립니다. 안전한 위치에 있는 우물은 오염을 방지하기 위해 수리합니다. 그리고 KCAC전문가의 지도하에 공공 우물을 만들 장소를 고릅니다. 전문가는 우물이 안전한 자리에 있어야 한다는 사실을 다시 한 번 상기시킵니다. 만약 이곳을 선택한다면, 가축들을 다른 곳으로

옮겨야 합니다.

49:39 위원회는 새로운 것을 실험해 볼 의향은 있지만 새로운 일을 하기에 앞서 행운을 기원하는 전통의식 또한 잊지 않습니다. 위원회는 위생관리원이 추천한 계획을 따라 새로운 우물을 만들기로 합니다. 이 종류의 우물은 지하수층까지 내려가는 방수벽이 있고 그 아래로 물이 스며드는 벽이 있습니다. 콘크리트 덮개로 우물을 덮고 파이프 주위를 봉하고, 우물 바닥에는 철사망을 만듭니다. 우물 주위 지면은 콘크리트로 바닥을 만들고 도랑길을 만들어 물이 빠질 수 있게 합니다. 넓은 콘크리트 바닥은 배수 시에 충분히 보호해 주고 설거지를 하거나 음식을 씻을 자리를 마련해 주어 물을 길러 멀리까지 가지 않아도 됩니다. 마지막으로 필요한 건 지방 관찰사가 약속한 펌프입니다.

51:39 3개월 전 김씨가 일하기 시작한 이후로 마을은 매우 달라져 있습니다. 쥐는 잘 퇴치하고 있고 쥐가 들어갈 만한 구멍은 다 막았습니다. 대부분의 가정들이 이제는 뚜껑 있는 쓰레기통을 사용하고 쓰레기를 묻어버립니다. 예전에 쓰던 변소는 뚜껑이 있는 덮개를 설치해 분뇨를 빼낼 때는 치울 수 있게 했습니다. 위원회가 만든 공공화장실도 완공됐습니다. 그리고 곧 이런 종류의 변소도 만들기 시작할 것입니다. 지속적인 건강 증진계획도 팸플릿과 포스터를 통해 시작됐습니다. DDT(살충제)를 살포해 모기들을 퇴치하고 있고 잠재적 번식지도 모두 깨끗이 청소되고 있습니다. 마을의 배수로는 깨끗이 관리되고 있습니다. 세 곳의 우물은 막았고 아홉 개는 수리되었습니다. 우물 세 개를 새로 만들기로 계획했고 그중 하나는 완공되었습니다. 이제부터 내성리에서는 깨끗한 물을 쓸 수 있을 것입니다.

52:54 김씨는 마을이 자랑스럽습니다. 그리고 마을 사람들도 김씨가 자랑스럽습니다. 오늘은 열심히 일한 보상으로 축제를 여는 날입니다. 하지만 아직 펌프가 필요합니다. 펌프 없이는 우물에서 물을 길어낼 수 없습니다. 이장님은 걱정이 됩니다. 대체 펌프는 언제쯤 오는 거지? 한 아이가 충실히 망을 봅니다. 아하, 펌프! 아직 아닙니다. 이장님이 깜빡 하셨는데 오늘은 이씨의 아들이 신부를 내성리로 데려오는 날입니다. 그리고 드디어 펌프가 옵니다. 크기로 보아서는 그다지 중요한 것 같지 않습니다. 하지만 크기가 중요한 것은 아니지요. 김씨는 새 우물을 보고 감탄합니다. 펌프는 잘될까요? 답을 알 수 있는 방법은 한 가

지입니다. 네, 새 펌프는 세상에서 가장 맛 좋은 물을 끌어올려줍니다.

56:13 깨끗한 물. 새신랑 신부에게 어울릴 만한, 태어날 아이들이 마셔도 안전한 물. 건강함은 언제나 어디서나 축하할 일입니다. 내성리의 개선 프로그램 덕에 이 젊은 부부는 이제 좋은 삶을 살 수 있는, 또 아이들은 건강한 삶을 살 수 있는 더 좋은 기회를 얻었습니다. 제2의 적과의 전쟁은 끝나지 않습니다. 매일, 매주, 매월 헌신적인 애국자들은 싸워 이 길로 죽음에 이르르지 않도록 해야 합니다. 그래서 이 젊은 부부와 다른 마을 사람들이 더욱 건강하고 행복한 미래로 나아갈 수 있도록 말입니다. 하지만 김씨와 이장님 같이 뜻있는 사람들은 홀로 싸우지 않습니다. 자유진영에 있는 한국의 우방들은 자신들의 힘을 나누어주고 계속해서 도움을 주고 용기 있는 한국 사람들의 건강을 증진시키도록 노력합니다. 아이들에게 우유를 보내주고 임산부와 환자를 돌보아 주며 의료기구를 나누어 줍니다. 백신과의 약용품을 기부하고 기술을 지원합니다. 이 모든 것은 공공의료에 도움이 됩니다. 재난을 피할 수 있는 대피소와 남부럽지 않은 삶을 사는 데 필요한 새 집을 마련하는데도요. 시골 사람들이 새로운 방식을 받아들이는 것은 분명 시간이 걸리는 일입니다. 하지만 삶이 더 나아지고 즐거워진다는 사실을 알게 되면 사람들은 바뀝니다. 그리고 내성리의 주민들은 이제 막 좋은 결과를 보기 시작했습니다. 그들이 하는 것은 여러분들도 할 수 있습니다. 건강을 증진시키고 생활 조건을 개선시키세요. 여러분의 나라를 돕는 길입니다. 그러니 기억하세요. 최후의 승리를 위해서 이겨야 하는 것은 병과 불건강 상태입니다. 바로 제2의 적입니다.

Korea Anti Government Riots

출처	News of the Day(21분 30초 이후의 영상)
수집처	National Archives and Records Administration(NARA), USA
제작국가	미국
제작연월일	1960년 4월
상영시간	24분 05초
제공언어	영어
형식	실사
컬러	흑백
사운드	유(일부 무성)

▌ 영상요약

4·18 고려대학교 학생시위부터 4·19까지의 진행과정을 담은 영상으로, 미편집영상이 약 21분, "THE TENSE ANTI-GOVERNMENT RIOTS IN KOREA-Commentary by PETER ROBERTS-NEWS of the DAY", "RHEE'S DILEMMA-KOREA IN CRISIS-Commentary by Michael Fitzmaurice-NEWS of the DAY"라는 제목이 붙은 〈News of the Day〉의 뉴스 편집영상이 각 1분 30초씩 포함되어 있다.

▌ 연구해제

이 영상은 4·18고대생 시위와 4월 19일 시위상황을 담은 미편집 영상과 "The Tense Anti-Government Riot in Korea", "Ree's Dilemma; Crisis in Korea"란 제목의 〈News of the Day〉의 두 편의 편집영상물을 담고 있다. 'News of the Day'는 미국의 뉴스릴 회사 허스트(Hearst Corporation)가 1967년까지 제작·배포했던 뉴스 시리즈를 말한다. 이 영상자료의 대부분을 구성하는 미편집 필름은 무성으로 시간대별로 영상이 정리되어 있지 않고, 4·18고대생 시위와 4월 19일 시위가 뒤섞여 있다.

1960년 4월 18일 고려대 학생들의 시위는 4월 19일 역사적인 민주항쟁을 촉발한 '발단'이 되었다. 3·15부정선거 이전 고려대 학생회는 학도호국단에서 이탈하고 선거를 위해 조직된 '구국학생총연맹'이라는 관제단체에 참여하지 않았다. 각 단과대학 위원장들은 4월 8일부터 본격적인 계획을 세워갔다. 14일에는 선전, 조직, 동원을 위한 방침을 마련하고, 15일에 거사를 만장일치로 결의했다.

4월 18일 고려대학교 학생 3천여 명은 4월 18일 교정에 집합하여 마산학생 석방, 학원의 자유보호, 기성세대의 각성 촉구 등을 요구하며 사회투쟁을 선언하는 선언문을 발표했다. 이들은 "민주역적을 몰아내자", "부정선거 다시 하라", "이승만은 물러가라", "정부는 명실상부한 민주정치를 실천하라", "마산의 참상을 보고만 있을 수 없다, 동포여 궐기하자" 등의 구호를 외치며 광화문 국회의사당까지 거리 시위를 벌었다. 미편집영상은 국회의사당 앞에서 고대생들이 '민주역적을 몰아내자'라는 플래카드를 들고 구호를 외치는 모습을 보여준다.

시위당일 학생위원장들은 오전에 학교당국의 만류로 시위를 이끌지 못했다. 이 상황에서 일군의 학생들이 먼저 거리로 진출했다. 그리고 이후 이세기·이기택 등 학생위원장들의 주도하에 2차로 시위대가 진출했고, 양 시위대는 모두 국회의사당 앞으로 집결했다. 미편집 영상에서는 고대생들이 국회의사당(지금의 서울시의회)까지 행진하는 모습과 이후 도착한 대학생들의 합류를 환호하는 모습을 보여준다. 언론보도에 따르면 이날 고대생 시위에는 중고등학생들까지 참여했다.

국회 앞에서 "마산학생 즉시석방", "3·1정신으로 민주정치 이룩하자"고 외치면서 행정부 책임자가 나올 때까지 농성투쟁을 결의한 1천여 고려대 학생과 시위과정에서 합류한 다른 대학 및 중고등학교 학생들을 설득하기 위해 유진오 고려대 총장, 이철승 국회의원 등이 나섰다. 영상에서는 학생들을 설득하고 있는 유진오 총장 이외에 현승종, 이종우 교수의 모습, 그리고 국회의원 장택상의 모습이 확인된다. 언론에 따르면 장택상은 이 자리에서 "정치적으로 이용된다", "정치적 골동품이다"라는 학생들의 야유를 받고 연설을 할 수 없었다고 한다.

귀교를 결정하고 7시경부터 시민 3만여 명과 같이 고려대로 행진하던 시위대가 종로4가에 이를 무렵 1백여 명의 깡패들로부터 습격을 받았다. 경찰의 비호를 받은 이들은 자유당의 전위부대라 할 수 있는 정치폭력배 '반공청년단' 단원들이었다. 4·18고려대생들의 시위대에 대한 습격사건은 시민들의 공분을 불러일으키고, 4월 19일 서울의 각 대학교 및 고등학교들의 대대적인 시위를 촉진하는 계기가 되었다. 4월 19일 "부정선거 다시 하라", "정부는 마산사건 책임져라", "민주주의 반역자를 극형에 처하라", "경찰은 학원 내의 일에 간섭하지 말라", "경찰국가 반대한다", "파시즘의 독재자는 물러가라", "자유가 아니면 죽음을 달라" 등을 외치며 서울대, 연세대, 이화여대, 성균관대, 건국대, 동국대, 중앙대, 홍익대, 대광고등학교, 동성고등학교 등이 시위를 전개했고, 시위대열에 시민들이 동참했다. 영상은 4월 19일 시청 앞으로 모이는 각 대학생들의 모습, 경찰의 저지를 무너뜨리고 중앙청을 거쳐 경무대로 돌진하는 학생과 대중의 모습, 시위에 참여한 중고등학생들의 모습을 보여주고 있다.

내무장관 홍진기를 비롯한 각료들은 오전 10시경부터 경무대에 모여 경무대 책임자 곽영주, 치안국장 조인구 등 고위 경찰 간부들과 함께 대책을 숙의했다. 경무대에 저지선을 편 경찰은 오후 1시 40분 소방차를 앞세운 2만 명이 넘는 데모대와 경찰의 간격이 10여 미터로 압축되었을 때 일제히 시위대에 사격을 가했다. 이기붕 집 앞, 을지로 입구의 내무부, 성북경찰서 등에서도 경찰의 발포로 다수의 희생자가 발생했다. 영상에서 보이는 중앙청 시위 상황은 경무대 앞 발포에 놀라 흩어지는 대중의 모습으로 판단된다. 이날 이승만 정권하 대표적인 관제언론이었던 서울신문사가 시위대에 의해 방화되었고, 반공청년단의 본부도 불에 탔다. 영상에서 보여주는 방화장소는 서울신문사 사옥으로 추정된다.

이승만 정부는 4월 19일 전국적인 데모의 확산에 대응조치로 오후 5시를 기해 서울 등 주요 도시에 경비 및 비상계엄령을 선포했다. 송요찬 계엄사령관은 4월 19일 밤 10시 담화를 통해 질서를 문란케 하는 군중들은 속히 해산하고 군대에 대하여 대항하는 불순분자에 대해서는 발포하게 될 것이라고 발표했다. 비상계엄 선포와 함께 집회금지, 보도사전검열, 통금시간 연장 조치가 취해졌고, 대량 검거가 시행되었다. 미편집영상은 헌병이 시청 앞에 진주하고 있는 모습을 보여준다.

정부는 국무위원 21일 총사퇴, 23일 내각책임제 개헌과 고려대생 습격사건을 주도한 정치깡패 구속 등을 민심수습책으로 내 놓았다. 그리고 4월 24일 이승만의 자유당 총재직 사퇴와 이기붕이 모든 책임을 지고 공직을 사퇴하는 것으로 악화되는 사태를 수습해 보고자 시도했다. 그러나 자유당 정권의 이 시도는 다음날 4월 25일 대학 교수들이 이승만의 대통령 하야와 독재정권의 종식을 외치는 시국선언문을 발표함으로써 좌절되었다. 교수단 시위는 일시 소강상태에 빠졌던 대중투쟁에 다시 활기를 불어 넣었다. 이날 많은 시민·학생들이 교수단 시위에 호응하며 밤새 시위를 벌였다.

4월 26일 수십만의 인파가 남대문, 세종로, 중앙청, 경무대의 대로를 가득 채우며 이승만 대통령의 하야를 요구했다. 결국, 이승만은 4월 26일 주한 미대사 매카나기의 방문을 받은 뒤 하야 성명을 발표했다. 이날 하오 국회는 본회의를 개최하고 3·15선거 무효, 재선거 실시, 완전 내각책임제 개헌, 개헌 후 민의원 해산 총선거 실시 등을 결의했다. 4월 월 27일 하오 2시 이승만은 대통령 사임서를 국회에 제출했다. 사임서가 국회에서 수리되자 통수권은 이승만에 의해 임명된 수석국무위원 허정이 승계했다. 〈Ree's Dilemma; Crisis in Korea〉(News of The Day)는 이승만 하야 직후의 영상물로 시위 중 희생된 사람의 장례식을 치르는 가족들의 비통함을 보여주는 영상과 국회 내에서 총사퇴와 새로운 총선을 요구하는 민주당 의원들과 자유당 의원들 간의 충돌을 보여주는 영상으로 구성되었다.

3·15부정선거 이후 전국적으로 전개된 반독재 민주화 투쟁 와중에서 186명이란 고귀한 인명이 희생되었다. 희생자는 노동자 61명, 고등학생 36명, 무직자 33명, 대학생 22

명, 초등학생·중학생 19명, 회사원 10명, 기타 5명이었다. 희생자가 가장 많은 연령층은 20대였다. 반독재 민주화 운동에 참여했다 부상을 당한 이들은 6,026명에 달했다.

▌참고문헌

허은, 「4·18고대생시위 주체의 정체성과 사회운동 전개−구술 자료를 중심으로−」, 『사총』 71, 2010.
허은 편, 『정의와 행동 그리고 4월혁명의 기억』, 선인, 2012.

▌화면묘사

00:01	시내 광장에 시위대가 몰려 있고 그 가운데 두 사람이 서서 연설을 함
00:04	경찰이 이들 시위대를 바라보고 있음
00:06	시위대가 가두에 앉아 노래를 부르며 팔뚝질을 하고 있음. 학생들 중 일부는 "고대"라고 적힌 수건을 머리에 두르고 있음
00:15	고려대 학생들이 현수막을 들고 있음. 현수막에는 "민주역적 몰아내자"라고 적혀 있음
00:19	고대생과 경찰들이 대치하여 실랑이를 하고 있는 모습들
00:48	경찰서 형사로 보이는 사람들이 수첩에 무엇인가를 먹고 있음
00:54	고려대 학생들이 가두에 앉아있고 그중 한 학생이 일어나 선동을 하자 다른 학생들이 호응함
01:04	한 학생이 외신기자로 보이는 사람과 대화를 나눔
01:06	고려대 학생들이 공사현장에도 빼곡히 들어서 있음
01:08	고려대 학생들이 시내를 가득 채우고 있음
01:13	시위대 앞으로 지프차들이 세워져 있음
01:17	한 학생이 시위대 앞에서 연설을 함
01:20	한 학생이 시위대 앞에서 선동을 하고 형사로 보이는 한 사람이 이를 제지함
01:27	경찰들이 시위대 앞을 걸어다니고 있음
01:33	분주한 시가지의 모습이 비춰짐

01:38 한 학생이 선언문을 낭독하고 그 주위로 두건을 두르고 있는 고려대 학생들이 운집해 있음

01:47 주한 미국대사관 직원으로 보이는 미국인 1명과 한국인 3명이 이를 지켜봄

01:49 고려대 현승종 학생처장이 고려대 시위대 앞에서 말을 하고 있음

02:03 길거리에서 경찰과 시민들이 몸싸움을 벌이고 있음

02:08 고려대 유진오 총장과 현승종 학생처장을 비롯한 고려대 처장단이 고려대 시위대 학생들 사이에 서있음

02:11 유진오 총장이 연좌해 있는 시위대 학생들 앞에서 연설을 하고 있음. 연설을 들은 학생들이 박수를 침

02:22 유진오 총장이 학생들 앞에서 연설을 하고 있고 사진기자들이 이를 취재하고 있음

02:24 유진오 총장이 학생들 앞에서 마이크를 잡고 연설하는 모습

02:46 시위대 학생들이 가두행진을 하고 있음. 그들이 지나가는 가두 옆 건물에는 "전화 119", "자나깨나불조심", "너도나도불"이라고 표어가 붙어 있음

02:50 건물 위 지붕에 사람들이 올라가 서있음

02:55 시위대가 어깨동무를 하고 걸어가고 있으며, 길거리에는 잡동사니가 불타고 있음

03:04 거리 한복판에서 잡동사니가 불타고 있는 모습

03:14 거리에 잡동사니가 불타고 있는 가운데 그 주위로 시민들이 몰려들어 있음

03:24 시민들이 운집해 있는 가두의 모습들이 비춰짐

03:44 거리에 연기가 껴있고 시민들이 도망가는 모습

04:02 시위대들이 도망가는 모습. 그 한가운데에 흰 가운을 입은 의사들이 뛰어 감

04:05 시위대들이 길거리 한 복판에 앉아 있음

04:14 시위대들이 길거리에 앉아 있는 가운데 흰 가운을 입은 의사들이 도로를 가로질러 뛰어가고 있음

04:17 의사들이 들것에 환자를 들고 뛰어감

04:20 시내의 건물 한 채가 불타고 있음

04:49 거리에 사람들이 지나다니는 모습

04:56 불타고 있는 건물의 모습이 비춰짐

05:03 거리에 사람들이 화재를 피해 각종 가재도구 및 가구 등을 들고 어딘가로 향하고 있음

05:20 불타고 있는 건물의 모습이 비춰짐

05:33 거리로 가재도구 및 가구를 내어 놓은 모습

05:38 불타고 있는 건물의 모습이 비춰짐. 그리고 그 옆의 기와 집 지붕에 사람들이 올라가 화재현장을 지켜보고 있음

05:53 시위대가 지프차에 올라 타 팔뚝질을 하며 선동하는 모습

06:04 불타고 있는 건물의 모습이 비춰짐

06:10 사람들이 가재도구와 가구를 거리에 내어놓은 모습

06:16 불타고 있는 건물의 모습이 비춰짐. 그리고 그 옆의 기와 집 지붕에 사람들이 올라가 화재현장을 지켜보고 있음

06:31 흰색 가운을 입은 의사들이 지프차 위에 올라타고 어딘가로 향하고 있음

06:40 시위학생들이 소방차 위에 올라 타 사람들을 향해 선동하고 있음

06:53 시위대가 경복궁 옆길을 따라 줄지어 걸어가는 모습. 도로 한복판에는 지프차에 올라타 있는 사람들의 모습이 보임

07:09 사람들이 가득 올라 타 있는 지프차가 시내 도로를 달리고 있음

07:13 시위대가 경복궁 옆길을 따라 줄지어 걸어가는 모습. 도로 한복판에도 사람들이 서있음

07:19 유진오 총장과 현승종 학생처장이 학생들과 기자들로 둘러 쌓여 있음. 현승종 학생처장이 마이크를 말하고 있음

07:26 학생들이 거리에 앉아 연설을 듣고 박수를 치는 모습

07:31 유진오 총장이 학생들을 향해 연설을 하고 있음

07:40 선글라스와 중절모를 쓴 교수 한 한 명이 교수들 사이를 지나가 학생들 옆에서 설명을 듣고 있음

07:46 시위대가 잔디밭 쪽으로 후퇴하는 모습

07:48 고등학생으로 보이는 소년이 시내버스에서 밖을 향해 뭐라 말하고 있음. 그 주위로 경찰과 시민이 따라감

07:56 경찰이 시민들을 인도 쪽으로 가라고 지시함

08:00 경찰 간부 한 명이 말을 타고 상황을 보고 있음

08:04 시위대가 경찰들을 밀어내며 도로로 들어서고 있음. 시위대가 중앙청 건물을 향함

08:35 도로 한복판에서 경찰이 시위대 한 명을 끌고 감

08:39 경찰이 시위대들을 진압하여 연행하고 있는 모습들

08:54 시위대가 경찰들과 몸싸움을 하면서 밀어내고 가두행진을 하는 모습들이 이어짐

09:41 경찰들이 시위대들을 끌고 연행해 가는 모습들

09:48 시위대와 경찰들이 서로 몸싸움을 벌이고 있는 모습들

10:05 시위대와 시민들이 도로를 점거하고 있고 도로 옆에는 건물이 불타고 있음

10:10 시내 한복판의 건물이 불타는 모습

10:17 영상 공백

10:30 시위대가 도로를 점거하고 가두행진을 하는 모습들이 이어짐

11:19 두건을 두른 시위대가 만세 삼창을 외치고 박수를 친 후 구호를 외치는 모습

11:32 한 대학생이 버스 위에 올라가 구호를 외침

11:39 시위대가 도로를 점거하고 노래를 부르는 모습들이 이어짐

12:37 시위대가 도로를 점거하고 앉아 구호를 외침

12:42 경찰이 차량으로 도로를 막고 시위대들과 대치하고 있음

12:50 시민들이 건물 위에 올라가 있거나 인도에 서서 지켜보고 있음

13:03 시위대가 도로를 점거하고 앉아 연설을 듣고 호응하여 같이 구호를 외침

13:16 사람들이 가득 모여 있는 시내 한복판의 모습이 비춰짐

13:19 도로 위로 차량들이 다니는 모습이 비춰짐

13:27 대학생 시위대들이 인도 옆 도로를 점거하고 앉아 있음. 일부 학생들은 외국어로 적혀 있는 현수막을 들고 있음. 그리고 그 자리에서 만세삼창을 하거나 연설을 듣고 구호를 외치는 등의 행동을 하고 있음

14:14 도로에 소방차 2대가 세워져 있음

14:19 경찰 간부와 시위대가 대화를 나누고 있음

14:23 시위대가 가두행진하고 있는 모습

14:54 한 시위 학생이 소방차 위에 올라서 사람들에게 연설을 하는 모습

14:57 시위대가 가두행진하고 있는 모습. 도로 옆에 몰려 있는 시민들이 시위대를 향

해 박수를 쳐줌

15:14 시위대가 고로 한복판에 멈춰 서서 만세를 외침

15:20 시위대가 가두행진하고 있는 모습들

15:49 시위대가 중앙청 건물로 보이는 곳까지 몰려듦.

15:58 시위대가 가두행진하고 있는 모습. 흰 가운을 입은 의사들도 어깨동무를 하고 시위행렬에 동참함. 그리고 시위대들이 어깨동무를 하고 가두행진 하는 모습들이 이어짐. 시위대 주변의 시민들이 시위대를 향해 박수를 쳐줌

16:49 중앙청 앞 광장의 모습이 비춰짐

16:51 시위대와 시민들이 도로를 점거하는 모습들이 비춰짐. 시위대가 중앙청 앞까지 모여들어 있음

18:00 시민들과 시위대가 도로를 점거한 채 구호를 외치고 부상자들을 옮기는 모습들이 비춰짐

18:16 도로 한복판에 군인을 실은 트럭들이 대기해 있음. 군인들이 트럭에서 내려 걸어감

18:32 시위대가 군용트럭에 올라타는 모습

18:34 시위대가 도로 한복판에서 연좌해 있는 모습들이 비춰짐

18:42 시민들이 도로 옆에서 시위대를 지켜보고 있음

18:46 시민들이 도로로 걸어 나와 가두행진을 하는 시위대를 향해 박수를 쳐줌. 시민들 사이로 시위대들이 뛰어감

19:24 시위대와 시민들이 도로를 가득 메우고 있는 모습. 최루탄이 터지자 이를 피해 후퇴함

19:44 경무대 앞에서 시위대가 도망가는 모습

19:58 시민들과 시위대가 경무대 앞으로 모여들고 있음

20:18 시위대에 의해 부서진 차량들의 모습이 비춰짐

20:33 도로 위에서 시위대 및 시민들이 가두행진을 하고 있음. 시위대가 시민들에게 도로로 나오라고 독려하고 있음

20:42 시민들이 도로 옆에 서서 행진하는 시위대를 지켜보고 있음

20:50 중고등학생들이 서로 어깨동무를 하고 가두시위를 하고 있음. 그리고 시민들이 옆에서 이를 지켜보고 있음

21:04 시민들이 중고등학생들의 시위를 지켜보며 박수를 보내고 있음. 그리고 시민들 앞에서 한 남성이 선동함

21:08 중고등학생들이 도로 위를 뛰고 있음

21:10 시민들이 도로 위에 연좌해 있음

21:15 학생들을 비롯한 시민들이 시위에 합류하여 도로 위를 뛰고 있음

21:22 경기대학교 학생들이 가두시위를 벌이는 모습. 현수막에는 "경기대학"이라고 적혀 있음

21:25 영상 공백

21:33 자막 "THE TENSE ANTI-GOVERNMENT RIOTS IN KOREA-Commentary by PETER ROBERTS-NEWS of the DAY"

21:34 시위대가 도로를 점거하여 가두시위를 벌이고 있는 모습들. 경찰관이 이를 지켜봄

21:51 경찰들이 시위대를 연행해 가는 모습들

21:57 경찰들을 시위대가 에워싸고 밀어내는 모습

22:01 경찰들이 시위대를 연행해 가고 있는 모습들

22:07 시위대가 경찰들을 몸싸움으로 밀어내고 있음

22:14 경찰들이 시위대를 진압하기 위해 밀어내고 있음

22:17 시위대 안에서 몸싸움이 벌어진 모습

22:20 시내 한복판에서 차량들이 불에 타고 있는 모습들

22:29 시내 곳곳의 건물들이 불타고 있는 모습들이 비춰짐

22:35 도로 한 복판에 차량들이 불타고 있고 시위대가 트럭을 타고 그 옆을 지나가는 모습들

22:41 시민들이 차량에 올라타 있는 시위대들을 환영하는 모습

22:47 중고등학생들이 교복을 입고 가두시위를 하고 있음

22:52 거리를 시민들이 가득 메우고 있는 모습

22:55 시위대와 경찰들이 대치하고 있는 모습

22:58 시민들이 진압에 나선 경찰들을 피해 도망가는 모습들

23:06 도로 한복판에서 시위대 및 시민들이 뛰어가고 있음

23:09 영상 공백

23:11 　자막 "RHEE'S DILEMMA-KOREA IN CRISIS-Commentary by Michael Fitzmaurice-NEWS of the DAY"

23:14 　이승만이 서있는 모습

23:16 　선거 당시의 이승만 초상화가 세워져 있고 갓을 쓴 남성 하나가 이를 바라보고 있음. 초상화에는 "기호 II", "大統領立候補 李承晚 博士(대통령입후보 이승만 박사)"라고 적혀 있음

23:18 　이승만이 중절모를 쓰고 기자회견장에 들어서고 있음

23:23 　인도에 시민들이 서 있음

23:25 　장례식이 치러지고 있음. 유족들이 울고 있는 모습들

23:39 　당시 국회의사당 건물이 비춰짐

23:41 　국회의사당 내 발언석 앞에서 의원들이 실랑이를 벌이는 모습들

내레이션

21:36 　남한에서 3월에 시행된 선거로 인해 시작된 항의 시위는 피투성이의 폭동으로 변했다. 반대 측의 항의 시위를 저지하지 못한 정부는 무력으로 그들을 저지하러 나섰다. 미국 측은 한국정부의 방법이 자유민주주의 국가에 적합하지 않다고 공식적으로 항의했다.

21:58 　사건은 야당인 민주당이 이승만 대통령 정권이 선거를 조작했다고 말하며 시작됐다. 선거투표기 신기일 긴에 숨기고 이승만이 선에서 압승을 했다 노라으 부통령 선출에서 일어났다. 재임 중인 장면 부통령은 이승만의 상대 후보였는데, 이승만이 직접 뽑은 부통령 후보에게 졌다. 이후 투표함에 투표한 사람 수다 더 많은 표가 들어있다는 비난이 쇄도했다. 이제 폭동이 절정에 이르렀고 불타는 차량들과 건물들이 서울의 거리를 수놓았다.

22:39 　트럭들에 타고 있는 반정부 시위를 하는 대학생들은 권력에 대항하며 매우 즐거워하는 모습이다. 하지만 이들의 승리는 오래가지 못했다. 이 시점에 정부가 엄청난 무력을 과시하기 시작했기 때문이다. 군중은 혼돈 속에서 서서히 후퇴한다. 다시 질서가 회복되기 전까지 적어도 115명이 사망했고 약 800명이 부상당했다. 목격자들은 조용한 아침의 나라에 진정한 화합이 돌아오려면 심각한

개혁이 필요하다고 말한다.

23:15 12년간 남한의 대통령이었던 이승만은 갑작스럽게 그의 권력과 인기에 임기 중 가장 심각한 도전을 마주한다. 그는 100명 이상이 사망한 폭동 이후 하야하겠다고 했다. 한국은 폭력의 희생자를 위한 애도에 빠져있다. 서울 거리에서 사람들은 눈물을 흘린다.

23:40 국회에서는 *****(청취불가). 이승만 정권의 내각은 하루만의 끔찍한 폭동 후 모두 사임했다. 야당이 3월에 시행된 선거가 조작됐다고 항의한 것이 문제의 발단이 되었다. 정부는 새로운 선거를 시행하자는 요구를 받아들였다.

Ideal Citizen

제 명	THE IDEAL CITIZEN
영문제명	Ideal Citizen Korea
수 집 처	National Archives and Records Administration(NARA), USA
제작연월일	1960년
상영시간	10분 23초
제공언어	영어
제 작	USIS Korea(주한미공보원)
제 공	Liberty Production
형 식	실사
컬 러	흑백
사운드	유

영상요약

이 영상은 사회 각 부문에서 소임을 다 하는 시민들의 모습을 보여준다.

연구해제

〈The Ideal Citizen〉은 '국무총리'를 최종 결재권자로 보여주는 영상으로 미루어 볼 때 장면 정권시기에 제작되었음을 알 수 있다. 이 영화는 언론, 집회 결사의 자유가 보장되는 여건에서 마을 주민들이 책임감을 갖고 대표자를 선출하기 위한 투표에 참여하고, 선출된 대표자는 국회에서 올바른 정책을 입안해야 한다는 점을 강조하고 있다. 또한, 다양한 사회구성원이 각자의 위치에서 최선을 다해야 함을 강조하고 있다. 즉, 주한미공보원이 대의민주주의가 가장 이상적인 정치형태이며, 각자의 사회적 위치에서 최선을 다할 때 시민으로서 인정받을 수 있다는 점을 알리기 위해 이 영화를 제작했음을 알 수 있다.

주한미공보원이 〈The Ideal Citizen〉을 제작한 배경에는 4월혁명 시기 대중의 역할에 대한 인식이 깔려 있다. 이승만이 하야한 직후인 1960년 4월 28일 개최된 미국가안보회의(NSC)에서 미대통령을 포함한 미국정부의 최고위 정책결정자들은 한국의 시위 군중이 정책결정에 직접 영향을 미치는 상황에 대해 크게 우려했다. 이들은 한국의 시위 군중을 변심하기 쉬운 '폭도(mobs)'로 간주했다. 한편, 주한미공보원도 '격변(upheaval)'을 일으킨 상황이 빨리 정리되어 '책임지는 민주적 절차(responsible democratic processes)'가 강화되어야 한다는 의사를 강하게 표명했다. 미국 정부가 '책임지는 민주주의'로 강조한 대의민주주의 회복은 대중이 직접 정치에 영향력을 행사하는 상황을 최대한 배제하려는 의도와 맞물려 있었음을 알 수 있다.

참고문헌

허은, 「기록영상물의 공공재화와 영상역사 쓰기」, 『역사비평』 109, 2014.

화면묘사

00:01 "LIBERTY PRODUCTION PRESENT", "THE IDEAL CITIZEN", "Production U.S.I.S./ KOREA, Music Kim Dong Jin, Narration Luke Lee" 자막

00:46 농촌마을의 풍경. 벼를 추수하고 타작하는 농민이 비춰짐

01:20 돛단배를 타고 어로작업을 하는 어민들의 모습

01:39 경복궁 근정전과 경회루가 비춰짐

02:04 산 능선에 축조된 성곽의 모습

02:26 서울 시가지가 비춰짐. 경찰의 수신호에 따라 횡단보도를 건너는 시민들

03:05 군사훈련을 하는 군인들

03:12 도로 건설 장면. 소방관들의 진화작업 모습

03:21 법정, 입원실, 관광지 모습

03:40 중년의 남성이 원고를 작성하고 신문배달을 하는 어린이가 비춰짐

04:20 일을 마치고 가정에 돌아오는 남성과 남편을 반기는 아내. 함께 신문을 보는 부부

05:05 우물에서 물을 긷다가 이웃 여성들과 대화를 나누는 아내

05:32 마을 주민들이 둘러 앉아 이야기를 나누는 장면. 주민들에게 신문을 보여주는 남성

06:22 마을 사람들이 모인 가운데 사람들 앞에서 연설을 하는 사람이 비춰짐

06:39 주민들의 투표 장면

07:08 국회 건물과 국회 회의장 모습이 비춰짐. 투표함에 투표용지를 넣는 의원들

08:01 "새해 豫算案 公布, 總規模는 五千五十億圓" 제목의 마산일보 기사가 비춰짐

08:13 주민들의 실루엣이 비춰지고 다양한 시민들의 직업이 연이어 보여짐

09:33 학교 교정의 전경. 태극기가 보이고 태극기를 바라보는 시민들

10:15 "THE END" 자막

내레이션

00:38 이곳은 우리나라의 땅입니다. 풍요로운 골짜기와 윤택한 생활이 있는 땅. 수천

년의 역사가 깃든 곳입니다.

01:06 이곳은 한국인의 요람, 한국인이 살아가는 삶의 터전입니다. 이곳에서 다양한 산업을 통해 우리는 생활을 합니다.

01:26 바로 이것이 한국의 영원한 기반입니다. 이곳에는 한국역사의 숨결과 향기가 깃들어 있습니다. 이 기반은 우리의 역사뿐만 아니라 미래도 받쳐줄 것입니다. 우리 조상이 닳도록 걸었던 길도 미래를 향하고 있습니다.

02:36 영토에 사람을 더하면 국가가 만들어집니다. 필요가 충만한 국가입니다. 공산주의자들의 침략으로부터 우리를 방어할 수 있는 능력. 우리가 살아갈 수 있는 기반이 되는 경제. 우리의 재산, 인권, 그리고 자유를 보호해 줄 수 있는 사회. 아픈 사람을 고치고, 우리의 노후에 평화와 자유, 행복을 보장해주는 사회. 이 목표를 달성하기 위해 우리는 민주주의 정부를 선택했습니다. 바로 우리 모두에게 정부운영에 참여할 수 있는 권리를 가지기 때문입니다.

03:50 민주주의 체제하에서 우리는 토론과 비판을 통해 문제를 자유로이 해결해 나갑니다. 우리의 문제를 스스로 해결하려면 정보를 가지고 있어야 합니다. 언론의 자유가 꼭 필요합니다.

04:44 국가의 국민들이 자치할 수 있는 역량과 능력은 민주주의의 핵심입니다. 자유사회의 박식한 사람들은 자치를 원하며, 그렇게 하기에 충분한 역량을 가지고 있습니다.

05:17 이 숭고한 원칙의 뿌리는 토론의 자유와 자유선거라는 토양에서 자랍니다.

06:24 무엇보다도 민주주의는 개개인에 대한 존중을 중요시합니다. 사회제도와 정치제도의 운영에 참여할 권리와 책임을 가진 개인. 민주주의의 힘은 사람들의 도덕적 책임으로부터 나옵니다. 우리의 문제를 해결하려면 모든 국민이 공통의 규범으로 문제를 마주해야 합니다. 민주주의의 높은 이상을 실현하기 위해서는 우리 국민이 스스로, 또 진심으로 최선을 다해야 합니다.

07:56 민주주의는 우리에게 자유를 가져다 줍니다. 하지만 그에 대한 대가도 수반합니다. 시민으로서 우리의 근엄한 의무와 책임을 인지함으로써 우리는 그 대가를 치릅니다. 이런 인식은 이상적인 국민의 마음속 깊은 곳에 존재합니다. 민주주의 국가의 이상적인 국민은 지도자들을 결정하는 권리를 갖고 있습니다. 그리고 결정을 (…)할 수 있는 책임감이 있습니다. 권력에 의해 위축되지 않을

만한 자신감이 있으며 자신도 완벽히 객관적이기에는 지식과 능력의 한계를 가지고 있음을 인지하는 충분한 겸손함도 있습니다.

09:21 공평하게 이루어낸 승리를 누리십시오. 동시에 우리는 불의와 타협해서는 안됩니다. 이러한 국민들의 의식과 능력으로 민주주의는 한국에서 번창할 것입니다.

신흥도시 울산

영문제명	Boom Town
수집처	National Archives and Records Administration(NARA), USA
제작연월일	1968년
상영시간	10분 42초
제공언어	한국어
제공	리버티 푸로덕슌
형식	실사
컬러	흑백
사운드	유

▎영상요약

이 영상은 신흥공업도시로 성장하는 울산시를 소개하고 있다. 울산정유공장, 현대자동차, 각종 화학회사 등이 울산공업지구에 들어서면서 울산은 우리나라를 대표하는 현대적인 공업도시로 성장하고 있다. 또한 인구가 늘어남에 따라 교육, 농업, 상업 등의 다른 분야에서도 울산시는 많은 변화를 겪고 있다.

▎연구해제

리버티프로덕션이 제작한 이 영상은 1968년을 전후한 시점에서 한창 건설 중이던 울산공업지구의 발전상을 그리고 있다. 1968년은 1차 경제개발5개년 계획이 종료되고, 울산의 공업지대 건설이 1차적으로 가시적인 성과를 보여주고 있던 때다.

울산은 뛰어난 입지조건으로 일제강점기부터 공업지대의 가능성이 타진되었던 곳이다. 1950년대 후반 이후 몇몇의 공장이 설립되기 시작하였고, 본격적으로는 1961년 군사정권에 의해 수립된 제1차 경제개발계획의 전략사업이었던 에너지확보·국가기간산업단지 개발을 위한 대상지로 선정됨으로써 본격적인 발전의 길을 걷기 시작했다. 울산은 1962년 1월 27일 특정공업지구로 선정되고 6월 1일자로 시로 승격된다. 1962년에서 1967년 사이 제1차 경제개발5개년계획 기간 중 울산시에 투자된 총 공사액은 287억 7천만 원에 달했다.

이 영상이 주로 소개하고 있는 공업단지는 1962년부터 대현면과 하상면 일대의 770여만 평의 공간에 조성되었다. 영상에서 소개되는 주요 공장들에 대한 간략한 정보는 다음과 같다.

1. 대한석유공사 정유공장

한국에서 최초로 건설된 정유공장으로, 고가의 정유를 도입함으로써 생기는 외자를 경감하기 위해 계획되었고, 이를 위해 1962년 정부는 대한석유공사를 설립하여 공장 건설을 추진했다. 초기 3만 배럴의 원유를 정유할 수 있는 규모를 목표로 했으며 1단계로 구 조선석유공장 부지를 중심으로 한 40만 평의 대지에 외자 1,600만 달러, 내자 35억 원을 투자해 건설하였으며, 미국 걸프사와 합작하여 부족한 자본과 기술, 원유조달능력을 조달 받았다. 1962년 9월부터 부지 정지작업을 거친 후, 1963년 3월 정유공장 건설에 착수하였으며, 1963년 12월 공장 준공 후 시운전을 거쳐 1964년 4월 1일 정상가동을 개시하였다. 이후 1967년, 1968년, 1970년, 1972년의 4차례에 걸쳐 공장이 확장되면서 시설 부지가 110만 평으로 늘어났다.

2. 영남화학

영남화학은 제3비료공장으로도 불리며, 정유공장과 함께 제1차 경제개발5개년계획의 주요사업인 화학공업 육성의 일환으로 계획되었으며, 3,400만 달러의 민간차관을 얻어 건설되었다. 1964년 5월 한미 간 비료공장 건설운영을 위한 기본 협약을 체결하였으며, 1965년 8월에는 영남화학주식회사가 설립되었고, 미국 후로아사(Flour.Co)와 공장건설을 위한 계약을 맺고 1965년 12월 울산공장을 착공하여 1967년 3월 준공되었다.

3. 동양나이론

서독 Vikkers-Zimmer AG와 기술협약계약을 체결하여 건설하였다. 1965년부터 매암 동 일대 12만 평의 부지조성작업에 들어가 1966년 9월 울산공장을 착공하였고, 1968년 7월 완공하였다. 그리고 1969년부터 시설확장에 들어가 1976년까지 총 6차에 걸쳐 8만 평의 시설을 증설했다. 동양나이론 공장은 1998년 (주) 효성공장으로 공장명이 변경되었다.

4. 영남화력발전소

울산공업단지에 건설된 공장과 장차 파생될 연관 산업 및 민간용 전기를 공급하기 위해 계획된 것으로 1967년 3월 남화동 일대에 공장을 착수하여 1967년 8월부터 1-4호기를 준공해 가동하였으며 1968년 8월에는 5-10호기를 준공했다.

울산은 제1차 경제개발5개년계획이 낳은 가시적인 성과 중의 하나였으며, 발전하는 한국경제의 표상적 공간이었다. 또한 울산의 공장들이 미국(을 비롯한 선진각국)의 적극적인 재정적, 기술적 지원하에 건립되었다는 점을 감안할 때, 이는 미국의 제3세계 지원의 효과를 과시할 수 있는 계기이기도 했다. 주한미공보원의 영화제작사인 리버티 프러덕션이 울산을 소개한 것은 그와 같은 맥락하에 있었다.

▌ 참고문헌

이민주, 「울산 공업단지 개발에 관한 연구 : 일제강점기 후반부터 1960년대까지」, 울산 대학교 석사학위논문, 2008.

▌ 화면묘사

00:01   "리버티 푸로덕슌 제공", "신흥도시 울산" 자막

00:18   울산 공업지구 전경. "반공, 방첩, 일하며 싸우고 싸우며 건설하자." 문구가 도로 위에 있음

00:40   정유공장 건설 현장 모습이 비춰짐. "Gulf" 문구가 새겨진 선박의 모습

01:13   홍승순 울산시장의 인터뷰 장면. "울산은 1962년 1월 27일에 특정공업지구로 결정 공포되고 동년 5월 30일 시로 승격됨으로써 민족의 갈망 속에 신생공업도시로 탄생하였습니다. 공장 건설은 이미 125,000바렐의 원유를 처리하는 정유공장이 준공되었고 그 외에 여러 개 공장이 가동 중에 있고 건설 중에 있는 공장은 한국알미늄 공장을 위시해서 여덟 개 공장이며 건설이 확정된 공장은 석유화학 공업 등 22개의 공장이 11월 초부터 착공될 것입니다."라고 언급하는 홍승순 시장. 인터뷰를 하면서 "대한석유공사 울산정유공장" 푯말이 비춰짐

02:02   완공된 울산정유공장의 모습이 비춰짐. 원유를 담은 드럼통이 적재되어 있는 모습

02:42   영남화학회사의 전경

20:59   한국 알루미늄 공장의 건설 현장모습. 주요 생산품과 착공일, 준공일 및 시설 규모가 현판에 표시되어 있음

03:09   "東洋 나이론 株式會社" 현판이 보임. 공장 내부의 모습과 근로자들이 비춰짐

03:27   울산의 설탕공장 내부모습

03:52   현대자동차 내부 모습. 자동차를 조립하는 근로자들

04:20   "울산화학발전소" 현판이 보임. 화력발전소의 전경. "한국전력주식회사 영남건설사무소" 현판이 비춰짐

04:44   토목공사 현장. 중장비를 이용하여 토사를 적재하는 모습

05:34   대암댐의 전경. 울산건설국 직원의 육성 인터뷰. "공업단지 조성에 있어서 공업용수의 확보는 제일 중요한 것입니다. 현재 댐과 그리고 서남저수지가 있으나 날로 증가되는 공장시설에 따라 더 많은 공업용수가 필요하게 됩니다. 이 대암댐은 일 50,000톤의 공업용수를 흡수하기 위하여 공사를 진행하고 있으나 이것 역시 충분치 못하여 낙동강에서 울산공업지구까지 공업용수를 끌어오면 모든

급수문제는 해결될 것입니다." "대암수원지 사업개요. 1. 목적 울산공업지구로 1일 50,000톤의 공업용수를 공급한다." 문구. 수로관 연결공사 장면

06:20 도로공사 관계자의 인터뷰. "이 도로공사는 새로 건설되는 공장의 소통을 완화시키기 위한 도로축조공사사업입니다. 정유공장에서 석유화학단지까지 연결하게 됩니다." 철도관계자의 인터뷰. "철도를 보시면 동해남부선이 울산공업단지 중앙지대를 가로질러 있어서 여행자는 물론 여기에서 생산되는 공업생산품이 전국 도처에 활발히 수송되고 있습니다." 울산항만 직원의 인터뷰 "울산은 훌륭한 자연항구가 있지만 기존시설로서는 20,000톤급이 넘는 선박은 입항할 수가 없었습니다. 지금은 새로운 항만시설을 갖추어 30,000톤급까지 무사히 입항, 접안할 수 있게 되었습니다."

07:09 울산시장의 풍경과 시청 청사 신축 기공식 현장. 첫 삽을 뜨는 시청관계자들의 모습

07:44 "학성중학교 교사 준공식" 문구가 보임. 운동장에 도열한 학생들과 조회를 하는 교사. "울산이 **** 설정됨에 따라 많은 공장이 서고 여기 조합원들의 자녀교육이 큰 문제가 되었고 아울러서 과거 우리 울산지역을 봐서 많은 사람들을 갖다가 외지에 내 보내서 공부를 시키는 그런 경향이 있습니다. 이런 것을 해결하기 위해서 본교를 설립했고 앞으로 본교는 졸업생들이 ** 도움이 될 수 있는 사람이 될 수 있도록 교육을 시킬 예정입니다." 교사 준공식에 참석한 내빈들이 비춰짐. "학교법인 울산육영학*" 문구가 보임

08:12 목장이 비춰지고 낙농업자의 육성 인터뷰. "과거에 있어서는 저희들이 이 목장에서 나오는 우유를 갖다가 부산에다가 처리하고 있었습니다. 근데 앞으로에 있어서는 울산에 처리공장이 설치돼가지고 저희 목장에 나오는 우유는 전부 다 울산에서 소비할 수가 있고 또 지금 현재 울산과 부산에 있어서는 아스팔트가 전부다 포장돼 있어가지고 하등의 판로에 있어서는 걱정이 없다고 볼 수 있습니다." 고속도로를 운행하는 차량들이 비춰짐

08:45 농업종사자의 육성 인터뷰. "우리가 생산하고 있는 모든 과일은 과거에는 외지로 판매했습니다만 지금은 울산공업지구가 되고 해서 인가가 불어남에 따라 소모량도 많아지고 해서 지방 소모로 시키게 된 것이 대단한 좋은 혜택이라고 생각합니다." 울산 시가지 모습이 비춰짐

09:09 전파상인의 육성 인터뷰. "우리 점포가 취급하고 있는 이 TV, 레디오, 난로 혹은 냉장고가 많이 이용되고 있음은 시민생활이 옛날보다 많이 향상된 것으로 알고 있습니다." 전파상에 진열된 제품이 비춰짐

09:20 울산공업단지 근로자의 육성 인터뷰. "이제 직장도 안정되고 회사의 보수도 비교적 좋아서 내 집을 마련하게 됐습니다. 회사직원의 3/4이 현재 집을 갖고 있는데 시내 각 곳에 아파트도 많이 건축돼 있습니다. 이 아파트는 회사직원들의 편리를 위해서 지어져 있습니다." 신축된 주택들이 비춰짐

09:44 울산공업단지 근로자의 육성 인터뷰. "가족에게 이렇게 좋은 물건을 사다 주게 돼서 삶의 보람을 느꼈습니다. 물론 저희 생활도 많이 안정되었습니다."

10:07 "감독 전선명, 촬영 박보황" 자막

내레이션

00:18 여기는 울산입니다. 번창하는 신흥도시 울산은 8년 전까지만 해도 조그마한 농어촌에 불과해서 가끔 고래잡이배가 고래를 잡아들여다가 기름을 짤 때면 이곳 주민들은 축제기분에 들뜨곤 했습니다. 정부는 제1차 경제개발5개년계획의 일환으로 미국 걸프석유회사로 하여금 우리나라에 투자를 하도록 했으며 걸프석유는 대한석유회사와 공동투자를 하면서 5백만 달러를 투자했고 추가로 2천만 달러를 차관해 주었습니다. 우리나라 최초의 정유공장은 이곳 울산에 건설됐는데 이 자리는 여러 해 전 일본인들이 정유공장을 세우려다가 이루지 못한 곳입니다. 그것이 바로 조그마한 농어촌이던 울산이 번창하는 공업도시로서의 면모를 갖추게 된 시초입니다. 홍승순 울산시장은 다음과 같이 말했습니다.

02:01 울산은 정유공장과 더불어 발전을 시작한 것입니다. 처음에는 매일 55,000바렐의 원유가공시설을 갖추고 가동된 울산정유공장이 지금은 115,000바렐의 원유를 가공하고 있습니다. 그러나 이제는 차관이 아닌 한국의 개인회사와 외국회사가 한국정부와의 공동투자로 새로운 확장가능성이 생겼다는 것은 재미있는 일입니다. 대부분의 경우 이러한 투자는 장기차관의 혜택도 입습니다.

02:40 영남화학회사는 두 개의 미국회사가 50퍼센트의 지분을 가지고 있는 회사로서 늘어나는 한국의 복합비료 수요량을 충당하고 있습니다. 제5비료공장을 건설하

는 데는 한 일본회사도 투자를 하여 이제 연간 300,000톤의 요소비료를 생산하게 됐습니다. 현재 건설 중인 알미늄 공장은 앞으로 생산품을 미국에 수출할 것입니다.

03:09 동양나이론공장에서는 우리나라 방직공장들을 위한 화학섬유 생산에 분주합니다. 울산에서 가장 오래된 설탕공장에서는 단 것을 좋아하는 사람들을 위해 설탕을 생산하고 있습니다. 미국 포드자동차회사와 제휴를 맺고 있는 현대자동차회사에서는 늘어나는 우리나라 도로에서 수송을 맡게 될 자동차들을 조립해내고 있습니다.

04:20 공업발전을 위해서는 많은 전력이 필요합니다. 그런데 울산화력발전소만 가지고는 그 수요량을 충당하기가 힘든 형편입니다. 현재 건설 중인 영남화력발전소는 이곳의 전력난을 해결해 줄 것이며 이미 민영발전소가 건설 계획을 세워 놓고 있는데 이들 발전소가 모두 완공되는 날이면 울산시는 모두 백만 킬로와트의 발전용량을 갖추게 될 것입니다.

04:52 울산은 계속 성장하고 있으며 정유공장에서는 부산물로 나프타유가 나오고 또 나프타유로 여러 가지 제품을 만들어낼 수 있습니다. 그중에는 인조고무와 폭발물을 위시하여 플라스틱, 화이바, *** 그리고 PVC파이프 등이 있습니다. 울산에 건설 중인 12층 높이의 석유화학공장의 건설에는 여러 개의 미국 화학회사들이 협력하고 있습니다. 그리고 자유중국은 앞으로 이 공장에서 생산될 플라스틱 제품과 원자재를 수입하겠다는 의사를 전해왔습니다. 공업의 급격한 발전은 기타 여러 문제를 가져왔습니다. 울산건설국의 한 직원은 다음과 같이 말했습니다.

06:14 그러면 울산의 성장에 대한 소감을 시민들로부터 들어보겠습니다.

07:15 공업의 급격한 성장은 여러 가지 문제들을 가져왔습니다. 이곳의 인구는 과거의 세 배로 늘어났고 아직도 계속 늘어나고 있습니다. 시 당국의 행정사무도 과거보다 복잡해졌고 시청사도 큰 것이 필요했습니다.

09:55 지금까지 여러분께서는 한국과 모든 한국 국민들이 다 같이 자랑할 수 있는 성공적 계획 즉, 나날이 성장하고 있는 울산에 대한 생생한 모습을 보셨습니다.

황토길

영문제명	Litany of Hope
원제명	Litany of Hope
수집처	Humphrey Leynse Collection
제작연월일	1962년
상영시간	65분 27초
제공언어	영어
제작	USIS Korea(주한미공보원)
형식	실사
컬러	흑백
사운드	유

영상요약

한하운 시인의 인생역정을 그린 영상. 한하운 시인은 나병을 얻어 가족과 떨어지고 연인이었던 혜경과 떨어져 살며 고독한 길을 겪었지만, 결국 본인의 의지와 혜경과 가족들의 열성적인 도움, 그리고 시를 쓰는 열정으로 한센병을 극복한다는 내용이다.

연구해제

한센인 시인 한하운의 일대기를 소재로 한 구라(救癩) 선전영화로 1962년 2월 크랭크인하고 4월에 크랭크업했다. USIS는 같은 해 7월부터 전국 극장에서 이 영화를 무료로 상영했고 동남아로의 수출도 계획했다. 이 영화는 1963년 4월 도쿄에서 열린 제10회 아시아영화제의 비(非)극영화(다큐멘터리) 부문에 한국영화로 출품되기도 했다.

해방과 한국전쟁의 혼란 속에서 한국정부는 한센병 관리체제를 제대로 확립하지 못했으며 요양소를 탈출하거나 가정으로부터 방임된 부랑환자와 그로 인한 병 확산에 대한 공포는 심각한 사회문제가 되어 있었다. 쉽사리 전염되지 않는 병임에도 불구하고 당시로서는 격리하여 치료하는 것이 한센병의 확산을 막을 수 있는 유일한 수단으로 평가되었다. 주한미공보원(USIS)은 전후 주한민사처(KCAC)의 구호활동에 강연, 포스터, 영화상영 등 다양한 매체를 수단으로 제공했고 이는 구라활동에 있어서도 마찬가지였다. USIS는 국내 한센병 권위자를 강사로 초빙하여 한센인 요양소 인근의 주민을 대상으로 계몽강연도 벌였고 영화를 계몽 수단으로 사용하기도 했다.

〈황토길〉이 제작된 시점은 유엔 세계보건기구(WHO)가 한센인의 강제 격리를 공식적으로 폐지했고 한국정부의 한센병 관리체제도 질적으로 변화하여 구라활동이 격리와 원조에서 정착과 자활로 초점을 옮겨가고 있던 시기이다. 이 같은 변화에 주목한 USIS는 자활에 성공하여 사회에 복귀한 한센인의 모델로서 시인 한하운의 일대기를 영화화함으로써 미국의 구라활동을 선전하고자 했다. 그러나 1958년 출판된 시인의 자서전 『고고한 생명 : 나의 슬픈 반생기』와 1960년 출판된 『황토길 : 자작시 해설총서』과 비교해보면 영화는 한하운의 자전을 상당 부분 왜곡했다. 예를 들어 〈황토길〉은 한하운이 소록도병원에 입원하여 미국이 개발한 신약 DDS로 완치되었을 뿐만 아니라 미국의사로부터 성형수술을 받아 정상인으로서 사회에 복귀한 것으로 묘사했다. 그러나 실제로 한하운은 소록도병원에 입원한 적이 없으며 미국의사로부터 수술을 받지도 않았다. 또한 USIS는 자활에 성공한 한센인이자 한센인 인권운동가로서 한하운이 갖는 상징성과 널리 알려진 시인이라는 대중성 때문에 이 영화를 기획했지만 시인의 월남 이력을 말소하고 분단을 불가시화하는 방식으로 그의 자전을 각색했다. 영화의 공간은 남한에 한정되어 있으며 한하운의 시를 영화 속에 여러 편 인용하면서도 월남 시인으로서 실존적 저항의 의미는 소거하고 한센인의 비애를 담은 것으로만 그 의미를 한정했다.

한편, 영화의 프롤로그에는 한하운이 실제로 등장하여 주연배우 김웅과 인터뷰 하는 장면이 있는데 무너진 코와 눈썹 없는 얼굴로 카메라를 응시하는 시인의 모습은 성형수술에 성공한 하운이 '정상인'으로서 사회에 복귀하는 영화의 결말과 모순된다. 1960년대 이후 정착촌 건설 사업 등의 상대적 격리로 한센병 관리체제가 변화하게 되자 한센인의 얼굴은 비가시화되기 시작했는데 〈황토길〉의 모순은 역설적으로 한센인은 배제됨으로써만 사회에 포함될 수 있다는 추방의 정치가 어떻게 작동했는지를 보여준다.

▌ 참고문헌

김려실, 「냉전과 박애 : 냉전기 미국의 구라활동과 USIS 영화 〈황토길〉의 사례」, 『현대문학의 연구』 55, 2015.

▌ 화면묘사

00:03   배우 김웅이 등장함

　　　　김웅: 제가 이번 이 영화에 나오는 저명한 시인 한하운 선생님의 역할을 맡게 된 김웅입니다.

00:13   옆에 앉아 있는 한하운 시인을 가리키며 대화함

　　　　김웅: (00:13~00:19 내레이션과 겹쳐 안들림) 많은 시적 얻었습니다. (00:21~00:42 내레이션과 겹쳐 안들림) 제가 선생님의 역을 맡는 것이 무슨 모험을 하는 것 같아서 그렇기도 하고 또.. 이런 기회를 주신데 대해서

감사를 드립니다.

한하운: 천만의 말씀입니다. 저가 오히려 김웅에게 감사를 드려야겠습니다. 저가 나병과 싸운 반평생에서 얻은 것이란 나병이 유전병이 아니고 또 쉽게 전염되는 병도 아니고 오늘날에는 의학으로써 절대적으로 고칠 수 있다는 사실을 요번 (01:18~01:34 내레이션과 겹쳐 안들림) 고맙습니다

01:46 자막 "United States Information Services/Korea Presents:"

01:54 자막 "Litany of Hope"

02:02 자막 "Based upon the life of the renowned Korean poet: Han Ha Wun"

02:08 자막 "cast: Han ha wun … Kim Woong", "Miss R … Kim Sun yung", "Physicians: US Army …. Major Thomas Lamson", "R.M.Wilson Leprosarium … Dr. Stanley Topple"

02:19 자막 "Production Crew: Camera …. Lee Wan Hyun", "Camera …. Kim Tae Whan", "Make up …Daniel E. Speakman", "Composer … Alan C. Heyman", "Narrator … Paul Rowen"

02:29 자막 "Directed by: Yang Seung Ryong"

02:43 한하운의 고향이 클로즈업 됨

02:55 한하운이 고향을 떠나려 하고, 가족이 배웅을 나옴. 가족들의 얼굴이 차례로 클로즈업 됨 (03:05~03:34 내레이션과 겹쳐 대사가 안 들림)

어머니: 얘가 비단구두 사달랜다오

아버지: 아니, 비단구두는 왜? 너 시집갈려니? 허허허허

어머니: 오냐

03:54 한하운이 기차역에 들어서고 건너 편에서 기다리고 있던 혜경과 반갑게 인사를 나누고는 혜경에게 달려가 대화를 나눔

04:19 기차가 들어오고 기타에 탄 한하운과 혜경이 대화를 나눔. 혜경이 한하운에게 토끼 인형을 선물함

04:46 역에서 내려 시가지로 걸어가다 갈림길에서 서로 인사를 나누고 헤어짐

05:01 방에 들어가 가방을 정리하고 이부자리에 누움

05:22 일본인 교사가 과학수업을 하고 한하운을 비롯한 학생들이 수업을 듣고 있음

05:30 어린양이 어미의 젖을 빨고 있음

05:32 한하운이 실습장에 걸터앉아 생각을 하며 노트에 필기를 하고 있는 와중에 교사가 와서 실습에 참여하라고 하자 실습에 참여함

05:45 씨름경기가 열림

05:49 권투 연습장에서 권투 연습을 함

05:56 실험실에서 교사가 설명을 하고 한하운을 비롯한 학생들이 경청하고 있음. 교사의 설명을 듣던 와중 한하운은 새끼손가락에 이상이 있어 꼬집어보고 만져보고 함

06:19 병원에 찾아가 새끼손가락에 대해 진찰을 받고 있음. 진찰을 마친 후 경례를 하고 나감

06:37 건물 옆에서 친구들에게 새끼손가락에 바늘을 꽂는 시범을 보이며 웃으며 대화를 나눔

07:04 눈 내리는 다리 위를 혜경과 대화를 나누며 걸어감

07:33 벚꽃이 클로즈업 되었다가 둘을 다시 비추자 성인이 되어 있음. 한하운과 혜경은 데이트를 함

07:53 옛 궁궐터에서 한하운과 혜경이 데이트를 함. 혜경이 한하운의 손을 만지며 걱정을 함

혜경: 아프지 않어?

한하운: 아니

혜경: 병원에 가봐

한하운: 가봤어

혜경: 죽으면 어떡해?

한하운: 내가 죽어? (둘이 웃음)

한하운, 혜경: (둘이 노래를 부름) 울밑에 선 봉선화야, 네 모양이 처량하다

08:40 비행기 소리가 들리고 한하운과 혜경이 하늘을 쳐다봄

08:46 하늘에 전투기들이 날아가고, 그걸 바라보며 놀라는 한하운의 얼굴이 교차해서 나타남

09:03 전쟁영상이 이어짐

09:16 네온사인이 켜져 있는 시가지가 보이고 그 위로 전쟁영상이 오버랩 됨

09:24 나병환자가 된 한하운이 등장해 길거리에서 담배를 핌

09:50 한하운이 식당으로 들어서고 종업원이 그에게 나가라고 함. 식당에서 식사를
       하던 남성 몇 명이 그를 둘러싸고 한하운에게 돈을 건넴. 돈을 받은 한하운이
       식당 밖으로 나감

10:22 한하운이 주점에 들어서 주점을 둘러보며 입구에 서 있다가 주점을 나가려는
       남자손님과 실랑이가 붙음. 남자손님이 종업원에게 그를 내쫓으라 말하고, 종
       업원이 그를 내쫓으려 함. 종업원이 그에게 돈을 들려주고는 내보냄

11:44 길거리에 서있는 한하운 위로 길거리의 자동차와 네온사인들이 오버랩 됨

12:03 한하운이 주점에서 한 여자와 함께 술을 마심

12:23 한하운이 다른 손님들이 있는 테이블에 가자 손님들이 그를 흘겨봄. 한하운이
       그 테이블에 있는 술을 마시고 남자손님이 그를 저지하려 하자 테이블의 손님
       들과 싸움이 붙음

12:54 다른 선술집에 가 막걸리를 마시며 빈 종이에 시를 적고, 시를 읊으며 웃음

13:44 한하운이 찻집으로 들어섬

13:56 찻집에서 차를 나르던 혜경이 한하운을 발견하고 그에게 다가감. 혜경이 한하
       운이 쥐고 있던 토끼인형을 발견하고 그가 한하운임을 알아챔. 한하운은 황급
       히 찻집을 빠져나감

14:50 혜경이 한하운을 쫓아와 그를 붙잡고 다시 만나자고 그를 설득하려 함. 한하운
       은 자리를 떠남

혜경: 왜 안돼요?
한하운: 내 얼굴을 보시오.
혜경: 죽도록 그립던 모습이에요.
한하운: 이런 사람을 왜 좋아하십니까?
혜경: 옛날부터예요.
한하운: 지금 옛날 내가 아닙니다.
혜경: 그러게 더구나

한하운: 그것은 감정입니다.

혜경: 감정이 생활이에요.

한하운: ***(안들림. 이하 한하운과 혜경의 대화는 내레이션과 겹쳐 안들림)

16:10 한하운이 서점에 들러 의학서적들을 사감

16:30 한하운이 혜경이 일하는 찻집 앞에서 발길을 돌려 사라짐

16:42 한하운이 눈 덮인 산길을 올라 산속의 절을 찾아감. 설악교를 지나 깊은 산속
으로 들어가 절을 발견하고는 절로 들어감

17:44 절의 승려를 발견하고는 승려에게 숙박을 부탁함. 승려가 방을 내어주자 그 방
으로 들어감

18:04 해가 떠오르고 절 곳곳의 모습이 비춰짐

18:18 한 승려가 불당 안에서 목탁을 두들기며 불경을 읊음

18:33 한하운이 불상과 절에서 거행되는 의식을 바라봄

19:28 한하운이 승려들과 함께 둘러앉아 식사를 함

19:38 한 승려가 목탁을 두들기며 불경을 읊음

19:45 한하운이 의학 책을 보던 중에 눈썹을 만져보고는 눈썹이 빠지는 것을 발견하
고는 놀라서 밖으로 뛰쳐나감. 한하운의 모습과 사천왕상이 교차편집 됨

20:29 밖으로 뛰쳐나온 한하운이 눈밭에 쓰러져 괴로워하며 흐느낌

21:16 한하운이 보낸 편지를 읽으며 혜경이 한하운의 모습을 생각함

21:50 한하운이 길거리를 지나 목욕탕으로 들어가서 목욕을 함

22:34 혜경이 한하운을 생각하며 눈을 감았다 뜸

22:40 한하운이 작은 욕탕에 들어가 목욕을 함

22:47 혜경이 약국을 찾아가 한하운에게 줄 약을 구입함

혜경: 저.. 혹시 대풍자요라는 약이 있습니까?

약사: 글쎄올시다. 그게 아주 귀한 약이라놔서.(약이 진열된 찬장을 열어 약을
찾음)

23:23 혜경이 한하운이 머무는 암자에 찾아가 책상을 정리하다가 한하운이 쓴 시를
읽음. 시를 읽고 있는 와중에 한하운이 왔음을 알고 방 밖으로 뛰어나가 한하
운과 포옹을 하며 기뻐함. 한하운이 혜경의 어깨를 감싸 안으며 방으로 들어감

23:57 혜경이 한하운에게 자신이 사온 약을 건넴. 한하운이 병을 낫게 하겠다는 자신의 각오를 밝히면서 혜경이 건넨 약을 마심. 혜경이 한하운의 등에 기대면서 좋아함

24:43 한하운이 혜경과 산속을 다니며 데이트를 함

26:49 부모님에게로 돌아가기 위해 짐을 싸는 한하운에게 혜경이 함께 가자고 하자 한하운이 혜경을 설득함

27:17 혜경이 불상을 향해 절을 올리는 동안 한하운은 절의 승려에게 인사를 전함

27:35 산에서 내려와 갈림길에서 흐느껴 우는 혜경과 이별을 함

　　　혜경: 몸조심 하세요. (흐느껴 울다가 한하운을 끌어 안으며) 선생님. 선생님
　　　　　　우리 둘이 똑같이 돌아서요. 서로 돌아다 보지 말고 가기로 해요.
　　　혜경은 울며 뛰어가고, 한하운은 그 뒷모습을 지켜봄

29:29 한하운이 논둑에 앉아 혼자 밥을 먹다가 이를 지켜보는 두 아이를 발견하고는 손짓해 부름. 불러도 아이들이 오지 않자 빈 종이에 토끼 그림을 그려 보여주며 아이들을 다시 부름. 아이들을 앉히고는 산토끼 노래를 불러줌

30:10 두 아이의 엄마가 한하운을 발견하고는 아이들을 데려감. 한하운이 이를 슬픈 눈으로 쳐다봄. 그리고는 빈 종이에 시를 적음. 그리고는 자리를 떠남

30:57 다시금 길을 떠나 고향으로 돌아옴. 고향집으로 돌아와서는 문을 열어 집안으로 들어섬

31:23 가족들이 방에 모여 대화를 나눔. 누이는 울고 있음. 아버지는 누이를 위로하고 방을 나서고, 한하운은 누이를 진정시키려 함. 어머니는 갈아입을 옷을 가져다 줌. 한하운은 가방에서 누이 선물로 사온 비단신을 건네 줌. 밖에서 작은 어머니가 누이를 부르는 소리가 들리고 누이와 어머니가 황급히 한하운을 다락으로 숨김

32:47 작은 어머니가 방으로 들어오면서 어머니, 누이와 대화를 나눔

　　　작은어머니: 저녁 먹었니?
　　　누이: 네
　　　작은어머니: 형님 기침은 좀 어떠슈?

어머니: 나야 뭐. 늘 그렇지..(다락을 힐끗 쳐다봄)

작은어머니: 아니, 누가 왔수?

누이: 아무도 안 왔어요, 작은어머니

작은어머니: (한하운이 사온 비단구두를 들며) 아이고, 이게 누구 구두야? 이쁘기도 하지. 그만둬라 얘, 그만둬. 안팎으로 하인들을 두고….(내레이션과 겹쳐서 잘 안들임)

33:15 한하운이 다락에 숨어서 대화를 듣고 있음.

작은어머니: 니 오래비도 부모님도…

어머니: 또 그런 소릴 뭐하러 하누? 쓸데 없이.

33:31 작은 어머니가 방을 나서고, 누이가 마중을 나감

작은어머니: 아이고, 나좀 봐. 아궁이에 불을 지펴놓고 이렇게 와있네. 편히 주무세요.

누이: 안녕히 들어가세요.

작은어머니: 오냐.

어머니: 조심히 들어가게.

33:50 작은 어머니가 방을 나가자 다락에 들어가 있는 한하운을 다락에서 꺼내줌. 다락 밖으로 나온 한하운은 고개를 떨구고 있고 어머니와 누이는 내일부터 약을 써보자고 말하고는 흐느낌

34:26 혜경이 전에 다니던 찻집을 그만두고 건물 밖으로 나옴

34:57 해가 뜨고 나무 위에서 까마귀가 울음

35:12 어머니가 까마귀를 보면서 뭐라 말하면서 손짓을 해 까마귀를 내쫓음. 그리고는 일어나서 기침을 함. 그리고는 방에서 나오는 누이에게 뭐라 지시를 함

35:39 누이가 한하운이 있는 방에 향을 피움. 그리고는 한하운에게 다가가 얼굴을 닦아줌. 눈을 뜬 한하운이 엎드려 병에 든 약을 먹음. 그리고는 책을 읽으며 누워 있다가 괴로워하며 마신 병을 집어 던짐. 손에 든 토끼 인형을 바라 봄

36:37 어머니가 불법 약방에 들어섬. 불법 약사가 뱀을 들어보임

36:52 어머니가 기침을 하면서 탕기에 사온 약을 다림

37:12 다린 약을 사발에 담아 한하운에게 가져다 줌. 그리고 누워있는 한하운을 일으켜 약을 먹임. 그리고 누이가 문을 열어 어머니를 부르자 밖으로 나감

37:58 한하운의 방 밖에 굿판이 차려져 있음. 누워있던 한하운이 북소리를 듣고 놀라 창가 쪽을 쳐다 봄. 무당이 굿을 시작함. 이를 듣던 한하운이 괴로워 함

38:52 그리고는 문을 열어 굿하는 쪽을 바라봄. 이를 본 아버지가 방으로 들어옴

아버지: 아, 얘야. 가만히 누워있지 않고 왜 일어나서 이러니?
한하운: 아버지, 저게 뭐예요? 집어 치우세요

39:12 아버지가 방을 나와 어머니에게 말을 검

39:20 한하운은 혜경에게 편지를 씀

39:30 아버지와 대화를 나눈 어머니가 아버지를 방으로 돌려보내고, 방으로 들어온 아버지가 한하운과 대화를 나눔. 한하운이 아버지에게 혜경에게 쓴 편지를 건넴. 아버지가 고개를 끄덕이며 방을 나섬

40:05 혜경이 일하는 제약회사의 모습. 혜경이 제약회사의 컨베이어 벨트 옆에서 일을 하다 한숨을 쉼

40:28 한하운이 약을 마시고 다시 누워 토끼 인형을 바라봄

40:37 "연구실험실"이라고 쓰여 있는 제약회사로 사람들이 출근하는 모습

40:41 옷을 갈아입은 혜경이 벽에 붙은 포스터를 발견함. 포스터에는 "나병을 무서워 말자. 새로 발명된 DDS로 나병을 집에서도 고칠 수 있다. 대한나협회.보건사회부.유솜"이라고 적혀 있음

41:02 어머니가 돌아가시고 어머니의 장례식이 치뤄짐. 동생이 몰래 다락에 숨어 있는 한하운에게 밥을 가져다 줌. 다락 안의 한하운은 장례소리를 누워 듣고 있음

42:28 한하운이 다락 문을 열고 밖으로 나옴

42:57 한하운이 장례행렬을 먼 발치에서 쫓아감. 그리고는 이를 바라 보면서 노트를 펴 시를 적음. 시를 다 적은 후 다시 일어섬

44:06 어머니의 묘를 찾아가 묘를 끌어안고 흐느낌. 그리고는 일어나 묘를 떠남

44:49 혜경이 약국에 들어 DDS를 사고는 서울역으로 향함. 서울역에서 기차를 탐

45:11 한하운의 집. 누이가 문을 열어 밖을 확인하자 혜경이 서있음. 누이가 안으로 들임. 아버지, 누이, 혜경이 마루에 앉아 대화를 나눔. 그리고 한하운이 집을

떠났다는 소식을 듣고 놀람

45:47 한하운은 혜경이 일하던 찻집을 다시 찾았지만 찻집이 문을 닫은 것을 발견함. 문에는 "休業(휴업) 主人白(주인백)"이라고 적힌 종이가 붙어 있음. 길거리에 지나가는 사람들에게 혜경의 소식을 물음

한하운: 저, 여보세요. 여기 있는 혜경씨 어디 갔는지 모르십니까?
행인1: 그걸 내가 어떻게 아오?
한하운: 저, 여보세요. 여기 있는 혜경씨 못 봤습니까?
행인2: 이거 돌았어, 이거?

46:23 한하운이 거지 복장을 하고 한 손에는 빈 깡통을 들고 집집마다 들르며 구걸을 함. 그리고 계단에 앉아 식사를 함

46:52 혜경도 한하운을 생각하며 한하운의 집에서 가족들과 식사를 함

47:05 식사를 마친 한하운이 장갑을 벗고는 길거리를 걸어감

47:19 한하운이 건물 옆에서 거적데기를 두르고 앉아 있는 모습과 혜경이 방에 자려고 누워있는 모습이 교차해서 비춰짐

47:46 날이 밝고 사람들이 걸어 다니는 와중에 한하운은 거적데기를 두른 채로 건물 옆에 기대 앉아 있음. 하품을 하고 있어나 깡통을 들고 길을 나섬

48:24 한하운이 한 움막의 문을 열고 움막 안에서 밥을 먹고 있던 두 거지에게 말을 걸고는 움막 안으로 들어와 앉음. 한 거지가 등돌리고 앉아 밥을 먹음

48:57 한하운을 찾기 위해 서울로 향하고자 혜경이 한하운 가족들의 전송을 받으며 집을 나섬

49:16 한하운이 움막에 앉아 종이에 시를 적고 있음. 그리고 적을 시들을 손에 들고 움막을 나섬

49:46 술집에서 한하운이 돈을 받고 자신이 쓴 시를 팜

50:02 거지 둘이 한 가게에 들어와 노래를 부르며 구걸을 함. 그리고 돈을 받고는 가게 밖으로 나감

50:31 거지 둘이 또 다른 가게로 들어섬. 그리고는 노래를 부르며 구걸을 하다 점원에게 쫓겨 남. 그 길을 지나가던 한하운이 화가 난 거지 둘을 달래어 돌아감

51:19 움막에서 한하운과 거지 둘이 한하운이 시를 팔아 사온 음식을 먹고 있음

51:36 한하운이 도로를 건너감

51:51 한하운이 한 찻집에 들어서 본인의 시를 다른 시인에게 팜

한하운: 제가 썼습니다.

시인1: 이거 걸작인데?

시인2: (한하운의 "보리피리" 시를 낭독 후) 음... 아주 훌륭한데?

시인1: 이거 어떻게 출판하도록 해봅시다

시인2: 우리도 시를 쓰는 사람입니다. 자, 이거나 받아두소. 지금 돈이 없군요.
      아, 이런 시를 쓰는 사람이 왜 그렇게 하고 다니시오?

53:35 대화를 듣던 한하운이 황급히 찻집에서 도망침

53:43 한하운이 병원에서 검사를 받음. 한하운에게서 채취한 조직으로 검사하는 모습

54:03 한 미국인 의사가 통화를 하고는 추천장을 써 한하운에게 건네줌

54:24 한하운이 함께 생활했던 두 거지와 이별을 함

54:50 배를 타고 소록도에 상륙하는 모습

55:14 한하운이 소록도 갱생원으로 들어섬

55:31 한하운이 의사와 대화를 하고는 처방전을 받아 듦

55:43 약사들이 약을 조제하는 모습

56:01 한하운이 창구로 약을 수령하여 밖으로 향함

56:11 한하운이 노트를 펴놓은 상태로 잔디밭에 엎드려 잠을 다가 깨서는 노트에 다시금 시를 적음

56:47 한하운이 마을 주민과 인사를 나눔

56:54 한하운이 약을 먹고 있는 모습

57:02 간호사가 한하운에게 DDS 약을 건넴. 한하운은 받은 약을 먹음

57:20 혜경이 제약공장에서 일하고 있는 모습

57:35 한하운이 꽃을 바라보며 시를 적음. 그리고는 꽃밭을 가로질러 감

57:46 의사가 애양원 추천장을 써주고 한하운은 이에 감사를 표현함. 그리고는 추천장을 받아들고는 터널을 지나 갱생원을 나섬

58:12 애양원의 정문. 정문에는 "애양원"이라 적힌 현판이 걸려 있음. 그리고 한하운이 애양원에 들어섬

58:30   서양인 의사가 한하운이 가져온 편지를 펼쳐 읽음

서양인 의사: (영어대사) XXXX. 나병을 고치려고 보낸 사람입니다. 도와주실
             수 있으면 좋겠습니다. (한국어대사) 손, 어디 좀 봅시다. 이 손
             가락, 눈썹도 다 고칠 수 있습니다.

한하운: 감사합니다

59:06   서양인 의사가 애양원 환자들을 살피는 모습들

59:51   간호가가 한하운의 얼굴에 둘러져 있던 붕대를 뜯어내고 서양인 의사가 이를
        지켜봄. 그리고 간호사에게 거울을 가져오라 해서 한하운에게 거울을 비춰 줌.
        한하운이 자신의 모습을 비춰보고 의사에게 고맙다 인사를 함

60:54   신문 운전기에서 신문이 나오는 모습

60:59   사람들이 길거리에서 신문을 받아 드는 모습

61:12   신문에는 한하운의 "보리피리"시가 실려 있음

61:16   혜경이 신문에서 "보리피리"시를 발견하고 읽음

61:25   서양인 의사가 한하운의 손을 수술하고 있음

62:22   혜경과 누이가 서로 팔짱을 끼고 한하운을 만나기 위해 애양원으로 향함

62:50   혜경과 누이가 애양원에서 나오는 한하운을 발견함. 한하운을 발견한 누이가
        한하운에게로 뛰어감. 뒤에 서있는 혜경을 발견한 한하운이 혜경에게로 다가감

63:38   한하운과 혜경이 포옹을 함. 혜경이 한하운의 손을 어루만지고 얼굴을 만져보
        고는 다시금 포옹을 함

혜경: 선생님. 저기 누가 와요.

한하운: 날 고쳐준 선생님이야. 인사를 해야지

64:27   한하운이 서양인 의사와 혜경, 누이를 인사시킴

64:36   한하운, 혜경, 누이가 함께 길을 떠남. 애양원 주민들이 반겨 줌. 그리고 셋이
        길을 나섬

64:47   해수욕장을 발견하고는 셋이 뛰어감. 그리고는 해수욕장을 거닒.

65:12   자막 "From the faith and hope of the individual stems the strength of the
        nation"

65:22   자막 "THE END"

▌ 내레이션

00:11   이 남자는 영화에서 한하운 시인의 역할을 맡은 김웅이다. 영화는 유명한 한하운 시인의 자서전을 토대로 사건들을 엮어 만들었다. 그의 인생 대부분 동안 한하운 시인은 나병과 싸워왔다. 그 싸움 속에서 그는 시적인 이미지로 가득한 머리를 얻었다. 그의 시는 영화에도 많이 나온다. 한 시인은 병을 극복하겠다는 투지와 사회에 공헌하겠다는 마음으로 똘똘 뭉친 사람이다

01:18   한 시인이 보내는 메시지는 희망의 메시지다. 나병은 유전병이 아니고 쉽게 전염되는 병도 아니다. 그리고 가장 중요한 것은 나병환자도 의학적으로 치료받아 완치한 후 일상으로 돌아갈 수 있다는 것이다

02:51   어릴 때는 학교에 가는 남자아이처럼 평범한 것도 새로운 삶의 시작과 같다. 과거의 일들은 일부 남기고 일부는 미래로 함께 가져간다. 현명한 아버지의 충고, 사랑하는 어머니의, 비단구두 한 켤레를 사다 달라는 누이의 요청. 과거로부터 시의 굴러가는 구절을, 자연의 장엄함이 끼치는 느낌을, 나 한태영이란 남자아이가 꿈꾸던 것을 혼자 여행을 떠날 때 가져간다

04:06   하지만 혼자는 아니다. 운이 좋다면 과거도 함께 나누었던 혜경이 같은 여자와 새로운 시작을 할 수 있다. 나는 혜경이를 토끼라고 불렀다. 어릴 적 보리줄기로 만든 풀피리 소리를 들어주었던 아이다

05:26   아버지는 새로운 과학을 열심히 배우라고 말씀하셨다. 그래서 나는 열심히 공부했다. 하지만 흘러가는 현재 너머를 탐색하고 싶은 마음, 하루의 즐거움을 시에 담아 다시 음미하고 싶은 마음 없이는 살 수 없다. 가끔은 창피한 일로 이어지기도 하지만 말이다

06:09   엄마는 몸을 잘 챙기라고 하셨다. 나는 노력했다. 그래서 손가락에 감각이 없는 것 같거나 피부가 살짝 변색된 것 같이 사소한 증상에도 의원을 찾았다. 하지만 당시, 마지막 큰 전쟁이 일어나기 전, 인간이 과학에 가진 지식은 많이 짧았다. 인간의 몸과 적에 대해서는 배울 것이 많았다. 의사는 내게 손가락 마비 증상은 걱정할 것이 없다고 했다. 그것은 미미하고 중요하지 않은 것이었다

06:44 학교 친구들 사이에서는 득이 되는 일이기도 했다

07:26 이 증상은 너무나 작은 것이었고 이것이 드리우는 그림자는 내 어릴 적 친구인 혜경이 품은 태양이 없애주었다. 그리고 당시 나는 내가 남자가 되어 있을 미래를 확신했다

08:41 환희와 행복은 한국에서 전쟁이 시작되자 사라졌다

09:15 전쟁은 사람들 서로서로를 이해할 수 없게 만들었고, 나도 인간들을 믿을 수 없게 만들었다. 전쟁의 열정이 폭력과 죽음을 초래하고 있을 때 질병은 내게서 건강했던 청년의 몸을 앗아갔다. 병명은 나병이었다. 내가 학생이었던 시절 손에 왔던 마비부터 시작돼 나를 따라다니던 병이라는 것을 알게 되었다. 이제 내 얼굴을 보는 사람들은 나를 피했다. 나는 나를 어릴 적 학교에 보낸 가족들에게 캐리커처처럼 일그러진 내 모습을 보이지 않았다. 나병이 있는 사람은 무엇을 느낄까? 배고픔, 목마름, 사랑을 느끼고 그에게만 이런 병을 준 운명의 부당함을 증오하는 것을 배운다.

10:22 나병은 몸뿐만 아니라 마음까지 병들게 한다. 나병을 앓는 사람은 자신과 자신의 병을 무서워하는 사람들의 잔인함을 막기 위해 마음을 단단히 먹어야 한다

10:43 나병은 나를 거부하는 사람들에게 사용할 수 있는 무기가 되었다. 나병이 있는 사람도 밥은 먹어야 한다. 그러나 일자리는 구할 수가 없다. 하지만 나의 얼굴은 나를 두려워하는 사람들에게서 돈을 앗아올 수 있다. 두려움에서 건넨 돈으로 나는 삶을 유지했다. 존경할만한 삶이 아니라 두려움, 증오와 혐오감으로 가득 찬 삶이었다

11:36 (11:36-11:47 음악 때문인지 잘 들리지 않습니다). 죄명은 문둥이..... 참 어처구니없는 벌이올시다. 아무 법문의 어느 조항에도 없는, 내 죄를 변호할 길이 없다. 옛날부터 사람이 지은 죄는 사람으로 하여금 벌을 받게 했다. 그러나 나를 아무도 없는 이 하늘 밖에 내세워놓고. 죄명은 문둥이..... 이건 참 어처구니없는 벌이올시다

13:17 내 혐오스러운 모습으로 얻은 돈으로 나는 망각을 살 수 있었다. 술집에서 일하는 여인과 사랑 비스무리한 것을 하려 했다. 그녀는 내 시를 보고 미쳤다고 생각했다. 그 시는 내가 잃어버린 토끼, 혜경에게 바치는 시였다. 마음이 가도록 그 노래를 눈물 삼키며 부릅니다. 이별이 괴로운 대로 리라꽃 던지고 노래

부릅니다

13:57 찻잎에서 운세를 점치자. 찻잎에서 쓸쓸한 운세를 점치자. 내게는 새로운 이 찻집에서 나는 다시 혜경을 만났지만 나는 그녀를 밀어냈다. 그녀는 나를 태영이라고 불렀다. 하지만 나는 태영은 죽었다고, 그녀가 보고 있는 남자는 하운이라고 말했다. 여름 구름. 영혼이 없는 사람. 꼭 여름 구름이 바람에 휩쓸려 변하는 것처럼. 제멋대로 생긴 병으로 몸이 부어 변해버린 사람. 나병으로 인해 변한 내 삶과 내 자신 때문에 그녀를 받아들일 수 없었다. 그녀는 이 세상 사람이었지만 나는 아니었기 때문이다. 혜경을 다시 만나기 전에 나는 흥청거리는 깡패 같은 삶을 살았다. 살 수 있는 시간이 점점 줄어드는, 병과 주위 사람들의 잔인함과 두려움으로 만들어진 사람이었다

15:24 하지만 혜경은 내 속을 꿰뚫어보았다. 전에 나의 모습을 본 것이다. XXXXXX (15:32) 시인이 되고 싶었던 청년. 그녀는 나를 잃었었지만 이제 나를 다시 만났고 미래가 어떻든 XXXX (15:48) 사랑은 그녀의 인생이었고 나는 그녀가 사랑하는 사람이었기에 그녀의 인생이었다

15:58 혜경의 사랑에서 생긴 믿음은 흘러 강철같은 결심으로 굳어버렸다. 그녀와 같은 세상에서 살지 못하게 하는 이 병을 없애야겠다

16:10 그리고 시작은 책으로 지식을 쌓는 데서부터 시작했다. 혜경의 존재가 나를 방랑자로 만들었던 내 마음의 병을 치유한 것처럼 내 몸을 치유할 지식. 나는 나병환자가 절규하는 외로움을 시로 쓴 사람으로 세상에 알려질 것이다. 다른 사람들의 마음을 가라앉히기 위해서 그렇게 하기로 결심했다. 하지만 혜경을 위태롭게 하지 않기 위해 혼자 하기로 했다

16:45 나는 떠났다

16:51 나는 인간의 포악성과 내 자신의 사악함을 뒤로하고 떠났다

17:07 난 책을 가지고 산속의 절로 들어갔다. 내 눈은 책에서 인간의 지혜를 얻고 바람 부는 하늘과 초록빛깔의 산, 살아있는 돌들에게서 자연의 지혜를 얻을 것이다. 나는 혼자 이것을 할 것이다. 외롭게

18:05 하늘을 찌르는 칠전팔도(七顚八倒)의 험산이
모조리 올 것을 막아버린 천험비경(天險秘境)에
구비구비 곡수(曲水)는 바위에 부딪혀 지옥이 운다.

죽음을 찾아가는 마지막 나의 울음은
고산(高山) 삼방 유명을 통곡한다.

19:39   중들이 훌륭한 부처의 가르침과 진리를 공경하는데 하루를 바치는 것처럼 나는 다른 의사나 과학자들이 내 병에 대해 쌓은 지식을 알아가는데 내 하루를 바쳤다. 나는 내 병에도 리듬이 있다는 것을 알았다. 발열과 고통이 주기적으로 있으며 피부가 짓무르고 나아서 상처가 되는 일을 반복한다는 것을 배웠다. 손과 발을 뒤틀고 머리카락을 빠지게 하는 소모성 질환이라는 것을 알게 되었다. 이 모든 것을 책으로, 그리고 내 몸으로 직접 배웠다

21:16   외로움이란 황무지를 담고 있는 마음은 시로 연결할 수 있다. 그 시가 멀리서 쓰라린 마음을 담아 보내진 것이라도 말이다.

하늘과 땅과
그 사이에 잘못 돋아난
버섯이올시다. 버섯이올시다.

버섯처럼 어쩔 수 없는
정말로 어쩔 수 없는 목숨이올시다.

억겁을 두고 나눠도
그래도 많이 남을
벌이올시다. 벌이올시다

아니올시다
아니올시다
정말로 아니올시다.

사람이 아니올시다
짐승이 아니올시다.

사람들의 세상에서 쫓겨나 나는 인간으로서의 삶을 버리고 남자로서의 자존심도 버린다. 그리고 후회 없이 빈곤과 수치심을 마주한다. 나는 죽음을 마주하고 존재한다. 나는 살고 싶고 살아야 한다. 하지만 매일매일 내 몸이 무너지는 것을 슬퍼한다. 나는 외롭다. 짐승처럼 외롭다. 그렇게 약으로 치유되길 기다린다

23:38 나는

나는

죽어서

파랑새 되어

푸른 하늘

푸른 들

날아다니며

푸른 노래

푸른 울음

울어 예으리.

23:59 약을 가져오는 사람에게도 위험하다면 약은 무슨 가치가 있고 그 사람이 살리려는 사람의 목숨은 무슨 가치가 있을까. 나는 그렇게 비싼 약을 받을 수 없었다. 족쇄처럼 혜경을 나와 묶고 있는 이 고통의 사슬을 끊어야 했다. 하지만 인류가 계속되는 것은 여자를 통해서이다. 남자는 꿈을 꾸지만 여자는 실상을 마주하고 그것을 해결해나간다. 그러면서 창조하고 보존한다. 생존은 여자의 의지다. 우리가 함께 살아남는 것. 이것이 혜경의 의지였다

25:59 빛나는 산. 둥글둥글해진 돌 위로 춤추는 물결. 우리의 나날은 이것들로 이루어졌다. 새로운 삶이었다. 혜경의 존재가 금처럼 삶을 빛나게 했다. 강 너머에서 떠오르는 태양의 햇살처럼

26:48 내 몸은 거미줄처럼 가는 직물의 일부로 만들어져 있었다. 그리고 계속 닳고 있었다. 병을 고치기 위해서는 공부를 더 해야 했다. 부모님의 너그러움으로 하루하루를 살 수 있었다. 머리는 논리적으로 설명할 수 있다. 마음은 어떻든

다시 집으로 돌아가고 내가 필요한 약을 살 수 있는 서울로 혜경을 보내도록 할 수 있다

27:39 마음, 그리고 같은 생각을 하는 것에는 논리가 없다. 머리로는 미래를 볼 수 있지만 마음은 오직 현재만 느낀다. 마음은 간단한 사실만 안다. 바로 머리로 한 계획 때문에 우리가 헤어져야 한다는 것 그리고 XXXXX (28:15)

30:24 한때 멋진 것들이 있었다. 그러나 다 과거의 이야기다

지나가버린 것은
모두가 다 아름다웠다.

여기 있는 것 남은 것은
욕(辱)이다 벌이다 문둥이다.

옛날에 서서
우러러보던 하늘은
아직도 푸르기만 하다마는.
그 아래 서서 나는
내 삶의 실패에 절규한다.

31:32 오랫동안 잃었던 아들이 돌아왔다. 그리고 가족들은 기뻐하며 XXXXXXXX (31:40)한 아들을 칭찬한다. 그의 기술과 지식, 멀리서 가져온 선물을 환영한다. 귀향은 이런 것이다. 나는 오랫동안 없어졌다가 다시 돌아왔다. 하지만 이곳에 기쁨은 없었다. 기뻐하라. 싸움의 상처를 입은 몸으로 인해 두려움과 혐오스러운 형상을. 기뻐하라, 기뻐하라. 내 불쌍한 XX 선물을 가져왔으니. 이제는 작아진, 누이가 원하던 비단구두다. 깨끗한 피부가 이상해지면 가족이 기뻐할 수 있을까. 이웃에 사는 작은 어머니로부터 숨어야 했다

33:17 오랫동안 잃었던 아들이 끔찍한 병을 가지고 돌아왔다

34:01 내 가족은 이 모든 것을 견뎌냈다. 가족은 몸, 피부, 아름다움에 헌신하는 것이 아니라 혈연이 계속되도록 만들어진 씨에 헌신하기 때문이다. 그것이 바로 가족이다

34:27 혜경은 그녀의 마음을 따라갔다. 그녀의 사랑은 머물렀지만 거래는 사랑과 함께하지 못한다. 치료할 수 있는 약을 구할 돈, 필요한 돈을 구하려면 다른 곳을 찾아야 했다

35:43 시간. 내가 고향집에서 원한 것은 시간이었다. 내 병을 통제할 수 있는 과학을 배울 시간. 하지만 지금 시간은 내 병이 다스렸다. 심각한 상황이 두 번째로 벌어진 것이었다. 이제 시간은 고통의 경련으로, 코의 변형으로, 손과 발의 뒤틀림으로 세어졌다. 향을 피워 숨겨진 역겨운 몸에서 내는 냄새를 가리고 보다 강한 변화를 겪고 있는 몸은 강한 약도 들지 않았다

35:43 약은 어머니의 결사적 충고에 따라서 약이 아니라 과거에 사람을 고친다 믿었던 가짜 약으로 바뀌어있었다. 인간의 무지 속에서 태어난 가짜 치료방법이었다. 이 방법은 증오를 증오로 맞서고 병보다 더 심한 해를 입히고 무지와 두려움에서 과학을 거부한 방법이었다. 제대로 된 치료를 늦추어 사람을 죽일 수도 있는 방법이었다

39:12 알지 못하는 신의 노여움을 풀기 위해 울리는 소리. 병으로 인해 끔찍한 악몽에 갇혀버린 나. 나는 피할 곳을 찾았다. 새로운 약. 나를 혜경에게 묻기로 했다

40:06 운명은 뒤틀린 것 같고 역설적이었다. 혜경은 새로운 일자리에서 다른 사람에게 약을 나누어주었다. 하지만 나를 도울 길은 못 찾았다

40:57 미래와 희망이 내게 생겼고 나와 같은 20만 명의 사람들에게도 생겼다

41:32 그사이 어머니께서 돌아 가셨다. 내게 생명을 주시고 그 생명을 사랑으로 보호하고 자라는데 도움을 주셨고 뒤틀린 내 몸에서 아들의 모습을 보셨던 어머니

43:21 내가 시간이 없는 세상에서 이웃들의 눈을 피해 살 때 어머니의 시간은 끝나가고 있었다. 아들로써의 임무에서 숨겨지고 내가 치루어야 했던 장례식에서도 숨겨졌다. 나는 숨겨진, 두 세계의 사람이었다. 어느 누가 그의 마음의 말을 할 수 있을까? 오로지 종이에 밖에 쓰지 못했다

어머니
나를 낳으실 때
배가 아파서 울으셨다.

어머니 나를 낳으신 뒤
아들 됐다고 기뻐하셨다.

어머니
병들어 죽으실 때
날 두고 가신 길을 슬퍼하셨다.

어머니
흙으로 돌아가신
말이 없는 어머니.

44:34 은근슬쩍 떠나지 않고 그 자리에 내가 남았던 것처럼 나는 이제 죽음과 근사죽음의 집이 되어버린 집을 떠나 혜경에게서 위안을 구하러 간다

45:00 DDS. 너무 싸서 아무나 구할 수 있는 약. 하지만 너무 소중해서 혜경이 다른 누구에게도 맡길 수 없어 직접 가지고 가기로 했다

45:18 남자의 집밖에 서있는 사람은 보리피리를 부는 남자아이의 노래를 들었던 여자다. 나중에 그 노래는 남자의 시로 변했다. 이제 그 집에는 그 남자도 없고, 보리피리 소리도 없고, 시도 없고, 태영도 없었다. 그녀가 가져온 약을 받을 사람이 없었다

45:50 찻집이 문을 닫았기 때문에 나는 혜경과 만날 길이 없었다. 오직 도시의 황폐한 거리만이 내 앞에 열려있었다

46:23 나는 혼란 속에 명동거리를 걸었다. 꼭 다른 나라에 있는 것 같았다. 아는 사람도 없었고 말걸 수 있는 사람도 없었다

47:20 쓰레기통과
쓰레기통과 나란히 앉아서
밤을 새운다.

눈 깜박하는 사이에
죽어버리는 것만 같았다.

눈 깜박하는 사이에

아직도 살아 있는 목숨이 꿈틀 만져진다.

48:26 나는 악몽 같은 나날을 악몽 같은 곳에서 보냈다. 끔찍한 꿈에서 나온 것 같은 사람들과 함께 집 없는 사람들과 함께 지냈다

48:59 여자의 손에 남자의 목숨이 달렸으면 인내보다 행동을 취해야 한다. 그래서 혜경은 약을 들고 나를 찾을 수 있는 서울로 향했다. 거리에 사는 사람들은 자신만 팔면 된다. 나는 시인이 되는 꿈을 꾸었다. 병으로 뒤틀린 손이 금 같은 단어를 꿰는 꿈. 사람들 사이에서 돈을 주고 팔릴 종이에 쓰여진 꿈. 음식을 위해 쓰인 꿈이었다

52:27 시인의 시를 어떤 이들은 불쌍해서 샀지만 한번은 시인들이 샀다. 그것은 돈보다 귀한 것이었다. 단어가 가진 아름다움을 아는 눈으로 읽는 것 말이다

53:44 내 썩어가는 살과 고통 받는 관절을 뒤로하고 그 너머에 있는 나를 동료로 봐준 사람들. 이것은 삶과 따뜻함으로 가득 찬 세상의 한 조각이었다. 하지만 그 세상으로 가는 문을 열려고 하는 사람의 손은 건강해야 한다. 나를 버림받아 길거리에서 떠도는 일을 멈추어야 했다. 배운 사람들이 줄 수 있는 도움을 받기로 했다. 희망을 걸 수 있는 곳은 매우 적었지만 나는 희망을 걸었다

55:00 치료에 헌신하는 이 섬에서 나는 내 희망을 제대로 걸었다는 것을 깨달았다. 이곳에서는 아픈 이들과 아픈 이들을 치료하려는 이들이 만났다. 치료받는 이와 치료하는 이가 만나는 이곳에는 희망이 있었다. 마치 이 섬을 둘러싼 물방울로 만들어진 무지개처럼

55:52 누가 치료 약과 삶에 의미를 주는 공동체에서 숙주의 몸을 갉아먹는 병을 찾아내 죽이고 원래 자신의 몸으로 회복시켜주는 데에 희망을 갖지 않을 수 있는 사람이 있을까

56:11 동정심과 헌신으로 운영되는 이곳에서 나는 몸을 치유하며 시를 쓸 수 있었다. 이곳에서 느낀 헌신과 은혜는 전에 치료를 직접 배우러 나선 혜경이 내게 보인 헌신과 같았고 내 병을 고치기 위해 잘못된 방법을 쓴 어머니의 헌신과도 같았다. 이 치유의 장소에서도 나는 헌신적인 손길들을 만날 수 있었다. 이들은 지식과 오랜 시간 기술을 익힌 힘을 가진 사람들이었다. 세종이 XX도(56:40)에 안식처를 만들었을 때부터 이 세기가 시작되었을 때 불쌍히 여기는 마음으로

멀리 미국에서 건너온 웰슨이란 남자의 무덤이 생기기까지의 시간 동안 내려온 미신을 없애고 제대로 된 사실을 배웠다. 오직 적은 수의 사람만이 나병에 걸린다는 것. 장기적으로 피부와 피부의 접촉을 통해서 병이 전염된다는 것. 그 외에 다른 방법으로는 전염되지 않는다는 것, XXXXX (57.05). DDS로 완전히 치유할 수 있다는 것. 이 약을 먹으며 나는 내 미래를 향한 꿈을 삼켰다. 단지 혜경이 없는 미래였다

57:57 새롭고 더 좋은 삶으로의 여권. 나병을 고치는 법을 배웠을 뿐만 아니라 상처까지도 모두 치유할 수 있는 기관으로 갈 수 있는 여권

58:34 서양인 의사: (영어대사) XXXX. 나병을 고치려고 보낸 사람입니다. 도와주실 수 있으면 좋겠습니다.

59:06 나병환자와 병은 나았지만 치료가 필요한 사람들에게 희망의 줄기가 있었다. 소록도 갱생원, 애양원, XX, XXX, 애락원, XXX, XXX (59:20) 등 돌, 나무, 시멘트로 만들어진 서른 개 이상의 병원과 요양원이 있었다. 정부와 국민, 다른 나라의 사람들이 보낸 자선의 손길로 지어진 병원이다. 나무, 돌, 그리고 돈, 안타까움과 동정심으로 지어진 병원

59:57 이런 기관들은 희망의 안식처, 기적의 집이었다. 없어진 눈썹을 만들고 꺼진 코를 높이기 위해 건강한 세포를 이식하는 기적. 우리의 얼굴을 창피함 없이 드러낼 수 있게 하는 기적. 우리의 고향마을과 집으로 돌아갈 수 있게 해주는 기적. 돌아가 더 이상 고개를 숙이고 있지 않아도 되게 해주는 기적. 치료가 없을 때 제대로 손과 발을 제대로 관리했더라면. 조금 더 일찍 치료를 받았더라면. 이런 병으로 차별 받지 않아도 되었을 거란 생각은 슬픔을 불러왔다. 슬프지만 기뻤다. 오늘날의 약과 치료로 우리는 병을 떨쳐내고 우리의 낙인도 없앨 수 있었다. 다시 세상에서 우리 본래의 자리로 돌아갈 수 있었다

61:10 자신이 쓴 시의 가치를 알아봐주는 시인들과 세상과 시를 나누었던 사회의 떨꺼둥이

보리피리 불며
방랑의 기산하(幾山河)
눈물의 언덕을 지나

피—르닐리리

61:39 병으로 뒤틀린 손은 펜으로 아름다운 것을 만들어 낼 수 있다. 치료를 통해 다시 원래대로 돌아온 손은 아름다움을 만들어 낼 수도 있고 적절한 때에 동료들에게 인정 받을 수 있다. 내가 나와 같은 병을 앓는 사람들에게 손 내밀었듯 말이다. 그들을 위해 나는 머리와 펜으로 승리의 진술을 할 것이다. 나병과의 싸움에서 한 승리. 그리고 그보다 더 심각한 병이었던 자기 연민과 타인을 증오하는 마음과의 싸움에서 한 승리

63:07 의사의 약과 외과의의 메스는 사람을 치료하고 고칠 수 있다. 사랑하는 사람들의 존재는 사람을 완성시킨다. 사랑으로 가득 채우고 갈망과 절망을 넘어 넘치는 성과로 행복하게 한다. 토끼라고 불리는 여자아이가 남자아이가 갈겨쓴 시를 읽었을 때. 보리피리로 부는 노래를 들었을 때 시작된 인연의 원은 완성되었다

64:40 그녀가 보리피리로 부는 노래를 들었을 때

보리피리 불며
봄 언덕
고향 그리워
피—르닐니리.

보리피리 불며
꽃 청산(靑山)
어린 때 그리워
피—르닐니리.

보리피리 불며
인환의 거리
인간사(人間事) 그리워
피—르닐리리.

II

테드 코넌트 컬렉션

(Ted Conant Collection) 영상

Making Film of Korean Film "Dream"

수집처	Ted Conant Collection
제작연월일	1954년
상영시간	4분 29초
형식	실사
컬러	컬러
사운드	무

영상요약

신상옥의 1955년 영화 〈꿈〉의 촬영 현장을 기록한 영상

연구해제

이 영상은 신상옥 감독의 1954년 작 〈꿈〉의 제작 현장을 촬영한 것이다. 〈꿈〉은 〈악야〉(1952), 〈코리아〉(1954)에 이은 신상옥의 세 번째 작품으로 최은희와 황남이 주연을 맡았다. 이광수의 소설을 원작으로 한 이 영화는 젊은 승려 조신이 결혼을 앞둔 달례의 아름다운 미모에 현혹되어 그녀와 도망하여 함께 살다가, 달례와 혼인을 약속했던 모례 화랑에게 죽임을 당하였으나 이는 조신의 꿈이었다는 내용이다. 신상옥은 허무주의적이고 몽환적인 이 영화의 주제에 매력을 느꼈고, 1967년에 리메이크하기도 했다. 이 영화의 주된 촬영지는 광릉으로 알려져 있는데, 이 현장 영상의 촬영지 역시 광릉인지는 확실하지 않다.

테드 코넌트의 영상 콜렉션 중 극영화의 현장을 찍은 영상은 이것이 유일한 것으로 보인다. 그렇다면 그는 왜 이 영화의 현장을 담았을까. 그 이유를 알기 위해서는 테드 코넌트와 신상옥 사이의 매개가 된 인물, 영화감독 이형표에 대해 이해할 필요가 있다. 1949년 서울대학교 사범대학 영문학과를 졸업한 후 주한미공보원(USIS)에서 일하다 1952년 유엔한국재건단(UNKRA)에 들어간 이형표는 거기서 한국에 막 부임한 젊은 청년 테드 코넌트를 만나게 된다. 이형표는 이후 거의 9년을 테드 코넌트와 함께 지내며 그의 한국에서의 영화영상 활동의 동반자가 되었다(이형표가 UNKRA에서 일한 것은 일종의 촉탁직으로 보이며, 1953년부터는 공보처 영화과에 촉탁으로 입사하여 일했다).

이형표는 〈위기의 아이들 Children in Crisis〉, 〈한국의 환타지 Korean Fantasy〉, 〈한국의 예술가 Korean Artists〉 등 테드 코넌트의 이름으로 발표된 주요 작품을 함께 작업했다. 녹음 전문가로 영상에 대한 전문지식이 없었던 테드 코넌트에게 영상의 전문가인 이형표는 매우 중요한 존재였다. 특히 〈한국의 예술가〉에서는 미술가로도 활동했던 이형표의 모습과 작품이 비중 있게 담겨 있다. 이형표의 증언에 의하면 그의 이름이 크레디트에서 빠진 것은 그가 한국전쟁 중 부역 이력이 있어 공식적으로 이름을 올리기 어려워서였다고 한다.

테드 코넌트가 이형표의 다큐멘터리의 동반자였다면, 극영화에서의 동반자는 신상옥이었다. 이형표는 1954년 신상옥의 세미 다큐멘터리 〈코리아〉의 후반작업 과정에서 신상옥을 만나게 된다. 신상옥은 당시 선배 영화인 김학성의 부인인 최은희와의 스캔들로 영화계에서 따돌림을 받는 처지여서, 민간 현상소에서 그의 영화 작업을 거부했다. 이형표는 "스캔들은 스캔들이고, 작품은 작품이다"라며 공보처 현상소에서 작업을 마치도록 도와주었다. 이러한 인연으로 이형표는 신상옥과 가까워졌고, 1959년 신상옥의 영화사에 본격적으로 합류함으로써 본격적으로 한국영화계에 몸담게 된다. 〈꿈〉의 제작 기간이 〈코리아〉의 후반작업 기간과 같은 1954년이었음을 감안할 때, 이 영화의 후반 작업에도 이형표의 도움이 있었을 것으로 짐작된다. 테드 코넌트가 신상옥의 영화작업 현장을 촬영한 것은 그러한 인연에서 비롯된 것이 아닌가 한다. 테드 코넌트는 1955년 〈위기의 아이들〉 촬영 당시에도 신상옥으로부터 다양한 자문을 받았다고 증언한다.

또 하나, 테드 코넌트가 한국예술, 한국의 전통적 종교에 대해 높은 관심을 가지고 있었다는 사실은 그가 이 영화의 현장을 촬영한 또 다른 배경이 된다. 그는 〈한국의 예술가〉, 〈한국의 전통 음악〉, 〈석굴암〉 등 한국의 풍경, 종교, 예술을 담은 다수의 영상을 만들었다. 그러한 그에게 신라시대 스님을 주인공으로 한 영화의 주제와 절이라는 로케이션 장소는 흥미를 끌었을 것이다. 이와 같은 관심은 이 영상에도 잘 드러나는데, 그는 영화의 촬영현장의 분위기보다는 촬영지인 절의 각종 불상과 함께 한 스님들의 면면에 관심을 보인다.

패션 디자이너 노라노의 증언에 따르면 그녀는 〈꿈〉을 통해 한국영화의 의상에 데뷔했다. 컬러로 촬영된 테드 코넌트의 영상을 통해 한국영상자료원에 소장된 흑백영화로는 알 수 없었던 이 영화의 의상의 화려함을 눈으로 볼 수 있다.

참고문헌

신상옥, 『난, 영화였다』, 랜덤하우스, 2007.
이순진, "한국영화걸작선, 위기의 아이들", 2013.
        http://www.kmdb.or.kr/column/masterpiece_list_view_new.asp?choice_seqno=106
이순진, 『2005년도 한국 근현대예술사 구술채록연구 시리즈 69, 이형표』, 기획 및 편집
        (재)유영국미술문화재단, 한국문화예술위원회 간, 2005.

최소원(인터뷰어), "테드 코넌트 인터뷰", 2009년 11월 26~27일.

패션 디자이너 1호 노라노 "젊음의 미덕은 도전", 『연합뉴스』, 2013년 10월 18일.

▌ 화면묘사

00:00 산에 둘러싸인 사찰의 전경

00:05 "大雄殿"이라고 적힌 현판이 붙은 건물의 외부 경관

00:07 사찰 내 다른 건물의 외부 전경을 보여줌

00:12 보수 중인 석가여래입상의 모습

00:21 돌로 된 조각상의 얼굴을 확대하여 보여줌

00:32 스님 분장을 한 배우 황남의 얼굴을 확대하여 보여줌

00:36 절 내에 모셔진 불상의 모습

00:39 스님이 목탁을 치고 있는 모습을 목탁 중심으로 확대하여 보여줌

00:50 풍경이 걸려 있는 처마 끝을 다양한 각도와 사이즈로 보여줌

00:57 탱화의 각 부분을 확대하여 보여줌

01:14 불상과 그 뒤에 그려진 탱화를 함께 보여줌

01:20 단풍이 든 나무를 위에서부터 아래로 천천히 내려오며 보여줌

01:32 신라 시대 여인의 복장을 한 배우 최은희가 문을 열고 들어오는 모습. 최은희가 불경을 읊고 있는 스님(황남)에게로 다가와 대화를 나눔. 이 장면이 두 번 반복됨

01:53 문 앞에 서서 스님(황남)을 쳐다보는 달례(최은희)의 모습. 같은 모습이 포즈와 각도를 달리하여 4번 반복됨

02:10 목탁을 두드리며 불경을 외우는 스님(황남)의 모습. 촬영 스태프가 마이크를 황남 가까이에 대주는 모습과 목탁을 클로즈업한 화면

02:16 황남의 얼굴 클로즈업

02:29 스님이 들고 있는 목탁을 확대하여 보여줌

02:39 스님 분장을 한 여러 명의 배우가 불공을 드리는 연기를 하고 있음

03:30 목탁을 확대하여 보여줌. 스님이 목탁을 치고 있는 장면이 다른 각도와 사이즈로 반복됨

03:47   스님 분장을 한 연기자들이 불공을 드리는 연기를 하고 있음

03:49   절 내에 모셔진 불상을 상반신 위주로 촬영한 화면. 이어 불상의 전신을 보여
        줌

04:04   신라 시대 여인의 복장을 한 연기자들이 스님 복장의 남자 연기자들 옆에서 절
        을 하고 있음

04:21   신라 시대 여인 복장을 한 최은희를 비롯한 여성 연기자들이 스님 분장을 한
        연기자들에게 절을 함

04:25   돌로 된 조각상의 얼굴을 확대하여 보여줌

▎ 내레이션

(내레이션 없음)

BIRTHDAY CEREMONY OF PRESIDENT RHEE

수 집 처	TED CONANT Collection
제작연월일	1955년
상영시간	09분 44초
형 식	실사
컬 러	컬러
사 운 드	무

영상요약

1955년 3월에 개최된 이승만 대통령 제80회 탄신 경축제를 담은 영상

연구해제

이 영상은 이승만 대통령의 80회 생일을 기념하는 각종 행사를 담고 있다. 이승만 대통령에 대한 우상화는 이전부터 꾸준히 진행되어 왔지만, 80세를 맞은 1955년은 그 기점이 되는 해였다.

일단 이 동영상의 내용인 80회 생일 당일 진행되었던 행사의 개요부터 살펴보자면 다음과 같다. 정부는 대통령 생일을 기념하기 위하여 "이대통령 80회 탄신경축중앙위원회"를 꾸렸고, 3월 21일에는 식순을 결정했다. 당시 언론에 보도된 바에 따르면 3월 26일 10시부터 서울운동장에서 진행된 식순은 다음과 같았다. 1. 개식. 2. 주악(공군악대) 3. 국기게양 4. 애국가봉창 5. 하례의 말씀(주한외교사절단장) 7. 합창(탄신의 노래, 80회 맞이 우리 대통령, 서울방송국 어린이노래대), 8. 인사의 말씀(이대통령), 9. 꽃다발 진전(행정부, 입법부, 사법부, 서울시민 애국단체연합회), 10. 현상작품 당선자에 대한 상장 및 상품 수여(8명), 11. 합창(우리 대통령 이대통령 찬가), 12. 마스게임(율동체조, 숙명여자중고등학교생, 배재고등학교생), 13. 만세삼창(대법원장 선창), 14. 주악(공군군악대), 15. 폐식 경축분열식(세종로 소방서 앞)

전 호를 통째로 "리 대통령 각하 제80회 탄신 경축" 특집호로 낸 대한뉴스 54호에 의하면 경축식 당일 아침부터 정부 각료, 민의원 의장, 대법원장, 대법관, 각종 해외 사절, 주한미군 고위 장성 등이 경무대 관저로 이승만 전대통령을 찾아 그의 생일을 축하했다. 그중에는 특별히 내한한 주한미군사령관이었던 밴 플리트도 포함되어 있었다.

서울운동장에서 개최된 경축식 행사는 언론에 보도된 식순과 같이 진행되었다. 특히 숙명여고와 배재고등학생들로 구성된 마스게임은 80과 만수무강이라는 문자를 만들어내며 이승만의 생일을 축하했고, 이승만의 생일을 축원하는 전국에서 응모한 1만여 편의 작품 중 8명에게 수상하기도 했다. 서울운동장 행사가 폐회된 이후 세종로에서 개최된 국군 퍼레이드에서는 육해공군이 모두 참여하였다.

이승만의 80세 생일 축하의 분위기는 당일 행사에 국한되지 않았다. 80회 탄신 기념

우표가 발행되었고, '우리 대통령'이라는 제목의 박목월 작사의 탄신 80주년 기념 노래도 만들어졌다. 공보실에서는 현상문예를 공모하였는데 서울신문사는 그 축하글을 묶어 '헌수송'을 펴내기도 했으며, 1955년 6월에는 남한산성 서장대에서 이승만 대통령 송수탑(頌壽塔) 제막식이 성대히 열리기도 했다. 이 행사장에는 함태영 부통령 및 정부각료, 내빈들이 참석했으며 인천여고 학생들이 이승만 대통령의 만수무강을 비는 합창을 했다고 한다.

이승만 전대통령의 80회 생일을 전후한 이와 같은 사건들은 당시 한국사회(혹은 이승만 정권기 한국 정치체)가 여전히 전근대적이고 봉건적인 유제를 떨치지 못하고 있으며, 온전한 서구식 민주주의의 실질적 내용을 담보하고 있지 못하고 있음을 상징적으로 보여준다고 하겠다.

테드 코넌트가 촬영한 것으로 보이는 이 영상은 이승만 전대통령의 80회 생일 퍼레이드와 경축식 장면을 담고 있지만, 사운드가 없고 완결된 편집본이 아니라 별다른 정치적인 인상을 받을 수 없다. 이 영상과 〈대한뉴스 54호〉를 비교한다면, 같은 사건을 대상으로 한 영상물이라 하더라도 촬영자의 시각과 구성이 정치적인 효과를 어떻게 다르게 가져오는지를 느낄 수 있다.

▌ 참고문헌

「이대통령 80회 탄신일, 다채로운 경축식과 행사」, 『경향신문』, 1955년 3월 20일.
「이대통령 80회 탄신 경축, 26일 서울운동장서 거식」, 『경향신문』, 1955년 3월 23일.
〈대한뉴스 54호〉(1955)
정운현, 「이승만 우상화-중, '80회 탄신' 종합선물세트」, 『정운현의 역사에세이』 4,
　　　http://blog.ohmynews.com/jeongwh59/281052

▌ 화면묘사

00:02　군악대가 연주를 하며 시가행진을 하고 있는 모습들
00:17　국군 의장대가 시가행진을 하고 있음
00:21　국군 군악대가 연주를 하며 시가행진을 하고 있음

00:26   여군이 시가행진을 하고 있음

00:35   국군 의장대가 총을 들고 시가행진을 하는 모습

00:40   전차들이 시가행진을 하고 있음

01:02   전투기 조종사들이 군용 차량에 탑승해 시가행진을 하고 있음

01:06   서울 시민들이 시가행진을 구경하고 있음

01:13   군악대가 연주를 하며 시가행진을 하고 있음

01:19   의장대가 시가행진을 하고 있는 모습

01:27   국군들이 총을 들고 시가행진을 하고 있음

01:36   여군이 시가행진을 하고 있음

01:46   군악대가 연주를 하며 시가행진을 하고 있는 모습

01:55   군인들이 세종로에서 시가행진을 하고 있는 모습. 세종로 끝에는 중앙청 건물
         이 보임

02:00   시민들이 운집하여 시가행진을 구경하고 있음

02:06   장갑차가 시가행진을 하고 있는 모습

02:21   군용트럭의 모습

02:26   군악대가 도로변에서 연주를 하고 있고 도로에는 군용차량이 행진을 하고 있음

02:38   병사들이 군용수송차량에 탑승한 채 시가행진을 하고 있음

02:47   시가행진을 지켜보고 있는 세종로 사거리 비전 앞에 사람들이 몰려들어 시가행
         진을 구경하고 있는 모습

02:56   전투기 조종사들이 군용차량에 탑승하여 시가행진을 하고 있음

03:08   전차가 시가행진을 벌이고 있는 모습들

03:35   전통의상 인형의 모습이 비춰짐

03:43   이승만 대통령 제80회 탄신 경축식이 벌어지고 있는 서울운동장 단상의 모습.
         단상에는 이승만이 서 있음

03:45   여학생들이 한복을 입고 머리에 족두리를 두른 채 서 있음

03:56   한복을 입은 여학생들이 단상에 올라 이승만 대통령에게 꽃을 전달함. 단상에
         는 "리대통령각하 제80회탄신 경축식장"이라고 적혀 있음

04:04   축하 인사가 단상 위에서 축사를 하고 있음

04:10   운동복을 입은 여자 어린이들이 무용을 하고 있는 모습들

04:42	한복을 입은 여학생들이 전통무용 공연을 하고 있는 모습들
05:05	여학생 기수가 깃발을 들고 있고 그 뒤로는 한복을 입은 여학생들이 전통무용 공연을 하고 있음
05:12	한복을 입은 여학생들이 전통무용 공연을 하고 있는 모습들
05:40	운동복을 입은 여자 어린이들이 줄 맞춰 퇴장하고 있음
05:46	한복을 입은 여학생들이 줄 맞춰 퇴장하고 있음
05:52	한복에 족두리를 두른 여학생들의 얼굴이 클로즈업 됨
05:56	한복을 입은 여학생들 앞으로 흰 옷을 입은 남학생들이 메스게임을 하고 있음
06:01	남학생들이 탑 쌓기 메스게임을 하고 있음
06:11	메스게임을 지켜보고 있는 한복 입은 여학생들의 모습
06:18	군악대가 단상 앞에서 연주를 하며 행진하고 있음
06:24	군 지휘관이 군용 차량에 탑승하여 경례를 하며 단상 앞을 지나감
06:28	의장대가 시가행진을 하는 모습
06:32	영상공백
06:36	의장대가 시가행진을 하는 모습
06:41	병사들이 총을 들고 세종로에서 시가행진을 하고 있음. 앞에는 중앙청 건물이 보임
06:44	병사들이 세종로에서 시가행진을 하는 모습
06:49	장갑차들이 시가행진을 하고 있는 모습들
07:08	군악대가 도로변에서 연주를 하고 있고 도로에는 군용차량이 행진을 하고 있음
07:19	병사들이 병력수송차량에 탑승하여 시가행진을 하고 있음
07:29	시가행진을 지켜보고 있는 세종로 사거리 비전 앞에 사람들이 몰려들어 시가행진을 구경하고 있는 모습
07:38	전차가 시가행진을 하고 있는 모습
07:42	단상에서 이승만 대통령이 연설하고 있음
07:43	한복 입은 여학생들이 이승만에게 꽃다발을 전달하고 있음. 단상에는 "리대통령각하 제80회탄신 경축식"이라고 적혀 있음
07:51	축하 인사가 단상 위에서 축사를 하고 있음
07:57	군 지휘관이 군용 차량에 탑승하여 경례를 하며 단상 앞을 지나감

08:01 서울 시가지의 모습. 거리에 사람들이 나와 통행하고 있음

08:02 서울시민들이 길거리로 나와 시가행진을 구경하고 있는 모습들

08:20 전차가 시가행진을 하고 있는 모습들

08:52 시민들이 시가에 나와 있다가 행진차량이 오자 도로변으로 물러남

09:02 시가행진을 구경하기 위해 나와 있는 서울시민들의 모습들

09:15 전투기 조종사들이 군용차량에 탑승한 채 시가행진을 하고 있음

09:22 이승만 대통령 제80회 탄신일 경축식 포스터가 비춰짐. 포스터에는 이승만의 그림이 있고 "만수무강", "리대통령각하제八十(팔십)회탄신"이라고 적혀 있음

09:26 다리의 모습

09:29 호숫가의 모습

09:30 바닥에 떨어져 있는 단풍의 모습

09:34 시골마을의 모습. 사람들이 모여 있음

▌ 내레이션

(내레이션 없음)

Korean Fundamental Education Center

제 명	Korean Fundamental Education Center
수 집 처	Ted Conant Collection
상 영 시 간	09분 20초
제 작	공보실
형 식	실사, 애니메이션 혼합
컬 러	흑백
사 운 드	무

▌영상요약

신생활교육원에서의 생활을 소개하는 영상. 강의 내용 및 방식, 과외활동, 급식장면, 영상교육 장면들을 소개하고, 일러스트레이션으로 묘사하여 보여주는 영상.

▌연구해제

이 영상은 1956년 수원 서울농과대학 캠퍼스에 설치되었던 신생활교육원(Korean Fundamental Education Centre)의 교육장면을 담고 있는 것으로 아마도 테드 코넌트에 의해 1957년에서 58년 사이 촬영된 것으로 보인다.

신생활 교육원은 유네스코-운크라 교육사절단의 한국교육개발을 위한 조사보고서를 근거로 유네스코가 30만 달러를 지원하여 설립되었고, 1958년 3월 1기 졸업생 19명을 배출했다. 이 교육원은 운크라 사업이 끝난 후인 1959년 한국정부(문교부)로 이관됐다가 농림부 소속 농촌지도자 훈련원으로 개칭되었고, 그 후 농촌진흥청 산하 기관으로 흡수되어 농업공무원 교육원으로 운영되다가, 1999년 1월 농업연수부로 바뀌어 오늘에 이르고 있다.

신생활교육원은 농촌과 지역사회 개발의 지도사를 양성하기 위한 기관이었다. 당시 학생 모집 공고에 따르면 기관의 취지에 대해, "본 교육원은 웅크라의 원조에 의하여 설립된 것이며 유네스코에서 파견한 외국인교수와 한국인교수의 지도로서 한국 농촌·사회에 필요한 농촌지도자 양성을 목적으로 함"이라 밝히고 있다. 1957년 12월 공고 상의 모집 인원은 남녀 36명, 교육기간은 2년이고 응모 자격은 고등학교 졸업자 이상의 학력을 요구했다. 공고 상 교육과목은 국어, 사회생활, 논문, 영어, 구술 등이었으나, 당시 교육의 주된 내용은 '보건 및 위생학', '농업', '가축사육' 등에서 가정경제에 이르기까지 농촌부락 발전과 그에 따른 철저한 기초교육에 집중되었다고 한다. 약간의 납입금 외에 식당, 기숙사 등 일체의 시설은 무료로 제공되었다. 졸업자에게는 특수교사 자격 인정 예정, 지역사회발전을 도모하는 국가 기관 내지 외국인 기관, 지방행정, 교육기관에 취업을 주선하는 등의 혜택이 부여되었다.

당시 신생활교육원의 인기는 상당히 높았다고 한다. "대학 졸업장에 준하는 자격증을 준다고 한데다가 유네스코의 풍부한 지원을 받을 수 있고, 유학은 못 가는 대신 영어는 늘겠다는 기대를 품을 수 있었다는 점에서 당시 서울 농대를 지원하고자 했던 이들이 꿈을 바꿔 지원할 정도"였으며 첫해 입시 지원경쟁율이 13:1이었다고 한다.

테드 코넌트 자신의 증언에 의하면 "신생활교육원"이 설립되는 시점에 그는 운크라를 떠나 유네스코와 일하다 신생활교육원에 시청각 교육 담당 교수로 배속되었다고 한다. 이후 그는 수원에 거주하며 예비 농촌 지도사들을 대상으로 시청각 교육 교재 개발을 강의하는 한편, 한국의 농촌생활과 관련된 영상물을 만들었다. 참고로 1957년 테드 코넌트가 신생활 교육원으로 부임하던 당시 통역으로는 이후 국립영화제작소의 해외 사업을 담당했던 박익순이 함께 했는데, 그는 테드 코넌트가 1958년 한국 영화인들을 대상으로 교육 프로그램을 지원하기 위해 내한한 시라큐스대학 고문단의 일원으로 참여하게 되자 그의 통역자를 맡았다.

█ 참고문헌

「신생활교육원 학생모집 공고」, 『동아일보』, 1957년 12월 17일.

유네스코한국위원회, 『대한민국 발전의 초석에서 지구촌 나눔의 주역으로 : 유네스코한국위원회 60년사 1954~2014』, 2014.

이순진, 박익순, 「박익순 편」, 『2011년도 원로영화인구술채록자료집 〈주제사〉』, 한국영상자료원, 2011.

최소원, 「테드 코넌트 인터뷰」, 2009년 11월 26~27일.

한봉석, 「1950년대 말 농촌지도의 한 사례 : 지역사회개발사업 현지 지도원의 활동을 중심으로」, 『역사문제연구』 19, 2008.

화면묘사

00:19   자막 "신생활 교육원"

00:25   초가집이 보이는 농촌 풍경. 논길을 걸어가는 사람들. 집 앞에 매어진 소의 모습

00:33   자전거를 타고 마을로 들어서는 사람들. 양장을 입은 모습

00:42   전통방식으로 농사일을 하고 있는 마을 사람들의 모습. 수확한 곡식을 털고 있는 아낙네들의 모습. 전통기계를 이용해 곡식을 말리는 남성의 모습. 초가집 마당에 곡식을 널어놓고 말리기 위해 준비를 하는 아낙네들. 한복을 입은 사람들의 모습

01:33   마을 사람들을 직접 만나 질의를 하는 남성들. 한복을 입은 마을 사람들과 서양식 옷을 입은 남성들. 마을 사람들의 대답을 수첩에 적는 모습

01:53   초가집 흙벽에 포스터를 붙이는 남성과 그 뒤를 따르는 동네 아이들의 모습

02:05   포스터를 붙이는 남성의 모습. "모기를 없애자"라는 표어가 쓰인 포스터. 피를 빠는 모기와 해골바가지가 그려진 포스터를 붙이는 남성. 그물에 덮인 거미가 그려진 포스터와 나란히 붙어있는 모습

02:15   잔디밭에 둘러 앉아 이야기를 나누는 젊은 남녀의 모습. 노트에 필기를 하며 웃음을 띄고 있는 모습

02:31   신생활 교육원의 입구 모습. "Korea Fundamental Education Center"라는 영어 간판. 영어간판 아래에 "신생활교육원"이라고 쓰인 간판이 달린 입구 기둥의 모습. 자전거를 타고 입구를 통과해 들어가는 젊은 남녀의 모습

02:39   슬레이트 간판에 서양식으로 지어진 건물의 모습

02:44   교실에 모여있는 사람들. 1인용 책상 위에 필기도구를 올려놓고 앉아있는 사람들. 선글라스를 쓰고 교실 앞에 서서 책을 들고 발표를 하는 남성의 모습

02:48   교탁 앞에 앉아 강의를 하는 외국인 남성의 모습. 그 옆에 통역으로 보이는 남성이 함께 앉아있는 모습. 교탁 위에 종이들이 어지러이 놓여있는 모습

02:53   교실 전경. 학생들로 가득 찬 교실

02:57   책상에 앉아 종이에 뭔가를 적고 있는 외국인 여성의 모습. 그 옆에 앉아 발표를 듣는 한국인 여성의 모습

03:00   정장을 입은 젊은 남성이 발표를 하는 모습. 책상에 앉아 발표를 듣는 학생들

의 모습. 교탁 앞에 앉아 발표하는 남성을 보며 듣고 있는 외국인 남성의 모습. 책상 앞에 앉아 발표를 듣는 외국인 여성의 모습

03:18   교탁 앞에 앉은 남성이 통역관으로부터 설명을 듣는 모습

03:22   발표를 듣는 여학생의 모습 클로즈업

03:25   교탁 앞에 앉은 외국인 남성이 설명하는 모습

03:30   실험실의 풍경. 인체도를 세워놓고 강의를 하고 있는 외국인 여성의 모습. 외국인 여성의 옆에 한복을 입고 서 있는 한국인 여성의 모습. 학생들의 책상에 인체 모형 및 실험도구들이 올려져 있는 모습. 외국인 여성이 설명을 하면 한국인 여성이 통역을 하며 설명하는 모습

03:38   수업에 집중하며 듣고 있는 중년의 남성들

03:42   인체도를 지시하며 강의를 하는 외국인 여성의 모습

03:48   교복을 입은 여성과 정장을 입은 남성이 포스터를 찍어낼 틀을 조각하는 모습

04:07   완성된 포스터가 벽에 붙어있는 모습. "모기를 없애자"는 문구의 포스터와 그물에 잡힌 거미가 그려진 포스터

04:11   가축 우리를 만드는 사람들. 나무판자로 만들어진 집을 들여다보는 사람들. 안쪽을 보며 보수하는 모습. 한복을 입은 어린 여자아이도 함께 있는 모습

04:26   칠판에 수업자료를 붙이며 설명하는 남성의 모습

04:34   세워져 있는 필름이 돌아가는 모습. 그 앞에 앉아 강의를 듣고 있는 남성들

04:38   '파리의 부화과정'을 설명하는 자료가 붙어 있는 칠판. 그 주위로 파리가 사람의 삶에 어떻게 해를 끼치는지를 설명하는 자료를 붙이며 설명하는 남성의 모습. 수업을 듣는 학생들의 모습

05:01   한복을 입은 여성 인형을 들고 설명을 하는 남성의 모습

05:08   자리에 앉아 뭔가를 질문하는 남성의 모습

05:11   교탁 앞에 서서 설명을 하는 남성의 모습과 각자의 자리에서 설명에 따라 흙을 빚어 인형을 만드는 사람들의 모습

05:20   도서관에서 책을 읽고 있는 여성. 한 남성이 다가오자 책을 꺼내어 전달하고 내역을 기록하는 모습. 책을 받아 들고 가는 남성

05:37   도서관에서 신문이나 책을 보는 사람들의 모습

05:41   탁구를 하는 남성들. 강의를 했던 외국인 남성이 탁구를 하는 모습

05:48   담소를 나누며 게임을 하는 여성들

05:55   피아노를 치는 여성의 뒷모습

05:59   함께 식사를 하는 사람들의 모습. 식당 전경

06:09   산 뒤로 해가 넘어가는 풍경

06:14   손인형극의 모습. 막 사이로 인형이 올라와 막을 걷는 장면. 이를 지켜보는 사람들

06:33   손인형극이 전개되는 장면

06:55   영사기를 준비하는 남성들의 모습. 손으로 필름을 돌려 준비하는 모습 클로즈업

07:04   밤에 영사기 주변에 모여든 어린아이들의 모습

07:08   "폐결핵"이라는 자막이 뜨는 영화의 장면. 이어서 폐에 피가 맺힌 그림이 전환되는 모습

07:15   영화를 관람하는 사람들

07:17   기침을 하는 남성의 모습과 뒤로 걸어가는 여성의 모습이 담긴 장면. 기침을 하는 여성의 모습으로 전환되는 장면. 기침하는 인체의 그림과 폐의 그림으로 전환되는 장면

07:25   영화를 관람하는 사람들

07:28   "끝"이라고 쓰여진 장면

07:33   신생활교육원의 생활을 묘사한 일러스트레이션들의 소개. "Korean Fundamental Education Centor"라는 영어간판 아래에 "신생활 교육원"이라고 쓰인 간판이 세워져 있는 그림. 그 앞에 간판을 보고 있는 노인. 지팡이를 집고 갓을 쓰고 두루마기를 입은 그림. 간판 뒤에는 정장을 입은 사람들이 노인을 향해 손을 흔드는 그림

07:42   "OEC"라고 쓰인 지프차, "UNKRA"라는 번호판을 단 자동차 그림. 그 앞으로 걸어가는 외국인 남성들의 그림

07:48   건물 안에서 마중 나오는 외국인 남성과 악수를 하는 외국인 남성들. 악수를 하는 남성들 사이에서 웃으며 소개를 하는 한국인 남성의 그림

07:52   해골 모형이 다리를 꼬고 앉아있는 모습. 이를 가리키며 강의를 하는 외국인 여성의 모습과 그 옆에 서 있는 한국인 통역 여성. 대답을 하며 강의를 듣는 학생들의 그림

07:55 한국인 통역의 얼굴 일러스트레이션을 클로즈업하는 모습

07:58 외국인 강사의 얼굴 일러스트레이션을 클로즈업하는 모습

08:01 양 날개에 태극 무늬가 그려진 비행기에서 얼굴을 내밀고 손을 흔드는 비행사의 모습. 아래에 신생활교육원 건물이 있는 그림

08:04 꽃밭에 농약을 주는 남성의 모습. 옆구리에 노트를 끼고 이를 보고 있는 남성들의 모습. 그 가운데 웃고 있는 한국인 남성의 모습이 담긴 그림

08:08 신생활 교육원 담 너머로 이를 구경하는 아이들의 모습을 담은 그림

08:11 해충에 대해 연구하는 남성의 모습을 담은 그림

08:15 방송실에서 방송을 하는 남성의 뒷모습을 그린 그림

08:18 사무실에서 기록을 하고, 타이핑을 하는 사람들의 모습 그림

08:22 앞에서 두 손을 놓고 자전거를 타는 남성과 그 뒤에 두 손으로 핸들을 잡고 자전거를 타는 남성의 모습 그림

08:24 앞서 자전거를 타던 여성이 연못에 고꾸라지며, 뒤따르던 남성이 뒤를 보느라 이를 못보고 계속 따라가는 모습 일러스트레이션. 연못 안에서 원숭이가 보며 웃는 모습

08:27 한복을 입은 여성이 한 남성과 함께 초가집을 방문하는 모습 일러스트레이션. 한복을 입은 집주인 여성과 인사를 나누는 모습

08:31 개울에서 빨래를 하는 아낙네들. 한복을 입은 모습. 뒤에는 빨래를 한 물이 개천을 따라 흐르는 모습을 담은 그림

08:38 자전거에서 내린 남성이 촬영을 하는 장면. 머리 위에 새가 앉은 모습의 그림

08:40 손인형극이 전개되는 모습과 이를 구경하는 사람들로 가득 찬 모습이 담긴 그림. 축음기와 스피커에서 음악이 나오는 모습을 묘사한 그림

08:44 개가 짖자 무서워 떠는 어린아이의 모습을 담은 그림. 사나운 개의 얼굴과 겁에 질린 아이의 얼굴 일러스트레이션을 번갈아 클로즈업하는 장면

08:50 풍물놀이를 하는 일러스트레이션

08:53 공중 목욕탕에서 목욕을 하는 사람들의 그림

08:57 식당의 풍경. 급식을 하는 여성과 급식을 받아 가다 부주의 하게 앉아있는 사람들에 부딪히는 장면. 이를 보고 웃는 모습과 경쾌한 음악이 나오는 모습을 묘사한 그림

08:59   자동차를 정비하는 남성의 모습을 담은 그림

09:02   탁구를 하고, 피아노를 치고, 노래를 부르는 여성들의 그림

09:05   신생활교육원을 졸업한 사람들이 배웅을 받으며 떠나는 모습. 간판을 보고 있는 할아버지의 모습 그림

09:11   자막 "그림/김영우/ Drawing/By/YUNG WOO KHIM"

█ 내레이션

(내레이션 없음)

Welcome to Motion Pictures

수 집 처	Ted Conant Collection
제작연월일	1959년
상 영 시 간	09분 38초
제 공 언 어	한국어
제 작	공보실
형 식	실사
컬 러	흑백
사 운 드	유

▌ 영상요약

공보실 선전국 영화과에서 영화가 기획, 촬영, 현상, 인화, 녹음, 편집, 배포 등의 과정을 거쳐 완성되는 모습을 상세하게 소개해주는 영상임

▌ 연구해제

이 영상은 공보실 선전국 영화과가 당시 막 준공된 영화 스튜디오와 장비, 대한뉴스와 문화영화의 제작과정을 소개하기 위해 제작한 것이다. 당시 한국의 중앙정부 내 영화를 관장하던 과는 두 곳이었다. 하나는 문교부 문화국 내 예술과, 다른 하나는 공보실 선전국 내 영화과였다. 원래 영화에 대한 행정 사무는 공보처 영화과가 주관하였으나, 오랜 갈등 끝에 1955년 정부조직법 개정과 함께 일반적인 영화 행정사무는 문교부 예술과로 이관되었고, 공보처 영화과는 공보실 선전국 영화과로 개편되어 문화영화와 대한뉴스의 제작 기능을 맡아 유지되었다.

이 영상의 내레이션이 소개하는 대로 공보실 영화제작소는 1957년에서 1958년 사이 국제협조회(ICA)의 원조에 의한 대충자금 1억 5천7백만 환, 유엔한국재건단(UNKRA) 원조 3만 5천 불 등과 정부 예산 포함하여 47만 5천 달러가 투입되어 준공된 것이다. 1958년 12월 준공되었고, 이듬해 1월 15일에 개소식이 거행되었다. 당시 언론은 이 시설을 동양 최대의 스튜디오로 소개했다.

중앙청 내 위치했던 시설은 A, B, C 총 세 개의 동으로 구성되었다. A동은 건평 353평, 촬영실, 네가 및 천연색 인화실, 흑백인화실, 농도실, 현상조정실, 현상실, 조약실, 미술실, 영사 및 시사실 등으로 구성되었다. B동은 311평으로 녹음실, 음악실, 암실, 스튜디오, 영사실로, C동은 85평으로 시사실, 녹음실, 스튜디오, 촬영기계 창고 등으로 구성되었다. A동은 기재설비실, B와 C동은 스튜디오용이었던 셈이다. C동은 신축이 아니라 이전부터 사용되었던 공간이었다. 뿐만 아니라 35미리 미첼 카메라, NC카메라, 아리플렉스 카메라, 아이모 카메라, 각종 렌즈, 자동 현상기, 고속도 흑백 및 천연색용 35밀리 인화기 등 당시로서는 최첨단의 장비를 갖추었다.

이 시설 및 장비의 구축으로 한국 중앙정부의 뉴스 및 선전영화(혹은 문화영화) 제작 역량은 비약적으로 높아졌다. 영화과 소속 영화제작소(형식적으로는 대한영화사라는

사단법인의 형태를 띠었다)는 이 시설의 신설 이후 주 1회 대한뉴스, 월 2회 해외 소개 영문판 뉴스, 연간 약 15편의 특수기록영화, 월 2편의 TV영화, 특수 목적의 교육 및 계몽용 단편 기록영화 20편을 제작할 계획을 발표하였다.

그러나 이와 같은 문화영화 혹은 뉴스영화의 제작 기능이 강화되면서 영상이 정치적으로 악용될 가능성 역시 높아졌다. 1958년 국회의원 선거에서 1960년 대선으로 이어지는 과정에서 이승만 정권의 정치적 부패가 극에 달했던 1959년 4월 2일, 문교부, 내무부, 공보실, 극장협회의 관련자들이 모여 문화영화와 뉴스영화의 의무 상영을 어기는 극장에는 본영화의 상영권을 박탈하겠다는 의사를 밝혔고, 같은 날 문교부는 자유당의 요청에 의한 것이라며 농어촌 및 산민들에게는 "영화 녹음, 강연회 및 우리나라 산업 발전상 등을 촬영한 영화를 가지고 세 반으로 나누어서 전국 방방곡곡을 순회"하는 문화정책을 실시할 것이라고 발표하였다. 또한 4월 13일에는 공보실에서 "뉴스영화의 날"을 정하고 공보실에서 제작한 대한뉴스 특보, 뉴스 및 문화영화를 월 2회 시공관에서 일반에게 공개 상영키로 발표하였다. 실제 공보실에서 제작한 대한뉴스와 문화영화는 이승만과 이기붕, 자유당을 선전하는 노골적인 선전 매체로 전락하였고, 이는 4월 혁명 이후 중요한 문제로 부각되기도 하였다.

예컨대 1960년 4월혁명 이후 안경호는 3·15 부정선거와 공보실 문화영화, 대한뉴스의 관계에 대해 다음과 같이 쓰고 있다. "지난 3·15 선거를 앞두고 주야 2부제로 전 기능을 발휘해서 뉴스·프린트를 매주 6~70본씩 완성한 것을 비롯하여 만송(晚松)영화가 무려 백 본, 청년 이승만은 도합 40권 물의 프린트를 70여 본, 기타 극영화 제작 등 한국영화제작 역사상 기록적인 성과를 올"렸고, "다량으로 생산된 대한뉴스는 경무대와 서대문 경무대의 소식 그리고 자유당과 부정선거 선전에 관한 것만을 편집한 것이 태반이었으며 문화영화는 ▲경무대의 하루 ▲우리 대통령 ▲만수무강 ▲이 대통령 신년사 ▲이 대통령 출마 요청 등등 매거(枚擧)키 어려울 정도로 이 대통령물이 전부를 차지하여 국가나 국민의 문화를 위한 공보 사업이 아니라 대통령의 전속 기념기록영화과로 전락되고 말아 일반 관객의 권태의 증오만을 초래했다."

군사정권 등장 이후 1961년 국립영화제작소 설치법이 통과되면서 이 시설 및 장비는 국립영화제작소의 토대가 되었다. 그러나 군사정권 이후에도 보다 세련된 방식이었을 망정, 국립영화제작소의 기본적인 정권 선전기능은 사라지지 않고 유지되었다.

참고문헌

「공보실 영화 스타디오 낙성, 동시녹음 장치 완비코 내일 준공식」, 『한국일보』, 1958년 7월 22일.

「낙서」, 『한국일보』, 1958년 7월 27일.

「새 촬영소 낙성식, 동양제일의 시설·투자로 건립」, 『동아일보』, 1959년 1월 16일.

「천연색 시네스코도 가능, 현대식 시설완비, 밋첼 등 카메라 15대, 공보실 촬영소」, 『경향신문』, 1959년 1월 18일.

「뉴스영화는 어떻게 만들어지나? 공보실 영화제작소 루포」, 『동아일보』, 1959년 1월 21일.

「뉴스·문화영화 반드시 상영, 관계자 간에 합의」, 『동아일보』, 1959년 4월 3일.

「기록영화, 강연회의 순회 등, 산마을 갯마을에 문화를」, 『조선일보』, 1959년 4월 3일.

「뉴즈영화의 날 결정」, 『조선일보』, 1959년 4월 13일.

안경호, 「뉴스영화 카메라의 눈을 어디로 가져갈 것인가, 공보실 뉴스영화 제작의 혁신을 위한 제언」, 『경향신문』, 1960년 5월 31일.

조준형, 「문화영화의 제도화 과정」, 『영화연구』 59, 2014.

화면묘사

00:03 자막 "공보실 선전국 영화과"

00:11 영화제작시설의 모습들이 비춰지고 한 사람이 들어가는 모습

00:43 영화제작시설이 건설되는 모습. 멀리에는 청와대, 경복궁, 중앙청 건물이 보여짐

01:10 밀폐된 공간에서 촬영이 진행되는 모습

01:18 동시녹음촬영기, 영화제작기계, 자동현상기, 고속도인화기들의 모습이 비춰지고 있음

02:13 방에서 각급 간부, 기획 담당자와 관계자들이 제작방침을 수립하고 있는 모습

02:39 종이에 글씨를 적고 컷을 스케치하고 있음

02:46 수집한 참고자료를 열람하고 있음

02:55 사람들이 방에 모여 타자기를 이용해 대본들을 작성하고 있음

03:07 영화제작 일정을 화이트보드에 기입하고, 칠판에 촬영장면과 장소를 적고 있

음. 칠판에는 "대한늬우스제171호 수록예정자료일람 대한늬우스촬영예정표"라고 적혀 있고 하단에는 각 칸에 일정과 건명, 장소들이 적혀 있음

03:13 한 남성이 캐비닛에서 카메라와 필름을 꺼냄

03:22 영화제작시설에서 지프차에 탑승하여 어딘가로 이동함. 차량 본네트에는 "OPI"라 적혀 있고, 좌측에는 "공보실촬영반 O.P.I,"라고 적혀있음

03:36 교차로 중앙에서 촬영기사 두 명이 도로를 촬영하고 있음. 한 촬영기사가 카메라를 들고 촬영을 함

03:42 스톱워치를 이용해 시간을 재는 모습

03:44 한 촬영기사가 검은 통을 확인 함

03:46 한 촬영기사가 동상을 촬영하고 있음. 두 남성이 "한양문구사"라고 간판에 쓰여 있는 상가 앞에서 카메라를 설치하고 촬영함. 이어서 공원에서 학생들이 노는 모습을 촬영하고 있음. 검은 배경의 공터에서 카메라로 촬영하는 모습

04:02 영화제작시설의 모습

04:06 촬영이 끝난 원판 필름이 사무실로 옮겨졌다가 다시 현상실로 옮겨짐

04:33 한 현상기사가 현상실에서 촬영기사가 촬영해온 필름을 자동현상기로 현상하는 모습

05:28 현상기사가 현상된 음화를 다른 한 여성 인화기사에게 건네줌. 그 인화기사가 인화기를 이용하여 음화를 양화로 인화하고 있음

05:46 한 영사기사가 편집실에서 영사기를 이용하여 시사하는 장면

06:00 편집실에서 편집기사들이 편집기계를 이용하여 필름을 편집하고 있음

06:35 한 음성기사가 음악실에서 LP판을 재생하고 있음

06:46 다른 한 음성기사가 책상에 앉아 종이에 적어가면서 음향효과를 선택하고 있음

06:51 기획실에서 사람들이 해설원고를 집필하고 있음

06:56 미술실에서 자막을 그리고 있는 모습. 그림판에는 "제196보"라고 적힘. 한 남성이 "대한늬우스"라고 적힌 검은색 판을 촬영함

07:04 한 남성이 영사기를 조작하고 있으며, 다른 한 남성이 헤드셋을 끼고 음악실에서 음향을 녹음하고 있음. 영사기에서는 투우 경기의 모습이 영사되고 있음. 한 남성이 녹음실에서 해설을 녹음하고 있음

08:04 녹음 재생기와 광학녹음기를 이용해 마그네틱 테이프에 녹음하는 모습

08:19 녹음이 끝난 테이프를 현상실에서 현상하고 있음

08:26 한 여성 인화기사가 인화기를 이용하여 완성된 프린트를 만들고 있음

08:33 완성된 프린트가 재생되고 있음. 자막 "대한늬우스". 자막 "KOREA IN REVIEN". 자막 "경축 광복 제13주년 및 정부수립10주년기념". 자막 "THE STORY OF KOREA". 책자의 표지가 상영됨. 책자의 표지 상단에는 "UNITED STATES-KOREA COOPERATION"이라고 적혀 있고 양 측면에는 "1958" "4291"이라 적혀 있고, 하단에는 "한미협조"라고 적혀 있음. 자막 "KOREA PATTERN FOR PROGRESS". 자막 "정부수립10주년 제39호 전국체육대회". 자막 "대한행진곡"

08:56 두 공보실 직원이 완성된 테이프를 포장하고 겉면에 글씨를 쓰고 있음

09:02 두 공보실 직원이 포장된 테이프를 차량에 싣고 있음

09:16 기차가 지나감

09:21 비행기가 이륙함

09:25 선박이 항해함

09:31 자막 "끝 공보실 제작"

내레이션

00:36 총 건평 356평에 마련된 이 현대식 영화제작시설은 4290년 3월 13일 한미 양국 경제조정관에 의하여 합의본 보도기술 계량사업의 일부로서 이루어진 것입니다. 총 공사비 1억 5천여만 환으로 4290년 12월 17일 착공되어 1년 만인 4291년 12월 21일에 완성을 보게 된 것입니다. 그리고 이 새 라브라토리 내에 시설된 기계면에서 ICA 원조를 살펴보면은 4289년도에 9만 1천여 불로서 ***시 미첼 동시녹음 촬영기를 비롯해서 많은 영화제작기계 및 부속품을 도입하고 또한 그 계속 사업으로서 4290년도에 13만 3천 불과 9만 5천 불 해당의 정부예산으로써 자동현상기 및 고속도 인화기 등을 도입했고 이어서 시네마스코프 렌즈와 줌 렌즈 등을 도입해서 우리나라에서 처음으로 35미리 총천연색 시네마스코프영화도 제작했던 것입니다. 그 밖에도 정부 예산과 기타의 원조 불하로 수차에 걸쳐 많은 기계를 도입해서 그 총액은 실로 47만 5천 불에 달했습니다

02:16 그러면 이와 같은 시설과 기계를 가지고 있는 영화과에서는 어떠한 과정을 밟

아서 이 영화를 제작하는가 살펴보겠습니다. 영화제작은 첫째로 제작기획을 정확하고도 치밀하게 세워야 하기 때문에 각급 간부 기획 담당자와 관계자가 한 자리에 모여서 제작방침을 수립하고 있습니다. 이 방침에 의해서 참고자료의 수집과 조사를 하게 되며 때로는 멀리 촬영현장으로 답사를 나가서 촬영장소를 선택하면서 각본을 작성하고 영화적인 구성을 하게 됩니다

03:11 한편 촬영기사들은 항상 임기응변의 태세를 갖추어 정치, 문화, 사회, 외교, 군사 등 각 방면의 뉴스영화를 촬영하고 때로는 외국에까지 파견되어 신속 정확하게 수록하는 한편 기획실에서 작성한 각본에 의해서 우리나라의 대내외 보급을 위한 여러 가지 문화영화를 촬영하고 있습니다

03:42 이렇게 해서 촬영된 뉴스는 머지 않아 200호를 돌파하게 됐으며 세트 촬영으로서 음악, 영화와 이루 헤아릴 수 없이 많은 기록문화영화들을 신속히 촬영하여 일반국민의 생생하게 움직이는 모습을 널리 소개했던 것입니다

04:05 촬영이 끝난 원판 필름은 현상실로 넘어갑니다

04:41 이 현상실에서는 촬영기사가 촬영해온 필름을 새로 도입된 최신식 자동현상기 세 대에 의해서 자동적으로 현상하게 됩니다. 그런데 이 현상기 세 대는 하루에 15만 피트의 현상을 할 수 있는 것입니다. 특히 현상약품의 처방, 조제, 기계의 조작에는 항상 치밀한 계산과 능숙한 기술을 필요로 하고 있습니다

05:30 이렇게 현상된 음화는 다시 양화로 인화되고 인화된 필름은 또 한번 현상하게 돼서 다음에는 편집단계로 넘어가게 됩니다

05:46 현상작업이 끝난 양화의 작업프린트가 현상실에서 편집실로 넘어오면 우선 시사를 하게 되며 이 시사에서 수록여부를 결정하여 편집하게 됩니다. 편집실에서는 화면의 움직임을 관찰하기 위한 무비오라를 비롯해서 여러 가지 정밀한 편집기계를 사용해서 필름을 영화적인 구성과 템포에 다라서 혹은 잘라내고 혹은 붙이어 편집하게 됩니다

06:23 한편, 영화의 모체가 되는 원판 필름은 항상 정하게 취급되어야 하며 작업프린트로 편집된 척수에 똑같이 맞추어 잘라 입게 됩니다

06:38 한편, 편집이 끝난 작업프린트는 음악실로 넘어가게 됩니다. 여기서는 화면에 따라서 음악과 음향효과를 선택하고 동시에 기획실에서는 해설원고를 집필하게 됩니다. 미술실에서 자막과 배경이 그려지면 자막촬영이 됩니다

07:07   원고가 완성되고 음악 및 음향선택이 끝나면 녹음이 시작됩니다. 필름의 척수와 화면의 움직임에 따라서 먼저 음악을 녹음하게 됩니다. 이 음악 녹음이 끝나면은 그 녹음된 음악과 더불어 음향효과와 해설자의 내레이션을 종합적으로 녹음하게 됩니다

07:54   해설자의 해설이나 음악, 음악효과가 그 필름의 시작부터 끝까지 조금이라도 틀린 것이 없도록 세심한 주의를 해서 수차에 거쳐 연습을 한 다음에 마그네틱 테이프에 녹음을 합니다. 테이프에 녹음이 끝나면 이것을 다시 녹음 재생기와 광학녹음기를 통해서 필름에 종국적인 녹음을 해서 현상실에 넘겨서 현상을 합니다. 이와 같이 해서 나온 소리 원판을 그림원판과 똑같이 맞추어 인화해서 완성된 프린트를 만들게 됩니다. 복잡한 과정을 거쳐 제작되는 공보실 영화에는 대한뉴스를 비롯해서 영문판 코리아인리뷰, 대한뉴스특보, 테레비죤 영화, 가요보급영화, 문화영화, 교육영화 등을 수시로 제작해서 국내외에 보급함으로써 관중에게 가장 효과적으로 지식을 전달 할 수 있는 시청각에 의한 매스컴의 총화로서의 영화가 지닌 바 그 사명을 다할 것입니다. 이리해서 우리 공보실 영화과는 이제 그 현대적인 시설을 완비한 동양에서 으뜸가는 영화제작소로서 앞으로 우리나라 영화계의 발전에 커다란 빛을 던져줄 것입니다

Ⅲ

유럽수집영상

유럽지역 수집영상 해제 소개

　유럽은 영화의 발상지이자 아카이브 개념이 가장 먼저 등장한 지역이다. 유럽의 영상 아카이브들은 비유럽 지역 영상도 다량 소장하고 있는 바, 한국 관련 영상도 예외는 아니다. 영상들은 크게 두 가지로 나뉜다. 첫째, 20세기 초반에 촬영된 한국 관련 영상이다. 둘째, 유럽의 많은 국가들이 6·25전쟁에 참여하였기 때문에 국가별로 자체 촬영한 영상과 유엔군이 공동 취재한 영상들, 즉 상당수의 한국전쟁 관련 영상이 유럽의 주요 아카이브에 소장되어 있다. 역사영상융합연구팀이 유럽에서 수집한 영상은 총 428편으로, 주요 수집국가는 영국과 프랑스이다. 영국의 대표적인 사설아카이브인 브리티시 파테(Britishi Pathé) 352편, 영국제국전쟁박물관(IWM) 4편, 그리고 프랑스의 국방부 홍보처(ECPAD) 10편, 국립시청각연구원(INA) 44편, 고몽-파테(Gaumont-Pathé) 17편, 프랑스 국립영상원(CNC)에서 1편을 수집하였다.

　본 연구팀이 수집한 영상은 유럽 소재 주요 아카이브에 소장되어 있는 한국 관련 영상의 일부에 불과하다. 조사를 통해 보다 훨씬 더 많은 영상이 있다는 사실을 확인하였으나, 높은 비용으로 인해 모든 영상을 수집할 수는 없었다. 그러나 한국에서 최초로 시도되는 근현대 역사 관련 영상수집이라는 취지를 이해한 각 아카이브 관계자들이 연구용 라이센스로 영상 취득을 허락해 주었기 때문에, 소기의 성과를 거둘 수 있었다.

　본 연구팀은 유럽 아카이브에서 수집한 영상 전체에 대한 1·2차 카탈로깅을 진행했고, 그중 〈펠레티에 두아지와 베쟁의 파리-도쿄 간 놀라운 탐험〉(1분, 1924년 제작, ECPAD에서 수집), 〈베를린에서 개최된 일본 콘서트〉(39초, 1942년 제작, INA에서 수집), 〈주앵 총사령관 방문〉(2분 54초, 1953년 제작, ECPAD 프랑스 국방부 홍보처), 〈에티오피아군 한국 파병〉(54초, 1951년 제작, British Pathé에서 수집), 〈단장의 능선〉(74분 40초, 1955년 제작, ECPAD에서 수집) 등 네 편의 영상을 해제 작업 대상으로 선정하였다.

해제를 위한 영상은 다음의 기준을 바탕으로 선정하였다. 첫째, 영상 자체의 완성도이다. 한국전쟁은 본격적으로 영상 촬영 장비가 발달하고 대량 보급된 시기에 발생한 전 세계적 사건이었기 때문에 구미(歐美)지역 아카이브에 소장되어 있는 한국 관련 영상은 대부분 한국전쟁과 연관된 것들이다. 하지만 이들 영상 중 대부분은 매우 짧고, 또 긴 영상이라 하더라도 편집되지 않은 다양한 형태의 푸티지(footage)로 이루어져 있다. 영상을 통한 역사 해제를 위해서는 영상의 제작 의도와 시각이 분명히 드러나는 영상이 보다 가치 있을 것이라는 판단에서 수집한 영상 중 영상 자체의 완성도가 높은 것을 일차적으로 선정하였다. 둘째, 미국이 제작한 영상과는 다른 관점을 보여주는, 즉 유럽의 시각이 두드러진 영상을 선정하였다. 이는 그 동안 국내에 공개되지 않았던 영상 위주의 선정이라는 세 번째 이유와 맥을 같이 한다. 그 동안 미국의 국립문서기록보관청(NARA)에 소장된 한국관련 영상들이 다양한 경로를 통해 국내에 소개되어 왔으며, 본 연구팀에서도 NARA 소장 영상들을 다수 수집하였다. 하지만 유럽 국가의 시각으로 제작되었거나 편집된 영상들은 아직 한국에 소개된 적이 없다. 이런 맥락에서 이들 영상은 그 자체로도 역사적인 가치를 가지고 있다.

이러한 선정 과정을 거친 영상 중 〈펠레티에 두아지와 베쟁의 파리－도쿄 간 놀라운 탐험〉은 식민지기 한국관련 영상 중 경복궁을 포함한 경성의 도시 일상을 보여주는 희귀한 영상이라 점에서 가치가 있다. 이보다 1년 늦게 촬영된 〈조용한 아침의 나라에서〉(1925)의 경우 상영시간은 1시간으로 비교가 불가능할 정도로 상세하게 당시 한국인의 모습을 담고 있는데 대부분 지방을 위주로 촬영되었다.

〈베를린에서 개최된 일본 콘서트〉의 경우 '애국가' 작곡가로 알려진 안익태 관련 영상으로, 하나의 영상이 근현대사에서 제기된 논란을 확실하게 종식시킨 대표적인 예이다. 오랫동안 제기되어 온 안익태의 친일 행적을 영상으로 확인할 수 있다는 점에서 영상역사적 가치를 찾을 수 있다. 프랑스군 총사령관이 전쟁 기간 중 직접 한국을 방문한 〈주앵 총사령관 방문〉과 이티오피아의 하일레 셀라시에 황제가 직접 파병식을 관장한 〈에티오피아군 한국 파병〉은 한국전쟁의 역사에서 간과하기 쉬운 프랑스와 에티오피아의 역할에 대한 좋은 증거 자료가 된다.

마지막으로 〈단장의 능선〉(원제: Crève cœur)은 1955년에 프랑스 국방부 주도로 제작된 기획다큐멘터리이다. 치열했던 전투로 인해 프랑스인뿐만 아니라 세계인의 뇌리에 각인된 '단장의 능선' 전투를 기억하기 위해 휴전 후 동일한 전투현장에서 당시에 쓰였던 무기를 그대로 사용하여 재현한 영화이다. 실제 전투를 촬영한 기록영화는 아니지만 재연을 통한 구성은 전투를 촬영한 뉴스릴 필름에 비해 보다 분명하게 당시의 전투 상황을 보여주고 있고 또 폐허가 된 서울을 생생하게 증언하고 있다는 점에서 사료적인 가치가 있다. 그리고 전투뿐만 아니라 전쟁이 가지고 있는 다층적인 면을 보여줌으로써 6·25전쟁을 성찰하고 있다.

펠레티에 두아지와 베쟁의 파리 - 도쿄 간 놀라운 탐험

원제명	Le raid merveilleux Pelletier d'Oisy et Besin "Paris-Tokyo"
제작일	1924년
상영시간	01분

형 식	실사
컬 러	흑백
사 운 드	무
제공언어	프랑스어
제 작	Pelletier d'Oisy
제 작 국 가	프랑스
출 처	프랑스 국방부홍보처(ECPAD)

영상요약

공군 중위 조르주 펠레티에 두아지(Georges Pelletier d'Oisy)와 그의 정비사인 특무상사 베쟁(Lucien-Pierre-Alfred Besin)이 1924년 파리(1924년 4월 24일)에서 도쿄(1924년 6월 9일)까지 브레게(Bréguet) 전투기를 타고 비행한 기록과 방문한 도시들의 모습을 담은 영상. 수집한 영상은 해주, 대구라고 표기된 지역을 방문한 기록인데 실제 지역은 서울이 유력하며 앞의 지명은 오류로 보인다.

연구해제

  프랑스 공군 중위인 조르주 펠레티에 두아지는 기술담당인 뤼시앵 피에르 알프레드 베쟁 상사와 함께 브레게 19 모델 비행기를 조종하여 1924년 4월 24일 파리에서 출발한 뒤 20여 개의 도시를 거쳐 같은 해 6월 9일 일본 도쿄에 도착한다. 당시는 미국과 영국이 경쟁적으로 비행기록을 세우던 시기였으므로 프랑스도 이에 뒤지지 않겠다는 생각으로, 프랑스의 전쟁부 장관이 펠레티에 두아지의 비행을 승인하였다. 두 사람은 파리 외곽 빌라쿠블레(Villacoublay)에서 출발하여 총 120 시간의 비행 후 도쿄에 도착하여 당시의 주일대사였던 폴 클로델(Paul Claudel)의 환영을 받았다. 펠레티에 두아지와 베쟁은 도착한 지역들을 촬영하였고, 전체 영상은 55분 분량이다. 하지만 인도 북쪽, 인도차이나 지역, 중국의 상하이를 비롯한 다양한 도시들, 그리고 일본의 도시들도 촬영하였으므로, 이 중 조선 관련 영상은 1분 정도 분량이다.

영상에는 일본의 관문인 한국의 해주(Haï-djou로 표기)와 대구(Taykiu로 표기) 지역을 촬영한 영상이라는 자막이 있지만 해주의 영상은 당시 폐허에 가까운 경성에 위치한 경복궁이 분명해 보이고 대구라고 표기된 영상은 대구라기보다는 중국의 풍경으로 보인다. 근현대시기 한국을 촬영한 영상들은 당시 촬영자들이 자신들의 방식으로 지명을 표기하였기 때문에 현재의 지명으로 검색해서 아카이브에서 관련 영상을 찾아내기가 쉽지 않다. 펠레티에 두아지의 영상은 이러한 표기법의 문제와 함께 당시 서구인들이 조선과 중국을 정확하게 구분하지 못했던 정황도 보여주고 있다.

영상에서 보이는 경복궁은 고종이 1896년 러시아 공사관으로 파천한 이후 사용되지 않았기 때문에 관리되지 않은 모습이다. 1916년부터 신축을 시작한 조선총독부 건물이 1926년에 완공되었기 때문에 영상 속의 경복궁은 한창 공사가 진행 중인 시기에 촬영된 것으로 보인다. 일제강점기에 촬영된 경복궁은 당시 조선왕조의 모습과 겹쳐지며 당시의 시대상황을 상징적으로 요약하고 있다.

펠레티에 두아지의 영상 중 노면전차에 관한 영상도 있다. 조선의 전차는 1899년 미국인 헨리 콜브란(Henny Colbran)에 의해 설계되어 개통되었는데 영상에 보이는 전차는 1세대 전차로 추정된다. 처음 개통된 전차는 일반용 8대와 귀빈용 1대로 이루어져 있었다고 하는데, 영상 속의 전차는 일반용으로 보인다. 1세대 전철을 촬영한 영상이 많이 남아있지 않으므로, 이 영상은 당시의 모습을 유추하는 데 유용한 자료가 된다.

한국의 근현대시기 관련 영상은 한국을 방문한 서구인이나 일제강점기 일본인에 의해 촬영된 영상이 대부분이다. 일본인에 의해 촬영된 영상은 정치적으로 민감한 부분이 있어 공개를 꺼리고 있기 때문에, 현재 우리가 볼 수 있는 이 시기 영상의 대부분은 서구인들이 촬영한 영상이다. 대표적인 영상으로는 베네딕도 수도회의 노르베르트 베버(Norbert Weber) 총아빠스가 촬영한 것을 들 수 있다. 베버 신부는 1911년 조선을 방문하여 4개월을 머물고 나서 1915년 『고요한 아침의 나라에서(Im Lande der Morgenstille)』라는 책을 출간한다. 이후 1925년에 다시 조선을 방문하여 조선인의 생활 풍속과 건축물을 촬영한 뒤 1927년에 〈고요한 아침의 나라에서(Im Lande der Morgenstille)〉라는 다큐멘터리 영화를 제작하였다. 이 영상은 비교적 보존 상태가 좋아 당시의 시대상을 보여주는 좋은 사료가 된다. 펠레티에 두아지의 영상은 베버 신부의 영상보다 1년 앞서는 영상으로 한국에 관한 분량은 많지 않지만 오늘날 남아 있는 몇 안되는 한국관련 영상이기에 역사적인 가치가 있다고 하겠다.

▌ 참고문헌

규장각한국학연구원, 『세상 사람의 조선여행』, 글항아리, 2012.

최길성, 『영상이 말하는 식민지 조선』, 민속원, 2010.

노르베르트 베버, 〈고요한 아침의 나라에서(Im Lande der Morgenstille)〉, 베네딕도 미디
　　어, 2009.

▌ 화면묘사

00:00　베트남부터 중국과 한국이 포함된 지도. 비행 기착점이 표시되어 있음

00:03　자막 "일본의 관문. 조선의 해주"

00:07　경복궁의 모습

00:15　경복궁의 다른 모습. 갓 쓴 조선인과 평민 복장 그리고 일본식 군복을 입은 사
　　　람들이 계단을 내려오는 모습

00:26　자막 "조선인들의 모습들"

00:28　전차가 카메라 쪽으로 오다가 정차하고 전통 복장과 신식 복장을 한 사람들이
　　　전차에서 내림

00:46　베트남부터 중국과 한국이 포함된 지도. 해주에서 대구의 경로라는 설명

00:54　자막 "조선에서의 마지막 기착지 대구(Taykiu)"

00:57　중국인 복장의 사람들이 오가는 모습

▌ 내레이션

(내레이션 없음)

베를린에서 개최된 일본 콘서트

원제명	CONCERT JAPONAIS À BERLIN
최초방영	1942년 10월 2일
상영시간	00분 39초
형식	실사
컬러	흑백
사운드	유

제공언어	프랑스어
제작	Actualités françaises
제작국가	프랑스
출처	프랑스 국립시청각연구원(INA)

▍영상요약

베를린에서 일본인 오케스트라 단장인 안익태(Ekitai Ahn)가 자신이 작곡한 음악을 연주하는 교향악단을 직접 지휘함.

▍연구해제

이 영상은 1942년에 만주국 창립 10주년 기념으로 안익태가 베를린 필하모니 오케스트라와 만주국 환상곡을 지휘하는 모습을 담고 있다. 만주국 환상곡은 안익태가 작곡한 곡으로 1942년부터 1945년까지 만주국 국가로 사용되었다. 만주국 환상곡의 일부분은 대한민국의 애국가와 유사한 부분이 있어 논란이 되기도 하였다. 영상에서 안익태는 일본인으로 묘사되고 있고 제목도 '일본 콘서트'라고 명명되어 있다. 영상에서 주독일 일본대사인 오시마 히로시가 보이고 또 이 영상이 1942년 10월에 프랑스에서 텔레비전을 통해 방영되었다는 사실은 이 행사가 단지 독일과 일본 간의 중요한 행사였던 것이 아니라 유럽 차원에서도 중요한 행사였음을 입증한다.

독일 유학생이었던 송병욱이 2006년 독일 연방문서보관소에서 이 영상을 발견하면서, 일제강점기 안익태의 역할에 대하여 알려지지 않았던 사실이 입증되어 큰 반향을 불러일으켰다. 당시 이 영상은 저작권 문제로 단 1회 상영을 전제로 국내에 입수되었기 때문에 공개적으로 볼 수 없었다. 프랑스 국립시청각연구원에 보관되어 있는 이 영상은 저작권이 프랑스에 있기 때문에 현재는 고려대학교 한국사연구소에 연구용으로 입수되어 있어 연구소 내부에서 제한적으로 관람이 가능하며 향후 협의에 따라 공개용 라이센스 취득이 가능할 것이다.

만주국 창립 10주년 음악회 개최를 위해 중간에서 중요한 역할을 했던 일독회에서 안익태와 함께 고노에 백작의 연주를 제안했지만 안익태만 초청되어 연주를 한 사실에서 알 수 있듯이 학계에서도 안익태의 음악적 재능에 있어서는 별 이견을 제기하지 않는다. 다만 에키타이 안 이라는 이름으로 자신의 음악적 열정을 펼쳤고 만주국 환상곡을 통해 자신의 재능을 식민지배자를 위해 사용하였다는 사실을 시대적 상황 탓으로만 돌리기에는 아쉬운 부분이 있다. 애국가를 작곡할 때 만주국 환상곡을 차용한 부분에 대해서는 당시의 시대적 정황과 개인적 상황에 대한 세밀한 연구가 요구되는데 이 경우 자기작품에 대한 차용은 단순한 자기 복제를 넘어 민족의 정체성 문제와 직접적으로 연결되어 있기 때문에 더욱 중요한 문제라고 할 수 있다.

참고문헌

김경래, 『안익태의 영광과 슬픔. 코리아 판타지』, 현암사, 1966.
송병욱, 「안익태의 알려지지 않은 두 작품」, 『월간 객석』, 2006년 3월호.
송병욱, 『안익태의 민족 정체성－어느 음악가의 정당한 평가를 위하여』, 『월간 객석』, 2006년 4월호.
이경분, 『잃어버린 시간 1938~1944』, 휴머니스트, 2007.
전정임, 『안익태』, 시공사, 1998.

화면묘사

00:00	교향악단을 지휘하는 안익태를 풀 쇼트로 촬영한 장면
00:02	두 명의 콘트라베이스 연주자들을 클로즈업 쇼트로 촬영한 장면
00:05	지휘자 안익태를 클로즈업 쇼트로 촬영한 장면
00:08	일본대사 오시마 히로시와 다른 일본인을 클로즈업 쇼트로 촬영한 장면
00:16	청중과 오케스트라 각각을 풀 쇼트로 촬영한 장면
00:24	베일을 쓰고 있는 중년 여성의 얼굴을 클로즈업 쇼트로 촬영한 장면
00:26	젊은 여성의 옆얼굴을 클로즈업 쇼트로 촬영한 장면
00:29	청중과 오케스트라를 풀 쇼트로 촬영한 장면
00:36	청중을 풀 쇼트로 촬영한 장면

▌ 내레이션

A Berlin le chef d'orchestre japonais Ekitai Ahn dirige lui-même l'execution d'une de ses œuvres. Il révèle l'influence occidental sur la musique niponne d'aujourd'hui.

베를린에서 일본의 오케스트라 지휘자 에키타이 안이 자신의 작품들 중의 하나를 직접 지휘하고 있다. 이는 오늘날 일본 음악계에 대한 서구의 영향을 보여준다.

주앵 총사령관 방문

원 제 명	Visite du maréchal Juin en Corée
제 작 일	1953년
상 영 시 간	02분 54초
형 식	실사
컬 러	흑백

사운드	무
제공언어	프랑스어
제작	프랑스 국방부
제작국가	프랑스
출처	프랑스 국방부홍보처(ECPAD)

영상요약

나토(NATO, 북대서양조약기구)의 중부 유럽 지역 육군 연합 사령관이자 군사 총감독관인 알퐁스 주앵(Alphonse Juin) 총사령관이 극동지역 미군 최고사령관이자 한국에 파견된 유엔군 최고사령관인 클라크(Mark Wayne Clark) 장군과 함께 연합군 소속 프랑스 전투부대를 방문하는 영상

연구해제

이 영상은 유럽 연합군 총사령관이자 프랑스 군의 최고사령관 알퐁스 주앵 원수가 1953년 2월 22일 한국을 방문한 당시를 촬영한 것이다. 주앵 원수는 영상에서 볼 수 있듯이 한국전 당시 극동지역 미군 최고사령관이자 유엔군 총사령관인 클라크 장군의 영접을 받고 유엔군 진지를 시찰한다. 주앵 원수는 프랑스 최초로 생존 당시 군 최고의 영예인 원수 칭호를 받은 인물이고 1, 2차 세계대전에서 혁혁한 전과를 세운 인물이다. 영상에서 주앵 원수는 7성 장군모를 쓰고 있는데 이는 프랑스의 특징으로 전시 군 최고사령관에게 7성모를 수여하기 때문이다.

한국전쟁에서 프랑스군의 활약은 몇몇 전투로 제한되어 많이 알려지지 않았다. 우선 프랑스의 정치, 군사적인 환경은 한국전에 대규모 파병을 할 수 있는 여력이 없는 상황이었다. 한국전쟁 동안 연인원 3,400명 규모의 대대 파견은 그 부대가 최정예 병사들로 구성되어 있었다 하더라도, 한국전쟁에 대한 프랑스의 태도에 비하면 결코 많은 규모가 아니었다. 적은 수의 병력을 파병한 사실이 한국전쟁 연구에서 프랑스 관련 연구가 많지 않은 이유이다. 그러나 프랑스는 1946년부터 인도차이나 지역에서 전쟁을 수행하고

있었고 유럽에서는 소비에트 연방의 군대가 프랑스 서부 국경으로부터 멀지 않은 곳에 위치하고 있었기 때문에 자국 내의 병력을 이동시키기가 무척 어려운 상황이었다. 유엔 안전보장이사회의 상임이사국인 프랑스는 한국전쟁 발발 직후 적극적으로 북한의 침공에 반대하고 미국의 입장을 지지했다. 그러나 유엔으로부터 한국전 파병 요청을 받았음에도 불구하고 실제 파병까지는 상당한 시간이 경과했다. 인도차이나 전쟁에 투입되는 막대한 병력(최고 86,000명)과 비용으로 인해 당시 프랑스 내에서는 전쟁 수행에 대한 반대 의견도 많았다. 6·25가 발발한 1950년은 프랑스 제4공화국하에서 내각이 빈번하게 교체되었기 때문에 정치적으로도 불안정한 상황이었다. 또 공산당을 포함한 좌익 정치인들은 한국전 참전을 반대하고 있었다. 이렇게 복잡한 상황 속에서도 당시의 육군참모총장 앙리 블랑(Henri Blanc) 장군은 랄프 몽클라르(Ralph Monclar) 중장의 강력한 요청으로 예비역과 현역 지원병으로 편성된 독립부대를 창설하여 대대 규모의 병력을 파견했다. 파병을 요청한 몽클라르 중장은 대대를 지휘하기 위해 본인 스스로 중령 계급장을 달고 한국전쟁에 참여하였다. 대대 규모이기에 독자적인 부대 운영이 아니라 미 제2사단 23연대에 배속되어 미군과 연합 작전을 펼쳤다.

자국의 정치적 상황이 복잡하고, 인도차이나 전쟁을 동시에 수행하면서 한국전에 구축함 1척과 병력을 파견하였다는 사실은 프랑스가 한국에 가지고 있는 관심을 극명하게 보여주는 것이라 볼 수 있다. 또 프랑스군 총사령관이 자국이 다른 전투를 수행하고 있던 시기에 직접 한국을 방문하였다는 사실 역시 한국전쟁이 전 세계적으로 얼마나 중요한 사건인가를 보여줌과 동시에 당시 프랑스가 한국에 대해 가지고 있었던 군사적, 외교적 관심을 대변하고 있는 것이기도 하다. 마찬가지로 클라크 대장이 주앵 원수를 접대하는 모습에서 볼 수 있듯이 프랑스의 참전 규모에도 불구하고 미국은 프랑스군에 대해 각별한 예우를 차리면서 프랑스군의 한국전쟁 참전을 중요시 하고 있음을 알 수 있다.

한국전 이후 한국에서의 외교적 주도권을 미국이 장악하게 되면서 프랑스는 존재감을 드러내지 못하게 되었다. 아프리카 지역과 인도차이나 지역을 식민통치한 사실은 프랑스가 이 지역들에 대한 관심이 많았다는 사실을 입증하고 있다. 1787년 한국에 처음 도착한 프랑스의 선박 라페루즈호 이후 병인양요 등 수많은 충돌과 갈등 속에서 프랑스가 한국에 대해 끊임없는 관심을 가지고 있었다는 사실을 바탕으로 근대에서 현대에 이르는 양국의 관계에 대한 다양한 조명이 필요해 보인다.

참고문헌

국가보훈처, 『6·25전쟁 프랑스군 참전사』, 국가보훈처, 2004.

라종일, 『증언으로 본 한국전쟁』, 예진출판사, 1991.

세르주 브롱베르제, 정진국 역, 『한국전쟁통신-네 명의 종군기자가 본 6·25전쟁』, 눈
　　빛출판사, 1988.

역사문제연구소, 『한국전쟁에 대한 11가지 시선-한국, 동서독, 프랑스, 폴란드, 헝가리』,
　　역사비평사, 2010.

화면묘사

00:00	나토(NATO, 북대서양조약기구)의 중부 유럽 지역 육군 연합 사령관이자 군사 총감독관인 주앵 총사령관이 미군의 헬리콥터 벨(Bell)을 타고 도착하는 장면
00:05	주앵 총사령관이 헬기에서 내리는 모습
00:10	주앵 총사령관이 한국 전쟁 동안 미군 보병 사단에 통합된 유엔의 프랑스 전투 부대 사령관인 드 제르미니(De Germiny) 중령에 의해 환영받고 있음
00:14	미군 장교들을 동반한 극동의 미군 최고사령관이자 유엔군 최고사령관인 클라크 장군과 함께 걸어가는 모습
00:16	주앵 총사령관이 일행과 함께 방탄장비 부대들을 사열하고 있음.
00:29	주앵 총사령관과 함께 부대를 사열 중인 클라크 대장을 가까이서 촬영
00:33	미군 중장이 부대원의 총을 만지며 얘기를 나눔
00:38	주앵 총사령관과 클라크 대장이 무장한 병사들을 사열하고 있음
00:41	드 제르미니 중령이 병사들 앞에 선 주앵 총사령관에게 설명하는 모습
00:48	주앵 총 사령관이 사열하는 모습
00:51	주앵 총사령관이 사열하며 병사와 얘기를 나누는 모습을 병사들 뒤에서 촬영
00:58	주앵 총사령관을 클로즈업
01:00	주앵 총사령관의 모습을 가까이에서 촬영
01:03	미군 중장이 병사에게 얘기를 건네는 모습
01:07	병사들에게 얘기하는 클라크 대장을 클로즈업

01:09 주앵 총사령관이 병사들 및 수행하는 장교들과 대화하는 다양한 장면

01:17 사열을 위해 도열해 있는 병사들

01:20 지프차를 타고 이동하는 주앵 총사령관 일행

01:23 탄약통으로 내벽을 만든 유엔의 프랑스 전투부대 진지를 시찰하는 주앵 총사령관과 일행들의 다양한 모습

01:42 클라크 대장과 진지 밖을 둘러보는 주앵 총사령관

01:53 언덕 위 높은 곳에 위치한 진지로 올라가는 일행들

01:57 진지에서 아래로 내려오는 주앵 총사령관과 드 제르미니 중령

02:00 진지 앞에서 장교들과 대화를 나누고 있는 주앵 총사령관

02:06 장교식당을 방문한 후 밖으로 나오는 주앵 총사령관 일행의 다양한 모습

02:22 클라크 대장을 선두로 진지를 지나가는 일행

02:31 지프차에 올라타는 주앵 총사령관

02:33 다른 지프차에 올라타는 클라크 대장을 가까이서 보여주는 다양한 장면

02:42 출발하는 주앵 총사령관의 지프차

02:47 드 제르미니 중령이 용기를 상징하는 두 개의 불꽃이 그려진 깃대의 꼭대기에 걸려 있는 유엔의 프랑스 전투부대의 상징기를 총사령관에게 소개하는 모습

내레이션

(내레이션 없음)

에티오피아군 한국 파병

원 제 명	Abyssinians off to Korea
제 작 일	1951년 5월 24일
상 영 시 간	00분 54초
형 식	실사

컬 러	흑백
사 운 드	유
제 공 언 어	영어
제 작	Pathé News
제 작 국 가	영국
출 처	British Pathé

영상요약

에티오피아군의 한국 파병 소식을 알리는 영상이다. 하일레 셀라시에(Haile Selassie) 황제의 병력 사열과 콥트 교회 대주교가 집전한 종교 의식 등의 열병식 행사 장면들, 그리고 과거 에티오피아 민병대의 진군 장면과 회의장에서 연설하는 하일레 셀라시에 황제의 모습을 보여주고 있다.

연구해제

이 영상은 1951년 4월 12일 한국에 파병되기 앞서 황제 앞에서 열병식을 행하고 있는 에티오피아 파견부대의 모습이다. 1950년 한국전쟁 발발 이후 유엔 사무총장은 에티오피아에 파병을 요청했다. 1935년부터 이탈리아의 침공을 받았고 영국의 도움으로 1941년 5월에 이탈리아군의 점령을 종식시킨 에티오피아는 한국에 파병할 입장은 아니었다. 하지만 황제 셀라시에는 1950년 8월에 황제근위대 10개 대대 중 차출된 1200명 규모의 보병으로 1개 대대를 편성하고 훈련시킨 뒤 테쇼메 이르게투(Teshome Irgetu) 중령을 대대장으로 임명하고 1951년 4월에 한국전쟁에 파병했다. 이 대대는 황제로부터 '격파하다'는 의미를 가진 '강뉴(Kagnew)'라는 이름을 하사 받았다.

강뉴부대는 1951년 5월 6일 부산항에 도착해 미7사단에 배속된 후 중동부 전선에서 전투에 참가하였다. 이후 매년 부대를 교체하며 1956년 4월까지 한국에 주둔했던 강뉴부대는 연인원 6,037명이 한국전쟁에서 253회에 걸친 전투를 치렀고 그중 전사자 124명 부상자 536명이지만 포로는 단 한 명도 없을 정도로 뛰어난 성과를 올렸다. 특히 1951년

8월 적근산 전투를 시작으로 9월부터는 삼현지구 전투와 602고지 공방전, 단장의 능선 전투, 1952년 1월에는 펀치볼 고지(1,169고지) 전투, 10월에는 철원 삼각지 전투와 유곡리 전투, 그리고 1953년 5월 요크-엉클고지 전투에서 뛰어난 활약을 보여주었다.

　해당 영상은 1935년에 에티오피아가 이탈리아를 상대로 전투를 치르는 모습과 국제사회에 도움을 요청하기 위해 셀라시에 황제가 국제연합에서 국제사회의 도움을 요청하는 장면을 포함하고 있다. 당시 국제연합은 에티오피아의 요청을 외면하였고 이를 계기로 셀라시에 황제는 국제사회의 긴밀한 협력관계와 집단안보 체제에 많은 관심을 가지게 되었다. 이탈리아와 전쟁 이후 에티오피아의 상황이 좋지 않음에도 불구하고 1951년 4월 1진을 시작으로 한국전쟁이 끝난 후에도 평화유지군으로 5진을 파견함으로써, 에티오피아군은 1956년 3월까지 한국을 비롯한 국제사회에 크게 공헌했다. 영상에서 볼 수 있듯이 강뉴부대의 파병식에는 수많은 정부 고위인사와 종교지도자가 참석했는데 이는 당시 에티오피아 정부가 한국전쟁에 가지고 있었던 지대한 관심을 입증하는 것이다.

　에티오피아는 1963년에 한국과 정식으로 수교하게 되나 1974년 맹기스투(Mengistu Haile Mariam) 정권의 쿠데타로 공산주의 정부가 들어서면서 국교가 단절 되었다가 1992년 다시 관계를 회복하게 된다. 한국전에 참전한 강뉴부대원들은 귀국 후 영웅으로 대접받았으나 맹기스투 정권하에서는 탄압을 받기도 했다. 1968년 에티오피아 참전 기념비가 춘천시 근화동에 세워져 1968년 5월 19일 방한한 셀라시에 황제에 의해 제막되었다. 2007년 3월 춘천시에 에티오피아 한국전 참전기념관을 설립하여 에티오피아군의 참전과 공적을 기념하고 있다.

▌ 참고문헌

원태재, 『영원한 동반자, 한국과 에티오피아-에티오피아 6·25 참전사』, 국가보훈처, 2012.

키몬 스코르딜스, 송인엽 역, 『강뉴-에테오피아 전사들의 한국전쟁 참전기』, 오늘의 책, 2010.

00:00 자막 "ABYSSINIANS OFF TO KOREA"

00:04 제복을 입은 하일레 셀라시에 황제가 군 간부들을 대동하고 부동자세로 도열한 장병들을 사열함

00:09 부동자세로 도열한 에티오피아군 병사들

00:12 에티오피아 시민과 군 관계자들이 관람석에서 열병식을 관람함

00:14 예복을 입은 콥트 교회 대주교와 성직자들이 종교 의식을 거행하는 모습

00:19 에티오피아군 병사들이 도열하여 경례함

00:21 에티오피아 민병대원들이 무기를 들고 진군하는 장면들

00:26 하일레 셀라시에 황제가 회의장 단상에서 연설문을 낭독하는 모습

00:33 열병식장 단상에 선 하일레 셀라시에 황제가 분열 중인 에티오피아군 장병들을 향해 경례함

00:43 열병식에 참석한 유엔군 장교들

00:45 분열 중인 에티오피아군 장병들 위로 비행기 편대가 지나가는 장면들

■ 내레이션

In Addis Ababa, the emperor Haile Selassie reviews an Abyssinian battalion off to Korea to join the United Nations Army. The archbishop of the Coptic Church gives the troops special dispensation to eat American army rations.

Fifteen years ago there were no uniforms when the tribesmen fought Mussolini's legions with spears, whilst the emperor appealed in vain to the League of Nations for international action against aggression. Today, Ethiopia practices what their emperor then preached, and sends her men to fight aggression in another land. Past the officers who will escort them march these volunteers in the fight for freedom, and Ethiopia becomes the fourteenth United Nation fighting in Korea.

하일레 셀라시에 황제가 아디스 아바바에서 유엔군의 일원으로 참전하기 위해 한국으로 출발하는 아비시니아 지역 부대를 사열하고 있습니다. 콥트교 대주교는 군인들에

게 특식으로 미군의 레이션 식량을 지급하였습니다. 15년 전 이탈리아 무솔리니 군대와 싸울 당시 부족민들은 군복도 없이 창으로 전투를 치렀고, 황제가 자국에 대한 공격에 맞서 국제연합의 개입을 요청했을 때 이는 무산되었습니다. 오늘날 에티오피아는 황제가 소원했던 것을 실행하게 되었고 타국에 대한 공격에 맞서 싸우기 위해 자신의 군대를 파견하게 되었습니다. 자유를 위한 전투에 나선 이 자원병들이 그들을 호송해 줄 장교들 옆을 지나 행진하고 있으며, 에티오피아는 한국에서 전투를 치르는 열네 번째 국가가 되었습니다.

단장의 능선

원 제 명	Crève Coeur
제 작 일	1955년
상 영 시 간	74분 40초
형 식	실사
컬 러	흑백

사운드	유
제공언어	프랑스어
제작	프랑스 국방부
제작국가	프랑스
출처	프랑스 국방부홍보처(ECPAD)
크레딧 정보	감독 자크 뒤퐁(Jacques Dupont)
수상	1956년 미국 아카데미상 최우수 다큐멘터리상 부문 후보작 선정

영상요약

한국전에 참전했던 프랑스 전투부대에 바쳐진 이 영화는 프랑스 국방부의 후원을 받아 제작되었다. 이 영화는 1950~1951년 동안 한국에서 유엔의 프랑스 육군 사령관직을 수행했던 마그랭–베르네레(Magrin-Vernerey) (영상에서는 몽클라르(Monclar)라는 이름으로 등장) 장군에 대한 소개와 오마주를 내용으로 하는 내레이션으로 시작된다. 한 젊은 중위가 산악지역의 전초 사령관직을 수행하기 위해 한국에 도착한다. 도착하자마자 그는 앞으로 지휘하게 될 병사들의 적대감과 마주하고, 전쟁과 작전지에 익숙해진 병사들 앞에서 지휘관으로서 치러야 할 시련에 부딪히게 된다.

연구해제

이 영화는 기획다큐멘터리로 한국전이 끝난 뒤인 1955년 프랑스 국방부에 의해 제작되었다. 한국전 당시 치열한 전투로 유명한 단장의 능선 전투에 참가한 프랑스 대대의 활약상을 통해 당시 전쟁의 모습을 보여주려는 의도로 기획된 다큐멘터리이다. 한국전쟁에 파병된 젊은 소위 가르세를 통해 전장에서 볼 수 있는 전우애, 실제 전장의 분위기 등을 잘 보여주고 있다. 또한 당시 폐허가 된 서울과 근교의 모습을 생생하게 볼 수 있다. 영화에 고아들이 등장하는데, 특히 '파스티스'라는 이름의 고아 소년이 등장하여 프랑스 대대의 마스코트 역할을 한다. 영화는 전쟁으로 인해 고아가 된 어린아이들의 모습과 이들이 어떤 생활을 했는지에 대한 정보도 제공하고 있다. 후반 부 단장의 능선 전투 장면에서는 당시 전투에서 사용하였던 실제 무기를 사용하여 전투 장면을 재현하고 있어 실제 전투가 어떠하였는지를 실감나게 표현하고 있다.

프랑스는 유엔 회원국이자 상임이사국으로 1950년 6월 25일과 27일에 미국이 제출한 유엔결의안을 적극 지지하였다. 6월 25일의 결의안은 '북한에 의한 불법 남침을 조사하고 38도선 이북으로 북한군을 철퇴시키는 것'이었고 6월 27일 결의안은 대한민국에 군사원조가 필요하므로 유엔의 모든 회원국에 한국에 대한 원조와 지원을 요청하는 것이었다. 7월 7일의 세 번째 결의안은 프랑스와 영국이 공동으로 제출했는데 유엔군사령부의 창설과 편성 그리고 군사력의 즉각적인 사용을 미국에 건의하는 내용이었다. 이후 프랑스는 7월 22일 소형 구축함 라그랑디에르(La Grandière)호를 파견했다. 1950년 9월 18일 지상군 파견을 위한 '유엔군 산하 프랑스 지상군부대(Forces Terrestres française de l'ONU)를 창설했고 랄프 몽클라르 장군은 대대급 부대를 지휘하기 위해 장군이지만 자원하여 중령 계급장을 달았다. 그래서 프랑스 파병 지상군 공식 사령관은 실제 장군 계급임에도 중령으로 표기되었다. 프랑스가 군사대국임에도 불구하고 대대급 전투병력을 파견한 이유는 당시 인도차이나 전쟁이 진행 상황이었기 때문에 많은 인력을 투입할 여력이 없었기 때문이었다. 지상군 파병에 대한 내부 논란도 있었으나 유엔 상임이사국으로서의 책임감에 적은 수의 병력이지만 최정예 병사들을 차출하여 파견하였고 이들의 자질은 이후 많은 전투에서 승리하며 입증되었다.

이들은 1950년 11월 29일 부산항에 도착하여 미 제2사단 23연대에 배속되었고 이후 12월 25일 원주-충주 간 도로변의 진지를 점령하는 임무에 투입되며 한국전쟁에서 첫 번째 역할을 맡았다. 그리고 1951년 1월부터 1953년 7월 까지 격전 기간에 부대를 세 차례 교체하며 한국에서 작전을 수행하였다. 프랑스 대대는 미군과 함께 원주 부근의 전투(1951.1.5~26), 원주 쌍터널 전투(1951.1.31~2.2), 중공군에게 최초로 승리한 지평리 전투(1951.2.13~15), 중공군 춘계 공세기간 중의 전투(1951.4월~5월), 단장의 능선 전투(1951.9.13~10.13), T-Bone지구 전투(1952. 7월), 화살머리고지 전투(1952.10.6~10) 등의 주요 전투에서 혁혁한 전과를 올렸다. 연인원 4,421명이 한국 전쟁에 참여하였고, 262명의 전사자와 1,008명의 부상자, 그리고 7명의 실종자 등 적지 않은 인명 손실을 기록하였다.

영화의 주된 내용인 단장의 능선 전투는 1951년 7월 10일 휴전회담이 개최되었으나 북한 측이 고의로 회담을 지연시키자 유엔군이 북한을 회담장으로 이끌어내고 동시에 당시의 방어선을 좀 더 유리한 지역에 구축하기 위해 개시한 것이다. 양구 22Km 지점에 위치한 894, 931, 851 고지에 배치된 북한군 제6, 제12사단을 격퇴하고 고지를 점령하기 위해 미 제2사단과 프랑스 대대가 수행한 전투였다. 9월 15일 미 제23연대의 주도로 전투가 시작되어 4차례에 걸쳐 정상을 빼앗고 뺏기는 격전이 벌어졌고 프랑스 대대는 9월 26일 전투에 합류하여 100여 명의 전사자가 발생할 정도로 치열한 전투를 전개하여 10월 6일에 능선을 점령했다. 이 전투가 끝난 9일 후 휴전회담이 재개되었다. '단장의 능선'이라는 명칭은 4만 명 이상의 사상자가 발생한 것을 목격한 특파원들이 전투상황을 보도하는 과정에서 생겨났다. 연합통신의 종군기자 스탠 카터(Stan Carter)가 929고지 일대의 치열한 전투 상황을 취재하면서 전방대대 구호소를 방문했을 때 한 부상병이 '심장이 터질 것 같다(Heart Break)!'라며 고통을 호소했고 이를 목격한 기자는 전투 상황을 보도하면서 Heart Break Ridge Line이라고 명명했다. 이를 몹시 슬퍼 창자가 끊어질 듯한 괴로움이라는 '단장(斷腸)'이라는 표현으로 번역하여 이후 929고지 일대를 '단장의 능선'이라 부르게 되었다.

프랑스 대대는 1953년 10월 23일 인천항에서 제너럴 블랙호를 타고 베트남으로 떠났다. 이후 유엔군사령부 산하 연락부대로 칼다이루 분견대(Caldairou Détachement) 50명이 남았다가 15명으로 인원이 감축되고 1965년 6월에 전원이 한국으로부터 철수했다.

█ 참고문헌

『6·25전쟁 프랑스군 참전사』, 국가보훈처, 2004.

리종일, 『증언으로 본 한국전쟁』, 예진출판사, 1991.

세르주 브롱베르제, 정진국 역, 『한국전쟁통신 – 네 명의 종군기자가 본 6·25전쟁』, 눈빛출판사, 1988.

자크 베르네, 「프랑스와 한국전쟁」, 『한국정치외교사논총』 3, 1987.

█ 화면묘사

00:00   몽클라르 장군의 연설 장면

01:10   자막 "CREVECOEUR", "un FiLM produit PAR RENÉ RISACHER", "RÉALisÉ PAR JACQUES DUPONT", "PRiSES dE VUES HENRI DECAE", "second OPÉRATEUR

JEAN RABIER", "iNGENiEUR du son LOUIS HOCHET", "MUSiQUE CLAUDE ARRIEU", "ASSiSTANTCE MONTAGE PIERRE GILLETTE", "diRECTEUR de pRoduction ROGER LE ROCH" RÉALISÉ SOUS LES HAUT PATRONAGE DU MINISÈRE DE LA DÉFENSE NATIONALE GRÂCE AU CONCOURS DES OFFICERS, SOUS-OFFICERS ET VOLONTAIRES DU BATAILLON FRANÇAIS DE L'O.N.U. EN CORÉE ET AVEC L'AIDE DE L'ARMÉE AMÉRICAINE. CE FILM EST DÉDIÉ À TOUT LES SOLDATS FRANÇAIS QUI COMBATTENT LOIN DE LEUR PAYS. 르네 리자세르 제작, 자크 뒤퐁 연출, 카메라 감독 알리 데캐, 카메라 조감독 장 리비에, 사운드 루이 오세, 음악 클로드 아리외, 편집 피에르 질레트, 제작 총감독 로제 르 로슈. 국방부의 각별한 관심과 장교와 부사관, 그리고 UN 소속 프랑스 자원병들에 의해 제작된 이 영화는 고국에서 먼 곳에서 싸웠던 모든 프랑스 군인에게 바쳐진다

02:12   상공에서 바라본 눈 덮인 산야의 모습

02:33   비행기에서 창 밖을 바라보는 가르세 소위

03:09   비행장에 착륙하는 비행기

03:27   수신호를 하는 군인. 숭례문으로 추정되는 건축물이 보이고 군용지프로 그 옆을 지나는 가르세. 시가지의 파괴된 건물이 비춰짐

04:32   눈 덮인 농촌마을을 지나는 가르세 소위. 이어 군 주둔지를 지나는 장면

05:21   폐허가 된 곳에 어린 고아들이 있음. 가르세가 고아들에게 오라고 하자 도망치는 아이들

05:45   신문을 보던 병사가 가르세에게 말을 거는 모습. 부대원들이 도열한 가운데 영 (Young) 장군을 비롯한 장성들이 지나는 장면

06:08   "IN MEMORY OF CAPTAINE R. GOUPIL CAMMADNING OFFICER COMPANY B FRENCH BN KIA 26 SEPTEMBER 1951 HILL 931 HEART BREAK RIDGE REGION SA TAE RI KOREA CONST. BY COMPANY ⋯ 2 ENGR "C" BN" (한국 사태리에 위치한 단장의 능선 931고지에서 1951년 9월 26일 전사한 프랑스 대대 B중대 중대장 구피 대위를 추모함) 문구가 적힌 현판

06:11   영 장군의 연설 모습. 도열한 군인들의 모습

06:43   프랑스 장성의 연설

07:16	군악대가 다리를 건너며 연주를 하는 가운데 행진. 뒤이어 구필 대위 중대가 열을 맞추어 행진하는 장면
07:55	가르세 소위에게 말을 거는 장교들
08:33	"OFF LIMITS TO ALL EXCEPT AUTHORIZED PERSONNEL C.O.S.A.C" 현판이 보이고 궁궐을 지나는 가르세
09:00	궁궐 어전에 올라 노래를 부르는 프랑스 병사들. 뱅자맹이라는 병사가 가르세에게 반항적 언사를 함
09:39	헌병들이 어전으로 가서 물의를 일으킨 병사들에게 접근
09:57	일기를 쓰는 가르세의 모습
10:30	종군 사제가 가르세와 대화를 하는 장면. 6·25전쟁 참전 유엔군 병사들의 묘지가 보이고 각국 깃발이 펄럭임
11:18	서울 시가지 전경. 운전병과 군용 지프를 타고 언덕을 올라가는 장면
12:29	"FREEDOM GATE BRIDGE" 문구가 적힌 간판과 유실된 교각. 교각을 보며 대화를 하는 운전병과 가르세
13:22	대대에 도착한 가르세. 막사에서 식사를 하는 대대 간부들. 바노 소위와 악수를 하는 가르세의 모습. 바노 소위가 담당한 부대를 맡게 된 가르세
14:11	가르세의 짐을 군용 지프에서 내리는 병사. 이어 통신병과 대화를 하기 시작함
14:39	가르세와 악수로 인사를 나누는 대령. 서울을 그리워하게 될 것이라는 대령과 동의하는 가르세. 가르세는 바노 소위와 대화를 계속함
15:40	소령이 가르세에게 바노 소위의 부대에는 문제를 일으키는 병사가 많음을 언질함
16:01	리롱 중위에게 이끌려 지도를 바라보는 가르세. 부대 주변의 지형을 설명하는 리롱
16:17	진흙 길을 주행하는 군용지프. 지프에서 내린 가르세가 산악을 홀로 걷는 장면
17:45	폐허가 된 군 주둔지에 다다른 가르세. 주둔지에 스탈린의 찢긴 사진이 있음. 부패되어 백골만 남은 시체가 비춰짐
18:17	발을 잘못 디뎌 넘어지자 가르세 인근에서 포탄이 터짐. 주둔지 인근에서 지게를 짊어진 한국 사람을 보자 권총을 준비하는 가르세. 이때 한 프랑스 병사가 나타나 인사를 함
19:07	초소에서 망원경으로 상대 진영을 살피는 마르티니 중사. 병사는 가르세가 도

착했다고 말을 건네나 무관심한 마르티니

19:37 주둔지 인근에 철책공사를 하는 프랑스 군인들. 그 옆을 가르세 소위의 일행들이 지나감

20:01 음료 캔을 따는 병사가 인근에서 불을 쬐고 있는 병사들에게 '계란장수'가 왔다고 비아냥거림. 가르세를 바라보는 프랑스 병사들이 연이어 비춰짐

20:30 가르세에게 중국 병사들의 주둔지를 설명하는 프랑스 병사

20:34 가르세에게 거수경례를 하는 마르티니 중사. 가르세와 마르티니가 인사를 나누기 시작한 직후 옆에서 포탄이 터짐

21:05 뱅자맹과 그 동료들도 포탄을 피해 참호에 은폐

21:12 편지를 쓰는 가르세. 옆에서 통신병이 가르세가 담당하는 구역으로 순찰대 움직임이 포착되었다고 알림

22:08 가르세의 약혼녀 사진이 비춰짐

22:30 가르세의 막사로 들어오는 마르티니. 막사에서 대화를 하는 두 사람. 가르세가 상대 중국진영의 정찰 움직임에 경계하자 대수롭지 않게 반응하는 마르티니. 권총으로 음료 캔을 개봉해 주는 마르티니. 바노에 대한 질문을 하자 티코두모프 대위와의 시비에 대한 이야기를 하는 마르티니

23:36 옷을 챙겨 입고 막사를 나가는 가르세와 마르티니. 사격하는 프랑스 병사들의 모습

24:21 조명탄이 터짐. 병사들에게 고함치는 가르세. 이어 통신병으로부터 수화기를 넘겨받아 통화를 하는 장면

24:29 가르세와 통화를 하는 티코두모프. 사격을 중지하라는 명령을 내림

25:03 조명탄 터진 곳에서 불이 났고 이어 움직이는 상대편 정찰병의 모습. 부하 두 명을 이끌고 정찰병을 추격하는 가르세

25:31 통신병으로부터 전화를 건네받는 가르세. 부대 대령은 가르세에게 현 위치를 지킬 것을 명령

26:08 철책이 비춰지고 인근에서 소총을 발견하는 가르세

27:04 참호 안에서 망원경으로 밖을 살피는 뱅자맹. 병사 한 명과 함께 가르세의 험담을 함

27:24 참호 안으로 들어오는 가르세. 마르티니에게 참호 밖으로 나오라고 명령함

27:39 참호 밖에서 덮개를 펴는 병사와 대화를 하는 가르세. 이어 마르티니가 현장에 도착함. 가르세는 마르티니에게 참호 근처에서 파스티스라 불리는 한국 소년과 마주쳤다고 말함

28:00 부근에 있던 파스티스와 프랑스 병사가 보임. 파스티스를 부르는 마르티니. 미소를 지으며 마르티니와 가르세에게 다가가는 파스티스. 파스티스에게 인사하는 가르세

28:29 프랑스군 주둔지를 보여줌. 주둔지를 내려가는 프랑스 군인들

29:22 줄 지어 이동하는 군용트럭. 트럭에서 하차한 프랑스 병사들이 군용 물자를 휴대하고 막사로 이동. 주둔지에서 휴식을 취하는 프랑스 군인들의 모습

30:30 개울에서 빨래를 하는 프랑스 군인들의 모습

30:40 가르세는 파스티스에게 본인 스카프의 행방을 묻자 파스티스는 모르겠다고 대답. 마르티니는 파스티스를 두둔함

31:15 막사에서 로제 중위와 가르세를 비롯한 부대 간부들의 대화 장면. 가르세를 비꼬는 티코두모프

31:47 야간에 막사 부근에서 담배를 피우는 가르세. 로제가 다가와 티코두모프의 말을 신경 쓰지 말라고 언질. 아리랑 노래가 들림. 이어 로제는 가르세에게 파스티스가 자신의 가방에 손을 댄 것에 대해 말함. 헤어지는 두 사람

32:49 불을 피우고 둥글게 앉아 아리랑 노래를 부르는 한국군 병사들과 파스티스. 파스티스는 가르세를 보자 거수경례를 함

33:06 파스티스가 가르세에게 스카프를 건넴. 자신의 스카프가 맞는지 묻는 가르세와 그렇다고 대답하는 파스티스

33:27 막사에서 오르골 소리를 듣는 파스티스와 파스티스에게 다가오는 가르세. 가르세는 어제 밤 파스티스가 건네 준 스카프는 자신의 것이 아니라 로제의 것이라고 추궁. 파스티스는 자신이 도둑이 아니라고 대답. 가르세는 스카프를 파스티스에게 건네고 로제에게 줄 것을 명령. 황급히 막사를 나서는 파스티스

33:57 사격연습을 하는 뱅자맹과 동료 군인들. 가르세는 병사들의 사격 자세에 대해 교정할 것을 말함. 병사는 처음 듣는 사격자세라고 반문. 뱅자맹 역시 병사들의 의견에 동조

34:27 권총 사격을 하는 마르티니에게 다가간 가르세는 사격훈련에 대해 비판함. 가

르세의 간섭을 언짢아하는 마르티니

34:37 사격을 하며 잡담을 하는 병사들과 이들을 비판하는 가르세. 부대원들에게 사격 중지 명령을 내리는 가르세

34:53 성인잡지를 보며 대화를 나누는 군인들. 도쿄에서 온 병사의 회상 장면

35:11 네온사인이 비추는 도쿄의 야경

35:54 무대에서 춤을 추는 일본 여성들. 일본 여성과 합석하고 함께 술을 마시는 프랑스 군인들

37:16 막사에서 대화를 나누는 프랑스 병사들

38:08 주둔지에서 편지를 쓰는 가르세의 모습. "AIR-MAIL" 문구가 적힌 우체통. 편지를 보는 프랑스 병사들

38:43 라디오를 들으며 이발을 하는 가르세. 가르세에게 편지를 가져다주는 병사

39:08 약혼녀로부터 온 편지를 읽는 가르세. 약혼녀의 목소리가 들리고 주둔지의 산야가 비춰짐

40:07 막사에 연회를 마련하고 모여서 군가를 부르는 부대원들

40:51 티코두모프와 군의(軍醫) 간의 대화 장면

41:01 가르세와 바노가 코냑을 마시며 대화를 나누는 장면. 가르세를 위로하는 바노. 소대원들을 보러 간다며 연회장소를 나가는 가르세

42:03 어두운 곳에서 가르세를 놀라게 하는 뱅자맹. 뱅자맹을 질책하는 가르세

42:44 숙소에 들어오는 가르세. 가르세의 오르골을 만지고 있는 파스티스가 비춰짐. 옥신각신하며 말을 주고받는 가르세와 파스티스

43:40 술을 마시며 노래를 부르는 병사들. 가르세가 들어서자 노래를 멈추고 기립하는 병사들. 술에 취한 병사가 가르세에게 술을 권하자 이를 만류하는 마르티니

44:02 마르티니와 부하들을 질책하는 가르세. 이어 파스티스의 전선 참여를 금지하겠다고 말하는 가르세

44:25 뱅자맹의 등장. 파스티스 문제로 말다툼을 하는 가르세와 마르티니, 뱅자맹

45:02 부대원들을 향해 말하는 가르세와 담배를 피우고 술을 마시며 듣는 병사들

45:54 가르세가 막사를 나서자 기립하는 병사들

45:58 전조등을 켜고 줄을 지어 주행하는 군용 차량들. 트럭에는 병사들이 탑승해 있음

46:43 야전에서 작전회의를 하는 프랑스 부대원들. 포격 소리가 들림. 작전 위치를

가리키며 설명하는 대령

47:41 하천을 건너는 탱크와 장갑차를 연이어 보여줌

48:36 포격 장면

48:57 야간에 참호 안에서 대화를 나누는 가르세와 마르티니

49:33 참호에 누운 프랑스 병사들의 대화모습

50:13 포격 장면이 비춰지고 이어 명령에 따라 이동하는 병사들

51:06 가르세와 부대원들의 모습. 갑자기 부대원 인근에 포탄이 터짐

51:25 통신병에게 포 사격 여부를 지휘부에 묻도록 명령하는 가르세. 박격포를 발사
       하는 부대원들의 모습

52:05 작전지역에서 몸을 숨기며 이동하는 프랑스 군인들

53:07 무전으로 사격을 명령하는 대령. 기관총 및 박격포 등의 사격장면이 이어짐

53:57 망원경으로 적진을 살핀 후 진격 명령을 내리는 대령

54:05 진지를 이동하는 프랑스 군인들

54:35 이동 중인 프랑스 군인에게 사격이 가해짐

54:59 총을 맞고 쓰러지는 프랑스 군인

55:07 무전 연락을 하는 병사들의 모습

55:30 중화기를 들고 이동하는 병사들

55:53 중화기를 설치하고 발사준비를 하는 장면. 부근에 포격이 가해짐

56:17 무전 명령을 받고 포 사격을 하는 프랑스 군인들

56:40 나무에 올라 망원경으로 적진을 살피는 지휘관. 무전 연락을 취하는 프랑스 군
       인들

57:10 가르세 부대원의 주위를 지나는 로제 부대원들

57:29 누워서 음식을 먹는 뱅자맹의 모습. 전투지역에 파트리스도 보임

57:42 언덕으로 돌격하는 프랑스 군인들. 이들 사이로 포탄이 떨어지고 부상당한 병
       사를 부축하는 모습

58:34 들것으로 실려 가는 부상병을 바라보는 뱅자맹

58:59 부하에게 명령을 내리는 대령

59:15 티코두모프가 병사와 대화를 나누는 장면

59:26 나무 아래 앉아서 대기 중인 군인들. 그 옆으로 탱크가 지나감

59:48   탱크의 포격 모습

60:14   가르세와 마르티니의 대화 장면. 군견에게 음식을 먹이는 파스티스의 모습

60:28   가르세를 호출하는 티코두모프. 지도를 보고 있던 티코두모프가 가르세에게 작전에 대해 설명하는 모습

61:28   주위를 살피며 계곡을 거슬러 오르는 가르세와 대원들

62:24   경계병이 보임. 경계병의 눈을 피해 이동하는 프랑스 군인들

63:00   인민군 병사 한 명이 계곡물로 세수를 하고 있음

63:45   시계를 보고 명령하는 대령. 프랑스 군인들의 사격 장면

64:10   바위 뒤에 숨어서 의논하는 가르세와 뱅자맹, 마르티니의 모습. 뒤쪽으로 부대원들이 사방을 살핌

64:25   부대의 선두에서 수신호로 명령을 내리는 가르세

64:53   경계 중이던 인민군 병사를 소리가 나지 않도록 목을 졸라 죽이는 가르세 부하

65:15   가르세와 뱅자맹의 대화 장면

65:21   시계와 망원경을 번갈아 보며 동태를 살피는 티코두모프. 대기 중인 부하 병사들이 비춰지고 파스티스도 망원경으로 진영을 바라보고 있음

65:53   인민군 병사에게 사살당하는 가르세 부대원들. 수류탄을 던지고 인민군 참호로 접근하는 가르세

66:40   티코두모프의 명령에 따라 진격하는 부대원들

67:19   가르세와 화염방사기를 휴대한 병사의 모습. 프랑스 부대와 인민군의 전투장면이 이어짐

68:56   나팔을 부는 프랑스 병사. 가르세의 사격 장면. 사격 중지명령을 내리는 가르세

69:16   고지에 깃발을 꽂다가 총에 맞는 뱅자맹. 뱅자맹에게 달려가는 가르세. 이들 주위에 포격이 터짐

69:32   치료를 받는 뱅자맹의 모습. 뱅자맹에게 담배를 건네는 군의관

69:56   군의관이 부하 병사에게 작은 소리로 속삭이는 장면

70:06   왼쪽 팔에 깁스를 한 채 누워 있는 가르세. 나란히 병상에 누워 이야기를 나누는 가르세와 뱅자맹. 담뱃불을 붙이는 뱅자맹

70:49   반대편에 누워 있던 병사가 말을 하는 장면. 부상자를 돌보던 병사는 로제가 사망했다는 말을 함. 반문하는 가르세

71:14	뱅자맹은 로제가 좋은 군인이었다고 혼잣말을 함
72:05	티코두모프와 군의관의 대화. 군의관은 뱅자맹이 사망했다는 소식을 티코두모프에게 전함
72:25	멀리서 헬기가 날아오는 장면
72:32	들것에 실려 군용지프에 누워있는 가르세. 가르세에게 위로의 말을 전하는 티코두모프. 가르세가 실려 가고 티코두모프는 곁에 있던 군의관에게 가르세의 상태를 물음. 군의관은 곧 회복될 것이라 대답함
72:56	언덕을 달려 내려가는 파스티스가 비춰짐. 가르세가 헬기 옆에 누워 있음. 가르세에게 다가가 상태를 살피는 파스티스
73:38	이륙하는 헬기. 손을 흔드는 부대원들. 상공에서 내려다 본 산야의 모습
74:30	"FIN" 자막

▌ 내레이션

00:00 몽클라르 장군이 말씀하십니다. "여러분은 하나의 이상을 위해 고국에서 아주 멀리 떨어진 곳에서 싸우는 모든 자원병들의 위업에 대한 (...) 총사령관직을 맡겨주셨습니다. 이 영화는 진실이기 때문에 감동적인 증언을 구성하고 있습니다. 어떤 기교도 없고, 멜로드라마도 아니며, 스튜디오에서 재구성되지도 않았습니다. 이 영화는 전투가 벌어지는 바로 그곳에서 촬영되었고, 한국전에 참전한 전투부대의 장교들과 병사들, 통역관들만이 등장합니다. 직업 배우도 등장하지 않습니다. 주인공들 모두는 진정한 영웅이고, 그들이 살아가는 것과 행동하는 것을 제가 직접 보았습니다. 하지만 그들 중 80%는 극동의 전장에서 너무나도 자주 목숨을 잃고 쓰러졌습니다."

02:25 우리는 두세 시간 전에 일본을 떠났고, 바다안개 속에서 나는 처음으로 이 땅을 볼 수 있었다. 나를 전선으로 데려가는 비행기 안에서, 나는 그 땅, 한국이 매력적이라고 생각하지 않았다. 사방이 눈에 덮인 척박한 산들이 솟아있는 모양을 보면서 나는 생각했다. "이 땅이 네가 지켜내야 할 곳이다. 어쩌면 저 봉우리에 네가 매달리게 될 지도 모른다..." 그리고 나는 이 땅을 사랑해야 할 이유들을 헛되이 찾기 시작했다.

03:24 때는 겨울이었다. 전쟁은 눈과 진흙탕 속에서 헤어나지 못했다. 나를 전선으로 데려가기 위해, 지프차 한 대가 서울 근교의 비행장에서 나를 기다리고 있었다.

03:49 한국의 수도, 대도시 서울은 두 번 패배하였고, 두 번 정복되었다.

04:08 모든 신체 건강한 남자들은 전선에 있다. 대로의 사거리에서, 여자들은 치안을 유지하고 있다. 그리고 이미, 폐허 속에서 길을 따라 삶이 다시 태어나고 있다. 작은 노점상들이 지나가는 사람들에게 국기, 거울, 레코드를 팔고 있다.

04:26 야전장에서, 전쟁은 논밭 한가운데에 있는 농장들에 피해를 주지 않고 더욱 빠르게 물러가고 있다.

04:47 우리가 북으로, 전선으로 진격함에 따라 농장은 사라지고 부대와 사단, 연대의 후방기지인 진지가 나타났다. 처음으로 나는 그 유명한 표식을 보게 되었다. 우리가 편입된 제2사단의 하얀 별 속에 있는 인디언의 머리가 그것이다. 제2사단은 미군의 엘리트 부대이다. 제2사단의 군기는 "라 마른(La Marne)", "생 미엘 (St Mihiel)", "라르곤(L'Argonne)"라는 이름을 갖고 있었다. (부모를 잃은 고아 아이들이 말하는 목소리가 분명치 않게 들림) (…)가 내게 그 아이들을 고아원 에 맡기라고 말했다. 나는 그 아이들을 뒤쫓는 헛된 임무를 맡았다.

05:37 군장화에 발이 매인 저 아이는, 내가 원하기만 했으면 쉽게 붙잡을 수 있었을 것이다. 그리고 그동안, 동료들은 계속해서 그 아이들에 대해 얘기했다.

미군 1: 아, 프랑스 전투부대, 넘버원이지! 훌륭한 병사들, 프랑스인들은 아주 훌륭한 병사들이야!

미군 2: 장군님이 오셔.

미군들이, 단장의 능선(Crèvecoeur)에서 동료들의 선두에 서서 영웅적인 죽음 을 맞이한 구필(Goupil) 대위를 기리는 교량의 개통식을 거행했다. 영(Young) 장군이 미군 병사들에게 인사를 하러 왔다.

(영어로 된 연설문)

06:25 우리 전투부대는 영광에 싸여 있었다. 나는 조국이 그리고 나 자신이 자랑스러 웠다. 왜냐하면 이 영광은, 벌써 조금은 내 것이었기 때문이다. 그리고 나는 예 우를 표하는 미군 중대와, 지휘관과 함께 전선에서 내려온 프랑스 분견대가 마 주보고 서 있는 걸 보았다. "특별한 자격으로, 대대장 계급을 수여한다. 30살의

나이로 전사한 그는 생전의 삶에서, 그에게 맡겨진 임무 수행에 있어 어떤 상황에서든 항상 쾌활했던 것은 물론이고 직무를 완벽하게 수행했다. 프랑스와 한국의 우정과 마찬가지로, 유엔연합군의 품에서의 희생은 프랑스 군대의 전통에 부합하는 것이다."

07:54 장교 1: 자네는 미국인이 되어버렸군, 그래, 서울에 있는 사람이 자네인가?

가르세: 그렇습니다.

티코두모프: 어때, 지낼만한가? 이 전쟁은 정말 지독하다네!

장교 2: 자네는 아직 이 전투부대를 모르는군. 봐, 저기 구필 대위의 옛 중대가 오고 있군.

08:32 우리 프랑스군은 명예와 자립정신을 소중히 하는데, 그 자립정신은 내게 있어 종종 권태의 원인이 되기도 했다. 어느 날, 한 위병이 나를 텅 빈 왕궁으로 데려가려고 찾아 왔다.

08:44 위 병: 프랑스 사람들, 프랑스 사람들!

가르세: 여기 계세요.

세 명의 프랑스 병사가 노래하는 소리가 들린다. "목요일, 생 니콜라, 금요일, 일하지 않는 날, 토요일, 즐거운 날, 일요일…"

09:05 가르세: 거기 너희들! 여기를 들어오는 건 금지되어 있어, 자네들도 알지 않나!

뱅자맹: 죄송하지만 전 미국어를 못 알아들어요.

가르세: 부탁이니 말을 할 때 예의를 지키게!

뱅자맹: 그래서, 우리가 뭘 어떻게 한다는 거야? 가구를 다 부숴 버릴까보다!

병사 1: 듣지 마세요, 소위님, 이 사람이 좀 취했어요.

병사 2: 맞아요, 소위님, 나쁜 짓을 하지는 않을게요.

가르세: 어서 나가, 도망가야 한단 말이야. 가자구!

뱅자맹: 소위님이 뭐가 뭔지 모르시는 걸 안다구요, 저는 소위님을 모릅니다만, 뭐가 뭔지도 모른다는 걸 안다구요.

가르세: 헌병들이 오게 되면 말할 틈도 없다니까.

뱅자맹: 긴장을 늦추지 않고 전선에 있은 지 벌써 4달째에요. 영하 40도의 날씨에서 보초를 선다구요. 총이 얼까봐 무기를 깔고 잠이 들지요. 그런데 소위님은 조금 즐긴다고 우리를 비난하시는 겁니까?

09:49 헌 병: 자, 가자

뺑자맹: 건드리지 마, 나는 슈퍼맨이라고

헌 병: 알았으니까 어서 가, 슈퍼맨!

10:00 여러분은 이처럼 사소한 사건이 내게 있어 얼마나 고통스러운 것인지 상상할 수 있을 것이다. 나는 그들을 풀려나게 하려고 중재를 맡았다. 하지만 그들에게 나는 사령부의 자기 방에 숨어있는 '서울의 장교'로 남아있을 것이다.

10:19 나는 다시 한 번 대령님께 편지를 써서 아주 절박한 투로 나의 이동을 부탁드렸다. 그건 일종의 권리였기 때문이다. 장교는 군사학교를 졸업하고 적어도 1년 동안 실제로 지휘를 해야만 한다.

종군사제: 장교의 최우선 임무, 사실상 유일한 것이지만 말일세, 바로 복종이라네. 사령부가 자네를 보낸 곳에서 복무해야만 하는 거라네. 조급하게 굴지 말게, 유치한 짓이야, 특히 저들 앞에서는 말이지.

종군사제인 샤상 신부님과 함께, 나는 부산의 드넓은 군사묘지에 잠들어 있는 우리 군 전사자들을 보러 왔다. 각국의 국기 아래, 한국에서 전사한 21개국의 병사들이 묻혀있었다. 확실히, 이곳은 내게 참을성을 가르치기에 최적의 장소였다.

11:29 대령님이 마침내 내게 전근을 허가하기 위해서는 초봄까지 기다려야만 했다. 내게 있어 서울은 일종의 연옥이었고, 나는 가벼운 마음으로 서울에 작별을 고했다.

11:49 가르세: 대대의 진지들은 어떤가?

운전병: 구덩이들이지요, 늘 구덩이입니다.

가르세: 공병과는 전선에 있나 아니면 따로 떨어져 있나?

운전병: 전초에 있습니다.

가르세: 말해보게나, 지금 공병과의 지휘관이 누구인지 알고 있나?

운전병: 음... 마르티니 상급중사님입니다, '비비'라고 불리죠.

가르세: 그전에는?

운전병: 그전에는 바노 소위님이었습니다. 아주 좋은 사람이었어요. 다들 그 분

을 그리워합니다. 소위님이 그 분의 후임이십니까?

가르세: 그렇다네.

12:29 운전병: 저기 공사하는 걸 보셨습니까? 미국인들인지 중국인들인지는 몰라도 대단한 작업이에요! 바보 같은 짓이죠! 바로 거기에 우리 일이 있는 겁니다.

가르세: 어이, 우리가 파괴하거나 죽이는 것만 하지는 않는다네.

운전병: 이번이 제 마지막 원정입니다. 고국에 돌아가서는 우체부 자리를 알아 볼 거에요. 사람들이 말은 늘 이렇게 하지만, 결국 다시 입대하지요. 이 삶을 한 번 알고 나면...

가르세: 믿지 말게.

운전병: 소위님도 똑같아요.

가르세: 자네 말이 앞뒤가 맞지 않잖아!

운전병: 신참이시군요, 소위님, 보니까 알겠어요. 소위님도 아시게 될 겁니다. 저 판자에는 뭐라고 써있는 겁니까?

가르세: '프리덤 게이트 브리지(Freedom gate bridge)', 자유의 문 다리군.

13:27 가르세: 자네에게 내 트렁크와 짐 가방을 맡기겠네.

나는 오후 이른 시간에 대대에 도착했다. 참모부는 텐트 아래에서 식사 중이었다.

13:42 대　령: 아, 가르세가 왔군. 가르세, 거기 앉게나. 그는 서울과 연락을 담당했던 젊은 장교지.

13:53 마르티니: 머리에 피도 안 말라 보이는데!

병　사: 대대에 유모가 필요하겠어!

가르세: 앉아도 될까요? 가르세 소위입니다.

바　노: 바노 소위일세.

14:00 바노, 내가 그를 대신하게 될 것이었다.

14:12 병　사: 새로 온 소위를 보았나?

통신병: 파리는 새벽 세시야, 모두가 잘 시간이지. 아, 호놀룰루다.

병　사: 새로 온 소위를 보았냐고?

통신병: 네가 데려온 젊은 사람 말야?

병　사: 바노 소위의 후임이 그 사람이래.

통신병: 아, 그래? 귀여워들 하겠구만.

14:36 대　령: 그래, 가르세, 대대에 오니 좋은가?

가르세: 그렇습니다, 대령님.

대　령: 알게 되겠지만 말야, 자네 서울을 그리워하게 될 거라네.

가르세: 그렇게 생각하고 있습니다.

14:46 소　령: 15분 뒤에 작전 사령부에서 보자고.

가르세: 알겠습니다, 소령님.

14:51 마르티니: 저 녀석 어디에 배치 받았대?

병　사: 공병대에요.

병사 1: 안녕하십니까?

가르세: 안녕하세요?

여　자: 안녕하세요?

가르세: 안녕하세요?

　안녕하세요?

가르세: 저 사람이 생활환경조사원 페피타입니까?

바　노: 자네 그녀를 모른단 말인가? 그녀가 서울보다는 전선에 더 자주 있기는
　　　　했지. 자네 지휘해 본 적은 있나?

가르세: 아뇨, 처음입니다.

바　노: 고생 깨나 하겠군!

병　사: 이런이런, 듣지 마세요! 공병과가 지겹다면 통신병과로 오세요, 제가 후
　　　　임을 찾고 있거든요.

가르세: 고맙네. 저도 압니다, 제가 지휘경험이 없다는 걸요. 그래도 소위님이
　　　　도와줄 수 있지 않겠습니까? 왜 소대를 그만두셨습니까?

바　노: 내가 원해서 그만둔 게 아니야, 위에서 나를 이동시킨 거지.

가르세: 왜요?

바　노: 티코두모프 대위와 나 사이의 일 때문이야. 분명, 좋지 않은 순간이 자

네에게도 찾아올 걸세.

가르세: 병사들은 어떤가요?

바 노: 나는 그들이 좋은 이들이라 생각한다네.

15:39 소　령: 사람들이 그들을 묶어놓은 건지 자기들끼리 서로 이끌린 건지는 모르
　　　　　겠네만, 대대에서 최고의 문제아들은 항상 바노의 소대에 있지, 자네가
　　　　　맡을 소대 말이네. 그렇기는 해도, 그들은 뛰어난 병사들이야. 겉모습
　　　　　만 보고 속지 말게. 자네에게 그 소대를 맡겼다는 건 대령님이 자네에
　　　　　게 커다란 영예를 주신거야, 날 믿게.

가르세: 그렇게 믿고 있습니다, 소령님.

정말로 나는 지금도 그렇게 믿고 있다. 그렇기는 해도 이게 무슨 환영이란 말
인가! 리롱 중위가 지도 쪽으로 나를 데려갔다.

16:07 적군이 고도 1062의 이 산을 점령하고 있었다.

16:10 여기는 계곡이고, 그 맞은 편이 우리 진지였다. 우리 소대는 중립지대의 한 가
　　　　운데에 있는 봉우리에 있었다. 우리는 임시로 난 길을 통해 자동차로 거기까지
　　　　갈 수 있었다.

16:33 그곳에는, 우리 소대원들이 나를 안내하기 위해 나와 있어야 했다. 약속 장소
　　　　에는 아무도 없었다. 그 지역은 위험하고 지뢰가 있으며, 중국군 대대가 다니
　　　　는 길이라고 운전병이 말해주었지만, 나는 중립지대 안으로 혼자 들어갔다.

17:27 나는 더 이상 내가 어디에 있는지 알 수 없었다. 폐허가 된 진지를 발견했을
　　　　때, 나는 버려졌다는 느낌이 들었다.

18:50 병　사: 미국인? 당신 미군입니까?

가르세: 아뇨, 프랑스, 프랑스 사람, 프랑스군 대대 소속입니다.

병　사: 아 프랑스 사람, 빌어먹을 프랑스 사람! 갑시다! 당신이 날 무섭게 했던
　　　　　말이오!

병　사: 우리, 공병과의 '찹찹'을 찾는다.

전선에서도 아직 웃음을 잃지 않고 있는 것이다!

19:19 병　사: 상급 중사님, 보관소 철문에 누가 왔습니다.

마르티니: 기다리든 말든 관심 없어. 전투기의 도착을 알리게, 190고지에 박격
　　　　포가 설치되고 있어.

병　사: 제 생각엔 그 젊은 소위가 식사와 함께 도착한 것 같습니다.

19:43　나는 이 첫 번째 만남을 매우 기다려왔다. 내가 그토록 전열에 합류하기를 바
　　　랐음에도 불구하고, 내 역할을 수행해야 하는 지금 이 순간, 나는 겁이 났다.
　　　지독하게!

20:00　병　사: 갈고리를 박으라고, 토토르, 계란장수가 왔군 그래.

그들은 내가 알아듣지 못하는 말로 대화를 나눴다. 그리고 나는 옳건 그르건
간에 가차 없다고 생각했던 그들의 시선이 내게 꽂히는 것을 느꼈다.

20:30　병　사: 저기 중국인들! 저쪽도! 저기에도!

마르티니: 상급 중사 마르티니입니다

가르세: 자네가 나를 바람맞혔더군. 뭐 어찌되었건 환영에 감사하네. 자네가 설
　　　　치한 함정 때문에 도착하지 못할 뻔 했어. 아마도 자네가 찾는 게 그것
　　　　이겠지?

병　사: 조심하십시오! 피하세요! 빌어먹을!

21:02　뱅자맹: 군대에서 함정을 뭐라고 부르는지 알아? 속이 훤하게 들여다보이는 계
　　　　략이라고 부르지, 허풍이 아니라고!

21:13　분명 나는 뱅자맹 중사를 만난 적이 있다. 기억나는가? 서울의 왕궁에 있던 반
　　　항아 말이다.

21:24　통신병: 여보세요, 여기는 팔리스 1, 말하라.

소위님, 오늘 저녁 우리 구역에서 순찰대로 추정되는 움직임을 신호로 알려왔
습니다.

가르세: 좋아, 마르티니 상급 중사를 불러줘.

통신병: 알았다, 오버.

21:40　통신병: 여보세요, 마티니 상급 중사님? 여보세요.

나는 공동침실이자 사령부로 사용되는 작은 막사를 여러 명의 병사들과 함께
쓰고 있다. 그럼에도 불구하고, 이날 밤처럼 내가 혼자라고 느낀 적은 없었다.

"최근에 당신의 편지가 매우 뜸하게 옵니다. 군사 우편국을 원망해야 할까요? 편지를 써 주세요, 당신이 파리에서 무얼 하고 있는지 말해주세요. 그곳은 이 제 봄이겠군요."

22:19 마르티니: 찾으셨습니까 소위님?

가르세: 마르티니, 첫째로 나는 자네가 군모를 쓴 모습을 보고 싶군. 둘째는 사 령부가 중국군 정찰대로 추정되는 움직임을 알려왔다는 거야. 나는 자 네가 무슨 직책에 있는지 알고 싶네만.

마르티니: 군모에 대해 말씀드리자면, 소위님도 군모를 쓰지 않게 된다는 데 이 틀을 걸지요. 다음으로, 이곳에서는 중국인들에 대해 많은 말이 나오 지만, 실제로 그들은 드물게 나타난다는 것을 알게 되실 겁니다.

가르세: 하지만 어느 날 갑자기 그들이 올 거고, 우리는 가만히 앉아서 놀랄 수 밖에 없겠지. 보초를 강화해야만 해.

마르티니: 오늘 저녁 보초들에게 내린 명령은 여느 날과 다름없습니다. 제가 해 드릴까요? 무엇보다 중요한 것은, 병사들을 예민하게 만들어서는 안 된다는 겁니다. 흥분한 보초는 어느 구역에서든 사격을 개시할 수 있거든요.

가르세: 좀 들겠나?

마르티니: 아뇨 괜찮습니다, 그건 너무 독해서요.

가르세: 이봐 마르티니, 대체 바노 소위에게 무슨 일이 있었던 건가?

마르티니: 그러니까, 이런 이야기에는 어처구니없는 뭔가가 있죠. 열흘 전 갑자 기, 한밤중에 사방에서 사격이 시작되었습니다. 야전 사령관인 티코 두모프 대위님은 그게 우리라고 믿으셨던 거죠. 다음날, 무슨 일이 일어났겠습니까? 소위님은 저희 편을 들어주셨고, 조금 격하게 말이 지요. 그리고 나서 대위님은 권위를 유지하기 위해서는 소위님을 이 동시킬 수밖에 없었던 겁니다.

23:28 가르세: 대체 뭐에다가 이렇게 총을 쏘는 거야?

마르티니: 분명 무언가가 있습니다. 아무 이유 없이 총을 쏘지는 않는 법이지 요.

가르세: 가서 보도록 하지. 내 뒤를 따라오게!

23:40	가르세: 내가 온 것을 축하하는 불꽃놀이와 폭죽이로군! 브라보!
	마르티니: 틀렸습니다, 소위님. 직접 가셔서 보십시오!
23:50	병사 1: 탄창 줘, 빨리!
23:57	병사 1: 보았나? 그가 확실해!
24:02	병사 2: 빌어먹을, 진지를 쏘고 있잖아!
24:07	가르세: 자네들 지금 사람들을 놀리고 있지 않나! 뭐에다가 총을 쏘는 건가?
	병　사: 그림자입니다, 보십시오!
	가르세: 자네들 귀신을 믿는 건가? 내 눈에는 아무 것도 안 보이는데.
24:14	병　사: 가, 가라고, 쏘란 말야! 저기 말야, 빨리!
24:21	가르세: 사격 중지! 내가 사격 중지라고 하지 않았나!
	통신병: 대위님이 연결 되었습니다.
	가르세: 여보세요, 대위님?

티코두모프: 이 장난질은 대체 뭔가? 자네는 뭔가를 본건가? 봤어 못 봤어? 그만 됐으니 사격을 중지하게! 중국 정찰대가 있다면 우리 위치를 탐색해서 자동화기의 위치를 탐지하러 올 거라고. 자네 병사들이 지금 어린애처럼 행동하고 있지 않나. 그게 아니면 그들이 자네를 골탕 먹이고 있는 거라고. 자네의 권위를 보여주라고, 제기랄!

병사들: 됐어, 이번에는 끝났어.

－ 조명탄 좀 줘봐, 빨리!

가르세: 대체 뭘 하고 있는 거야! 내가 자네들에게 사격을 중지하라고 명령했는데!

병　사: 제가 그걸 봤습니다, 보세요!

25:06	가르세: 나와 함께 밖으로 나갈 지원자 두 명! 너, 그리고 너 앞으로!
25:14	가르세: 이쪽으로!
	병　사: 네 소위님
	가르세: 저길 봐, 부상자다!
	병　사: 소위님, 저기요! 그가 저기 있습니다!
	가르세: 그와 합류해야 해, 내가 명령을 내리겠다, 나와 함께 움직여, 빨리!
	통신병: 여보세요, 소위님을 바꿔드리겠습니다, 끊지 마십시오. 소령님입니다.

가르세: 여보세요, 여기는 가르세 소위입니다. 포로를 생포할 겁니다. 그런데 소령님, 부상자가 있습니다, 틀림없습니다!

소　령: 가르세, 자네에게 명령을 상기시켜야겠네, 공식적인 거라네.

대　령: 여보세요, 가르세, 자네 위치에 있도록 하게. 밤중에 이곳은 너무 위험해. 자네가 덫이나 함정에 빠질 위험이 너무 커. 침착하게. 병사들에게 그 지점에 특별히 불침번을 서도록 명령하게. 내일, 7시에 자네가 순찰대를 데리고 나가게. 알아들었나? 오버.

26:49　병　사: 부상을 입었었습니다. 무기를 두고 갔어요.

내가 옳았다. 그날 밤, 우리는 그를 잡을 수 있었다. 내 병사들은 틀리지 않았던 것이다, 나는 확신한다.

27:04　뱅자맹: 저 자식을 조심해야 해. 저 자식 말을 들어주면, 전보가 와서 우리는 곧 본국으로 송환될 거야. 전투벌레, 가 버려!

병사 1: 전투벌레, 저 사람에게 잘 어울리네요! 우리가 자기를 무조건 믿길 바란다는 게 느껴져요. 그런데 분명히 그는 어떻게 행동할 지를 몰라요.

뱅자맹: 글쎄, 결과를 봐야 알겠지.

가르세: 마르티니! 마르티니, 나를 보러 오게, 자네에게 할 말이 있어.

마르티니: 지금 바로 말입니까?

가르세: 그래, 지금 바로.

병　사: 그가 내 말을 엿들었구만!

27:36　병　사: 머리를 노리세요, 중사님!

27:39　가르세: 그걸 조금 더 왼쪽으로 놓도록 해, 여기는 비행기에서 잘 안보일 테니까.

병　사: 알겠습니다, 소위님.

가르세: 오늘의 암호는 빨간색과 (...)

가르세: 마르티니, 내가 어제 저녁에 여기 있어서는 안 되는 누군가를 마주쳤다네. 어린 소년 말일세. 자네가 데리고 있는 아이라고 하던데. 사실인가?

마르티니: 파스티스! 어이, 파스티스!

가르세: 어린애들을 전선에 데리고 나오는 게 금지되어 있다는 걸 알고 있나?

마르티니: 소위님께 파스티스를 소개해드리도록 하죠, 우리 부대의 소년병들 중 최고참이자 가장 용감한 아이입니다.

가르세: 안녕, 파스티스! 지금으로서는 그가 우리와 함께 있어야겠군! 어쨌건 우리는 며칠 내로 교대할 테니까 말일세. 그리고 나서 생각해보도록 하지.

28:42 며칠 뒤, 제7사단의 병사들이 우리와 교대하기 위해 전초 기지에 도착했다. 그리고 우리 제2사단은 휴식을 위해 전선에서 내려왔다.

29:38 한국의 길 위에서 우리 군의 트럭과 화물은 눈에 띄지 않고 지나갈 수 없었다.

29:47 프랑스인들은 어딜 가든 자기들의 습관을 유지한다. 그들은 장비 전체에 대해 걱정하고, 편안함과 식탁 예술에 대한 극히 개인적인 생각들조차 포기하지 않으며 자신의 장비를 무겁게 하기를 좋아한다. 미군은 우리에게 커다란 공동 막사와 함께 깨끗한 휴식 장소를 마련해주었다. 하지만 우리 프랑스군은 서둘러 작은 개인용 텐트를 설치하였다.

30:20 첫 번째 관심은 늘 기름칠하고 닦아야 하는 무기들에게 쏠린다. 그러고 난 뒤에야 비로소 우리는 때를 벗고, 면도하고, 빨래하기를 떠올리는 것이다.
(프랑스군 병사들의 노랫소리가 들림 "...우리가 바로 엄마와 아빠의 아이들이지...")

30:40 이사하는 동안, 나는 미군 보병부대의 열병식에서 사용했던 스카프를 잃어버렸다.

가르세: 어이 파스티스, 내 스카프 못 봤어?

파스티스: 소위님?

가르세: 알잖아, 내 파란색 스카프 말야. 그런데 말해봐, 너 아니야?

파스티스: 아니, 아냐, 나 아냐, 나 아니야, 내가 아니에요!

마르티니: 믿으셔도 됩니다, 이 아이는 날치기가 아니에요, 요 녀석과 관련된 사건은 한 번도 없었어요.

30:56 그를 화나게 할 위험이 있었고, 내가 계속 우겨댄다면 모두가 내게서 등을 돌릴 것 같았다. 스카프는 할 수 없다.

31:10 가르세: 그래, 괜찮나? 만족스러워?

병 사: 아, 소위님, 지금은 더 이상 전투가 아니라 과자를 먹는 거죠.

로제 중위: 자네는 자네의 이야기로 우리를 귀찮게 하는군 그래. 지금의 대대는 예전만큼이나 좋아. 젊은이들은 예전에 있던 사람들만큼이나 잘하고 있어.

가르세: 하지만 저는 군대에서 단절은 없었는가? 부대는 시간 속에 영원히 존재하는 것인가? 추억은 모두의 것인가? 그리고 누군가의 영광은 모두의 영광인가? 라고 배웠습니다.

티코두모프: 어디서 배웠나? 서울에서?

31:38   티코두모프: 젊은 사람이 예민하군 그래. 그래도 어쨌건 적절한 반응이었어. 나중에 다른 누군가에게 써먹을 수 있겠군.

31:49   로제 중위: 가세나, 가르세. 그렇게 몸 사릴 필요 없어. 티코두모프 대위님은 그저 자네에게 환영 인사를 하고 싶었을 뿐이야.

가르세: 죄송합니다, 제가 이상해 보이셨겠군요. 그럴 만한 일이 아니었는데요. 하지만 저는 대위님이 저를 찾으신다고 생각했었습니다.

로제 중위: 당연하지, 대위님은 사람들을 놀리는 걸 좋아하시지. 그래도 그는 기똥찬 사람이야. 대위님을 좀 더 잘 알게 되면 말이지, 인생이 그에게 비판정신을 발전시킬 상황들을 제공했다는 걸 자네도 알게 될 거야. 게다가 우리 모두는 같은 목적을 갖고 있어. 우리는 친구가 되어야 하지, 그렇지 않나?

가르세: 그렇습니다.

로제 중위: 아, 내가 깜박했군. 자네가 데리고 있는 아이를 감시하도록 하게, 그 아이가 내 짐을 뒤지는 걸 봤어. 그 녀석이 뭐에 관심이 있는지 아직 보지 못했어.

가르세: 파스티스 말씀입니까? 그가 도둑질을 한다고 생각하십니까?

로제 중위: 자네도 알고 있지 않나, 동양인은 동양인이고, 서양인은 서양인이야. 흔히 말하듯이 그 둘은 절대 같을 수 없어. 가게, 내일 보세나!

33:07   파스티스: 여기요, 소위님 스카프에요.

가르세: 내 스카프가 확실한거냐?

파스티스: 네.

가르세: 좋아, 내일 다시 얘기하자. 가서 다른 사람들이랑 노래를 계속하도록

해.

33:35 가르세: 그게 네 마음에 드니? 그나저나 파스티스, 그 머플러 어디서 났니? 네
         게 말해주마. 이건 로제 중위님 거야. 파스티스는 도둑이구나. 너는 도
         둑이야, 파스티스.

     파스티스: 도둑 아니야! 나, 도둑 아냐! 나, 도둑 아니야! 한국인들 도둑 아냐!

가르세: 가서 그걸 로제 중위님께 가져다드려, 빨리! 그리고 벌을 받게 될 거다, 나쁜
       병사같으니라고!

     나는 분명 그 아이를 무섭게 했던 것 같다. 그는 사라져버렸고 누구도 그가 어
     디로 갔는지 내게 말해줄 수 없었다.

34:08 가르세: 자네, 왼손을 탄창에 대고 있으면 안 돼. 개머리판 위에 있어야지.

     병사 1: 처음 듣는 말인데요, 소위님. 우리는 항상 이렇게 해 왔어요. 그렇지
            않습니까, 중사님?

     뱅자맹: 늘 그래 왔습니다.

     병사 2: 22, 전투벌레가 왔네!

     가르세: 자네는 진지하지 않군, 마르티니. 이건 이제 더 이상 훈련이 아니라 난
            장판이지 않나! 우리가 탄환을 낭비할 권리가 없다는 건 자네도 나처
            럼 알고 있을 텐데?

     마르티니: 탄약통 몇 개 가지고 너무 그러지 마십시오, 소위님은 먼지 냄새를
              좋아하시지 않습니까?

     병사 1: 잘했어, 크리스티안! 무기는 여자와도 같지, 아름다워!

     병사 2: 자네가 다 했으면 이제 나도 하게 해줘.

     병사 3: 닥쳐! 전쟁에서 좋은 건 따로 있어, 여자가 없는 곳에 있다는 거야!

     가르세: 자네가 살아온 이야기를 하는 건 그만두게, 나와 함께 가서 결과를 보
            도록 하지. 사격 중지!

     병 사: 사격 중지!

     내 권위가 세워지려면 아직 멀었다. 그리고 아직 엄하게 다스릴 때는 아니었
     다. 휴식 시간이 되면, 병사들은 한 가지 생각밖에 하지 않는다.

병사들: 자네 도쿄에서 돌아왔군!

도쿄에서 돌아온 병사: 아, 자네들도 알다시피, 6달 동안 도쿄에서 보내도록 허락된 시간은 5일뿐이야, 너무 짧잖아! 다섯 밤 밖에 되지 않는다구. 그래도 굉장한 밤이었지!

37:20 도쿄에서 돌아온 병사: 뭐가 남았더라? 추억들, 그리고 마음 깊은 곳에는 쓴맛이 남아있지.

병사들: 기운 빠지는 말하지 마, 여기에도 여자들은 차고 넘칠 만큼 많아! 아무리 해도 그녀들을 다 가질 순 없을 거라고! 아, 이 빌어먹을 라디오! —어떤 작가가 있었어. 아마도 마크 오를랑인거 같은데, 어느 날 꽤나 적절한 비유를 한 적이 있지. 그는 군인들이 항상 도시의 변두리만 돌아다니고, 그래서 직업군인은 순찰로를 통해서만 세계를 안다고 말했어. 가정과 가족의 온화함, 안정적인 사랑, 우리가 집착할 수도 있는 위험을 가진 이 모든 것들은 우리에겐 허락되지 않은 것들이지.

38:07 우리가 휴식을 취한지 한 달이 되었지만, 나는 하루도 빼놓지 않고 그녀에게 편지를 썼다. 나는 그녀에게 나의 걱정, 회의감, 고독에 대해 말했다. 아직 내 병사들에게 받아들여지지 않았다는 말도. 그리고 캠프에서의 생활은 내가 원했던 전우애에 유리하게 작용하지도 않았다는 것도. 그녀로부터, 나는 아무 것도 받지 못했다.

38:33 병사들: 끝내주는 여자네.
—이 운좋은 자식!

이발병: 사이공입니다. 괜찮으십니까 소위님?

가르세: 그래, 그대로 둬.

"바오다이 황제님이 어제 저녁 21시, 프랑스의 수도에 도착하셨습니다. 체류 기간 동안, 황제님은 프랑스 정부와 중요한 회담을 가질 예정입니다."

38:56 병　사: 소위님, 소위님께 온 편지입니다.

이발병: 소위님께 온 편지라는군요.

39:09 가르세의 약혼녀 목소리: "당신에게 이런 고통을 주고 싶지 않았어요, 제라르. 하지만 우리는 서로에게 완전히 솔직해야만 해요. 내가 당신에게 말하는 것은

갑작스러울 수밖에 없겠죠. 제라르, 나는 절대로 당신의 아내가 될 수 없어요. 난 당신이 곁에 없을 수도 있다는 생각을 해 본적이 없어요. 하지만 이제는 알죠. 당신은 군인이 되기를 선택했고, 난 당신을 비난하지 않았어요. 나는 당신을 믿은 첫 번째 사람이에요. 하지만 이제는 내 삶 전체가 이러한 기다림, 내가 정말로 싫어하는 이 기다림으로 채워질 수도 있다는 것을 이해하기 시작한 거에요. 이제 나는 내가 뭘 기다리고 있는지도 모르겠어요. 당신이 돌아오기를? 하지만 당신은 다시 떠날 거잖아요, 그렇지 않나요? 당신이 군인이 천직이라고 했던 말은 옳았어요. 당신은 자신과 병사들에 대해서만 말하죠. 그들 가까이 있는 당신의 삶 말이에요. 나는 그저 조금의 행복만을 바랄 뿐이에요."

40:50 티코두모프: 이봐, 의사양반, 고독을 치료하는 약이 있나?

병 사: 대위님은 이걸 고독이라고 부르시는 겁니까?

의 사: 위스키 소다요.

티코두모프: 그래, 의사 양반, 당신 말이 맞는 거 같아.

병 사: 가세요, 우리를 눈에 띄게 하지 마세요.

41:03 바 노: 코냑 들텐가?

가르세: 네

바 노: 코냑 두 잔! 소대는 어떤가?

가르세: (...) 소대원들이 저를 별로 좋아하지 않는 것 같습니다.

바 노: 무슨 상관인가? 자네의 일을 하게, 결과는 그 다음이야. 건배!

가르세: 건배! 제 일을 하라고 하셨습니까? 저는 그것만을 바랄 뿐입니다. 하지만 중위님도 아시다시피, 지금으로서는 우리의 실력을 보여 줄 기회가 거의 없지 않습니까.

바 노: 그 기회는 곧 올 걸세. 날 믿게. 그런데 파스티스는 어떻게 된 건가?

가르세: 전 정말로 모르는 일입니다. 전선에서 내려오고 나서 사라져 버렸습니다.

바 노: 전투가 재개되면 돌아올 걸세, 확실해. 한 잔 더 하겠나?

가르세: 아뇨, 괜찮습니다. 먼저 가보겠습니다, 소대원들을 보러 가야겠어요. 내 옷 좀 주게.

바 노: 무슨 소리야, 자네는 그들의 유모가 아니야!

가르세: 그들이 과음하지는 않을까 걱정이 되어서요. 미군 병사들을 초대했거
든요.

바 노: 가보게, 그들에게 믿음을 주란 말야. 나는 그들을 알고 있지. 취하는 건
자네 병사들이 아닐 걸세.

(미군 병사들이 노래를 부르고, 이어서 외친다)
"프랑스 만세!"

42:04   가르세: 이 연출은 다 뭔가?

뱅자맹: 연합군끼리는 우정을 돈독히 해야 한다구요!

가르세: 자네 군대에서 승진하고 싶은 겐가?

뱅자맹: ……

가르세: 자네의 그 무례함은 분명 예전에 나 말고도 다른 누가 자네에게 징계
를 내리게 했을거야.

뱅자맹: 처음 있는 일도 아닌걸요. 싸움질을 한다면, 그들은 저한테 계급장을
반납해야만 할 겁니다.

가르세: 그들이 자네를 어디로 데려가는 건가?

뱅자맹: 감히 말씀드리자면요, 소위님, 충고 하나 하겠습니다. 우리와 함께 가
시겠어요? 벌주는 걸 싫어하시죠? 그러면 가지 마세요!

42:33   오늘 저녁은 뱅자맹의 조언을 따르는 게 더 나을 것 같다. 하지만 그들은 내가
처벌을 좋아하지 않는다는 걸 벌써 알아차렸다.

42:57   가르세: 브라보, 네가 이겼어! 니가 돌아온 게 이것 때문이었구나! 확실히 이건
부서졌구나.

파스티스: 몇 달러?

가르세: 이거? 10달러.

파스티스: 나, 10달러 낸다.

가르세: 너 부자구나! 이거 파란 스카프니? 말해봐 파스티스, 너 떠났었지? 왜
그랬어? 어디에 갔었던 거니? 아빠한테? 엄마한테?

파스티스: 아빠 아냐, 엄마 아냐

가르세: 그러면 왜 돌아온거야?

파스티스: 너, 나 (...) 너, 나 (...)

가르세: 나 때문에? 그런데 넌 날 좋아하지 않잖아! 너도 전쟁벌레를 좋아하지 않잖아? 그렇지 않아?

파스티스: 아냐, 아냐. 다들 아저씨 좋아해. 모두가 아저씨 좋아해. 다들 아저씨 좋아해.

43:58 병　사: 한 잔 하실래요, 소위님?

가르세: 내버려둬. 내일 술이 깨면 어떤 벌을 받을지 알게 되겠지. 잘하고 있군, 자네들! 그리고 마르티니, 자네는 이걸 내버려 둔건가?

마르티니: 내일이면 저희는 다시 전선으로 갑니다.

병　사: 그리고 이번에는 쓸데없는 일로 허송세월하지 않을 거라구요.

가르세: 자네들이 나보다 더 사정 잘 알고 있다는 건가?

마르티니: 공식적이지는 않지만 모두가 알고 있습니다.

가르세: 아, 이제야 파스티스가 왜 돌아왔는지 알겠군 그래. 당연히, 나는 어떤 어린애도 우리와 함께 전선으로 올라가는 것을 금지하겠어. 그리고 그걸 감시하겠네.

뱅자맹: 안녕하세요! 아, 죄송합니다. 손님이 계셨군요!

마르티니: 그럴 수 없습니다, 소위님. 소대에서는 소위님이 하실 수 없는 것이 있습니다.

가르세: 파스티스는 어린애야. 우리는 그 아이를 전쟁에 내보낼 권리가 없다고.

마르티니: 파스티스가 소위님보다 먼저, 저보다도 먼저 거기에 있었다는 걸 이해하시겠지요. 처음부터, 그 녀석은 그 모든 사고를 견뎌냈고, 우리가 어딜 가든 따라왔습니다.

뱅자맹: 그 녀석은 우리에게 국기 이상의 의미를 지니고 있어요. 일종의 상징이지요.

마르티니: 소위님이 그 녀석을 건드리신다면, 우리 부대를 건드리는 거고, 우리 군의 정신을 건드리는 겁니다. 소대는 없을 거고, 공병대도 없을 거고, 병사 개개인만 남을 겁니다!

가르세: 어쩌면 자네 말이 맞을지도 모르겠네. 자네들에게 이 말은 해야겠군. 요컨대, 자네들은 날 좋아하지 않아. 나도 알고 있어. 우리 사이에는

많은 오해가 있군. 하지만 좋아하고 좋아하지 않고는 그리 중요한 것이 아니지. 중요한 것은, 곧, 함께 우리가 전투를 치르게 될 거란 거야. 그리고 우리 모두는 거기에서 존재의 이유를 찾게 되겠지. 자네들이 원하든 원치 않든, 우리는 서로에게 연결되어 있어. 우리는 하나의 부대, 하나의 몸을 이루고 있고, 거기에서 각자는 모두의 안녕을 위해 각각의 위치를 갖고 있지. 그리고 그 몸에서 머리, 지휘관은 바로 나야.

병　사: 말을 꽤 잘하는데?

가르세: 나는 자네들에게 나를, 아무 것도 아닌 나라는 사람이 아니라 내가 대표하는 규범으로서 봐주길 바라네. 그로 인해 우리는 함께 명예와 영광, 또는 죽음을 얻을 수 있게 되지. 자네들이 나를 믿지 않는다는 것을 알아. 하지만 나는 자네들을 믿는다네. 며칠 뒤 공격을 개시할 새벽에 만나도록 하지. 자, 좋은 밤들 보내게.

마르티니: 차렷!

45:58　명령은 한밤중에 하달되었다. 새벽이 되자마자, 트럭들이 우리를 태워 전선으로 이동했다.

46:44　대령: 계획을 말하겠다. 미군 보병 제9연대와 제23연대로 둘러싸인 프랑스 대대는, 중국군 중대가 점령하고 있는 850고지를 탈취하는 것을 그 임무로 한다. 850고지는 바로 제군들 앞에 보이는 것이다. 먼저, 최대한 적군 가까이 우리의 화기를 옮기기 위해 850고지의 서쪽에 곧바로 걸어서 이동한다. 그 다음으로, 숲속 측면인 동쪽에서 850고지를 바로 공격한다. 첫 번째 작전은 제3중대에 의해 실시될 것인데, 중화기는 군단에 두고, 레타크 대위의 명령하에 행동한다. 두 번째 작전은 제1중대, 파녜스 중위와 제2중대, 말로 대위에 의해 실시된다. 대기조인 공병대와 방호대는 티코두모프 대위의 지휘하에 행동한다. 우리는 내일, 5월 20일 6시 정각에 공격을 개시할 것이다.

48:44　- 발사! - 발사!

48:59　마르티니: 어제 저녁 하신 말씀은 잘하신 겁니다, 소위님.

가르세: 무엇 때문에 나를 욕하는 거지? 내가 젊어서? 우리 모두는 젊어, 그렇지 않다면 여기 있지 않겠지.

마르티니: 다른 것들보다 더 오래된 것들이 있어요, 이해하시겠습니까? 소위님
　　　　　은 우리 사람이 아닙니다. 아직은요. 우리는 함께 싸워온 지 벌써 10년,
　　　　　15년 쯤 되었습니다. 이탈리아, 프랑스, 독일, 인도차이나... 아, 인도
　　　　　차이나! 프랑스에서는 실감이나 하겠습니까?
병사들: 오, 하느님. 우리 엄마가 아들이 하고 있는 걸 보셨다면! 뭐 때문에 내
　　　　가 여기 와서 이러고 있는 거야?
　－ 나는 한국이 지도에서 어디 있는지도 몰랐어. 그래서, 나는 보고싶었지.
　－ 나도 그래. 나도 보고 싶었어, 한국만이 아니라 작업 중인 미국인들도 말야.
　　그게 궁금했지, 너도 알다시피 우리는 연합군이잖아.
　－ 그래서?
　－ 말할게 뭐 있나. 그들은 잘 싸우고 있는데. 소집병들, 예비역 군인이니까 말
　　야. 그들은 이 전쟁을 증오해, 하지만 싸우고 있지. 용감하게 말이지.
뱅자맹: 이 자식들아, 너희들의 이유를 들으니 구역질이 난다. 왜 이거야? 왜
　　　　저거야?

50:23　목표물 1번. 기요, 자네가 먼저 가게.
51:03　－ (...) 총검.
　　　　뱅자맹: 생각해보라구! (...) 그건 아무 것도 아니야.

　　　　－ 피해!
51:24　가르세: 피해! 흩어져!
　　　　병　사: 이봐, 거기,

　　　　가르세: 우리가 대포사격을 해도 되는지 알아봐.
　　　　통신병1: 스미스 소령을 바꿔줘. 여보세요? 우리가 대포사격을 해도 되겠습니
　　　　　　　　까? 알겠습니다, 소령님, 네.
　　　　통신병2: 여보세요? 스미스 소령님? 끊지 마십시오.
　　　　－ 발사!
52:24　－ 됐어, 이제 전화를 바꿔줘. 여보세요, 조에? 여기는 조에 1, 여기는 조에 1,
　　　　목표물 명중, 목표물 명중, 응답 바람.

　　　　　　　　- 목표물 명중이랍니다, 대위님
　　　　　대　　위: 여보세요, 조에 2? 여보세요, 조에 2? 조에 2 본인인가? 목표물 1번 명
　　　　　　　　　　중했다. 이제 자네들 차례다. 앞으로!
52:48　　　　- 앞으로!
53:08　　대　　령: 레드우드 중위에게 화기를 전부 가지고 3중대 쪽으로 가라고 해.
　　　　　통신병1: 알겠습니다, 중위님. 여보세요, 발랑탱 드 윌리엄?
　　　　　윌리엄: 5초 이내에 발사한다. 준비, 발사!
53:57　　대　　령: 제1중대, 앞으로!
　　　　　　　　- 여보세요, 자비에 드 윌리암, 예상대로 공격하시오.
55:01　　　　- 중위님!
55:06　　　　- 여보세요, 기요? 기관총 사격에 짜증나 죽겠어. 여기 좌표가 어떻게 되지?
　　　　　　　　- 723024.
　　　　　　　　- 723024. 그 위에 75미리 포를 쏴줄 수 있겠어?
　　　　　　　　- 알았어, 알았다구. 하지만 먼저 포를 옮겨야 돼. 위험이 크다구.
56:08　　　　- 제기랄! 들켜버렸군! 그래도 쏘라고 할까요?
　　　　　　　　- 그래야 돼.
　　　　　　　　- 1163!
　　　　　　　　- 1163
　　　　　　　　- 발사 준비, 발사!
　　　　　　　　- 발사 준비.
　　　　　　　　- 준비, 발사!
　　　　　　　　- 이제 자네들 차례야!
　　　　　　　　- 발사 준비.
　　　　　　　　- 발사! 발사! 발사!
56:40　　　　- 아, 이런 개자식들! 저 놈들이 조준선을 수정하고 있어.
56:44　　　　- 맞았다! (...) 피해상황을 보고 와!
　　　　　　　　- 담당병, 빨리! 사령부에 보고해, 대포 2대가 파괴되었다고!
　　　　　통신병: 75미리 대포 2대가 파괴되었고, 4명의 심각한 부상자가 발생했다고 합
　　　　　　　　　　니다.

대　　령: 부상자를 즉시 이송해. 2중대에게 1중대와 합류하라고 해.

통신병: 여보세요, 발랑탱 드 윌리엄, 부상자를 이송하라. 이본 드 윌리엄, 이본 드 윌리엄, 자비에를 통과하라

57:18　가르세: 안녕하세요, 로제 중위님. 기운내세요!

로　　제: 다른 것 좀 말할 수 없나?

가르세: 그러게요!

병사 1: 보셨습니까? 저쪽에 두 명이 없어졌어요.

뱅자맹: 그들은 자기들이 우리보다 앞설 거라고 장담했어.

병사 2: 감히 우리와 이런 우스꽝스러운 상황에서 대등하다고 말하진 못하겠죠.

뱅자맹: 저들은 뭘 기다리는 거야? 어쨌건 우리가 노력한 걸 보여줬지 않아?

병　　사: 우리가 뭘 바래?

58:15　－ 전진!

58:20　－ 전진! 전진! 전진! 전진!

　　　　－ 모두 피해!

58:30　－ 앞으로!

58:40　뱅자맹: 어이, 그 사람 누구야?

병　　사: 레니에.

뱅자맹: 친구로군.

58:50　티코두모프:

58:58　티코두모프: 공격 전에 폭격부터 하게. 그들로 하여금 경계를 품게 하는 거지. 그리고 여기서는 포병대가 잘 적응할 수 없어.

가르세: 뭘 해야 하는 겁니까?

티코두모프: 아…

59:08　병　　사: 대령님, 모든 중대가 저지당했습니다.

대　　령: 부대들에게 그 자리에서 방어 자세를 취하라는 명령을 내리게. 연대를 불러서 전차의 교란사격을 지시해. 티코두모프 대위에게 지금 바로 오라고 해.

병　　사: 이스바르에게 전화해.

59:59　병　　사: 그래서, 사령부에서는 뭐라고 합니까?

티코두모프: 글쎄, 이제 우리 차례가 될 거라는군.

병　사: 어떻게 말입니까?

티코두모프: 특공대 하나랑, 병사 몇 명이랑...

병　사: 중요한 장소인가보네요! 자원병을 찾으십니까?

티코두모프: 뭐라는거야, 우리 모두 자원병인데!

병　사: 분명, 대위님이 아끼시는 장소가 되겠네요.

티코두모프: 안될 건 또 뭐야?

60:14　마르티니: 소위님, 보세요.

병　사: 됐어, 그만 먹어.

60:21　마르티니: 우리가 떠나도 그는 여기 머물 수 있을까요? 사령부에?

가르세: 자네들을 믿어도 되겠나?

마르티니: 그는 이미 습관이 들었어요.

티코두모프: 가르세!

가르세: 대위님?

60:32　병　사: 상급중사님, 우리를 위한 거라고 생각하세요?

마르티니: 나는 그런 것 같네. (...)

60:42　티코두모프: 가르세, 자네가 기다리던 순간이 왔네. 어려운 임무를 맡게 될 걸세. 임무는 북쪽 사면의 골짜기를 통해 이 봉우리에 올라서 이 빌어먹을 벙커를 화염방사기로 폭파하는 거야. 중국군은 그곳에 없을 거야. 최대한 그들을 놀라게 해야 해. 자네에게 오늘 밤 전선을 어떻게 통과해야 할 지 지도를 보면서 설명해주겠네.

63:46　대　령: 좋아! (...)

64:09　뱅자맹: 우리가 혼자라고 생각지 않으십니까?

가르세: 좋아, 모두 잘 들어. 꼭대기에 도착하면 두 그룹으로 나뉜다. 자네들, 자네들은 오른쪽으로 가고, 나는 왼쪽으로 가겠어. 그리고 모두 조용히 움직이도록!

마르티니: 알겠습니다.

뱅자맹: 좋아요.

65:15　가르세: 무슨 일이야?

뱅자맹: (...)가 순찰 도중 전사했어요.

65:45 티코두모프: 저 자식들 대체 뭘하고 있는 거야? 뭘하고 있는 거냐고!

66:17 가르세: 마르티니! 뱅자맹!

66:40 티코두모프: 준비됐다! 앞으로!

병사들: 공격 개시! 공격 개시!

67:02 — 앞으로!

67:19 가르세: 벙커에 불을 질러!

67:31 — 앞으로! 앞으로!

68:27 — 서둘러!

68:53 — 특공대에게 알려야 돼. — 돌격 나팔을 불어!

69:03 가르세: 사격 중지! 그들은 우리 편이야!

뱅자맹: 우리 편이라구요? 소위님, 가 봐도 되겠습니까?

가르세: 가보게!

69:18 가르세: 뱅자맹!

69:36 군의관: 모르핀은 안 돼, 페니실린을 줘.

뱅자맹: 어이, 의사양반, 내가 다시 낙하산에서 뛰어내릴 수 있을까?

군의관: 그래, 하지만 좀 오래 기다려야 될 거야.

뱅자맹: 아, 괜찮아, 괜찮아. 담배 좀 줘, 의사 양반.

군의관: 그래... 여기 있어, 담뱃갑은 자네가 가져.

뱅자맹: 고마워.

군의관: 차를 타는 건 저 사람 몸이 견디질 못할 거야, 헬리콥터를 불러, 새벽이 되자마자.

병　사: 비가 그치면요...

군의관: 가능한 한 빨리 부르게, 위급한 것 이상이야. 게다가 소위도 마찬가지야.

가르세: 뭔가요? 내가 어떻게 된 겁니까?

군의관: 심각한 충격과 작은 파편들로 입은 부상입니다. 아주 심각하진 않을 거예요.

가르세: 담배 피워도 될까요?

군의관: 아뇨, 그러지 않는 게 좋을 겁니다.

뱅자맹: 소위님은 운이 좋은 겁니다, 담배를 못 피우게 하니까요. 보세요, 저는 마지막 담배를 주지 않습니까. 조금 아쉽군요, 소위님과 더 이상 함께 하지 못해서요. 안됐어요, 왜냐면 친구들, 소위님과 함께 정말 좋은 팀이 될 수 있었는데.

병　사: 진짜야, 내가 눈 앞에서 그가 죽는 걸 봤다니까.

뱅자맹: 누가 죽었단 말야?

병　사: 로제 중위님 말입니다.

가르세: 로제 중위님? 확실한가?

병　사: 그는 졸리 하사와 마찬가지로 5월 17일에 전사했습니다. 인도차이나 연대의 연대장 처럼요. 그는 부상당했고 부하들이 전선으로 옮기려고 했어요. 하지만 자신과 부하들이 적에게 붙잡힐 것이라는 것을 알고 수류탄을 꺼내서 자살했습니다.

가르세: 그가 어디에 부상을 입었나?

병　사: 다리에요. 가벼운 부상이었기 때문에 쉽게 나을 수 있었지요.

뱅자맹: 좋은 사람이었어요, 로제 중위 말입니다. 그는 자유, 문명, 조국, 평화에 대해 말했었죠. 이 모든 거창한 말들이 그를 이곳에 있게 했던 겁니다. 결국 우리는 여전히 수치심을 갖고 있어요, 우리 말입니다, 병사들이요. 분명 우리는 그것에 대해 절대로 말하지 않지만, 그래도 우리가 여기 있는 건 우리 조국을 위해서라구요. 조국을 사랑하기 위해서는 정말로 마음 속 깊이 그 마음을 갖고 있어야 되는 겁니다! 여기는, 인도차이나에서처럼, 어디에서나처럼, 고아들이 있고, 잊힌 사람들이 있어요. 바로 그들, 버림받은 사람들에게 우리가 부끄러워해야 되는 거예요. 자, 아시겠죠, 진짜 비통함은 바로 그런 겁니다...

72:04 티코두모프: 뱅자맹은?

군의관: 사망했습니다.

티코두모프: 어떻게?

군의관: 아침에요. 마지막까지 용감했고, 늘 수다스러운 그 모습으로 말입니다.

티코두모프: 모두가 그렇지. 아, 이 고집쟁이들! 그래도 병사들로서는 잘했어!

군의관: 기다리는 것 말고는 할 일이 없습니다. 저 사람 말입니까? 저이는 살아 남기 힘들 겁니다.

72:35 티코두모프: 가르세, 자네는 임무를 참 잘 수행했네.

가르세: 대위님, 제가 수행할 수 있었던 것은, 제 병사들, 뱅자맹과 같은 사람들의 덕분입니다. 모두에게, 제가 그들에게 그 얘기를 할 수 있었다면 좋았을 것을...

티코두모프: 자, 잘 가게, 가르세. 빨리 돌아오게나!

티코두모프: 어떻게 생각하나?

군의관: 시간이 지나면 회복될 겁니다.

IV

일본수집영상

일본지역 수집영상 해제 소개

　일본은 1895년 12월에 뤼미에르 형제가 최초로 영화를 상영한 후 약 1년 만에 오사카에서 시네마토그라프를 공개할 정도로 초기부터 영화를 받아들이고 자신만의 방식으로 발전시킨 국가이다. 1897년 최초의 일본 영화가 제작되었고 1912년 대형 메이저 영화사가 탄생했다. 그리고 본격적으로 일본의 영화제작 시스템이 정착되는 과정은 한국의 식민통치 시기와 교차된다. 이 시기에 일본은 내선일체를 주장하기 위해 본국을 소개하는 영상을 조선의 극장에서 정기적으로 상영하였을 뿐만 아니라 개인이나 기관이 기획하여 식민지 조선을 주제로 한 다수의 기록영상을 촬영하였다. 이 영상들은 식민지 통치를 뒷받침할 일본인의 이주를 조장하기 위해 식민지를 소개하였고 또 자국의 국민들에게 새로운 영토에 대한 자부심을 고취시키는 역할을 하였다. 식민지기 이후에도 일본은 정치·경제적 목적을 비롯한 다양한 목적으로 이웃 한국을 소재로 한 기록영화, 뉴스영화 등을 촬영하였다.

　이런 역사적 맥락에서 일본의 여러 아카이브에 식민지기 조선 및 해방 이후 1970년대까지 한·일 관계 속에서 한국의 모습을 파악할 수 있는 자료와 일본 매체에서 상영되었던 한국전쟁 관련한 상당수의 영상들이 소장되어 있을 것으로 추정된다. 그러나 과거사의 증거에 대해 극도로 민감한 일본의 정서로 인해 한국관련 영상들의 목록조차 파악하기가 쉽지 않다. 특히 공공 아카이브의 경우 대부분 자료 목록 확인 요청에 응답하지 않거나 확인한 자료에 대한 수집을 허락하지 않았으므로, 부득이 사설 아카이브를 통해 자료를 확인하고 수집할 수밖에 없었다. 이러한 과정을 거쳐 수집한 일본 영상은 〈니혼뉴스〉 49편 (샨닌사三人社 소장자료), 〈아사히뉴스〉 35편 (샨닌사三人社 소장자료), 〈마이니치뉴스〉 14편 (일본자료영상뱅크株式会社資料映像バンク 소장자료), 플래닛무비라이브러리(プラネット映画資料図書館) 소장자료 15편, 비주얼 포크로어(株式会社ヴィジュアルフォークロア) 소장자료 4편, 일본영화정보시스템(玩具映画プロジェクト) 소장자료 1편, 일본자료영상뱅크(株式会社資料映像バンク) 소장자료 1편 등 뉴스영화와 문화영화를 포함해 총 119편이다.

이상의 수집 영상들은 1,2차 카탈로깅을 거쳐 해제를 위해 다음 네 편의 영상을 선정하였다. 〈경성소식〉(3분 9초, 1930년 초에 제작된 것으로 추정, 일본영화정보시스템), 〈명태어〉(7분 48초, 제작년도 미상, 플래닛영화자료도서관), 〈조선 울달리에서〉(13분 39초, 1936년 제작, Visual Folklore), 〈마라손왕 도쿄에〉(3분 54초, 1947년, 플래닛영화자료도서관).

해제 영상의 선정 기준은 다음의 세 가지이다. 첫째, 촬영시기이다. 식민지기에 일본인에 의해 촬영된 한국 관련 근현대 영상은 해방과 함께 대부분 소각되었다고 전해지고 또 아카이브나 개인이 소장하고 있더라도 공개하지 않는 것이 많아서 이 시기의 영상은 존재 자체로 당시를 재구성하는데 중요한 사료가 된다. 두 번째는 식민지기 조선을 바라보는 일본 또는 일본인의 시각이 영상으로 두드러지게 드러나는 자료를 위주로 선정하였다. 당시 상황에서 무엇을 촬영하였는지를 이해하게 된다면 그들이 식민지 조선의 어떤 부분에 관심을 가지고 있었고 또 어떻게 바라보고 있었는지를 확인할 수 있기 때문이다. 마지막 선정 이유는 〈마라손왕 도쿄에〉와 관련된 것인데, 해방 직후 일본에 체류하는 한국인들에 관한 영상은 아주 희귀하고 또 이들의 동향을 확인하는 것도 중요한 일이라고 판단하였기 때문이다.

이상의 기준으로 선정한 영상 중 〈경성소식〉은 식민 통치가 한창 진행 중인 1930년대 초반에 촬영한 영상으로 경성 곳곳에 자리 잡고 있는 일제의 통치기관들을 소개하고 있고 또 일본식으로 근대화된 경성의 일부 모습을 보여주면서 일본화된 조선의 수도라는 이미지를 부각하고 있다. 〈명태어〉의 경우 당시 일본에서 소비량이 많았던 명태를 어획하는 이미지와 또 인기 있던 명란의 제조 과정을 보여줌으로써 풍부한 자원을 보유한 식민지 조선을 부각시켜 산업적인 투자를 유도하거나 조선으로의 이주를 유도하는 목적으로 촬영한 것임을 알 수 있다. 〈조선의 울달리에서〉는 식민지기 울산의 달리 지역에 관한 민속지학적인 기록영상이다. 식민 통치를 위해 우선적으로 진행되는 것 중 하나가 해당 지역의 풍습과 관습을 이해하는 일이다. 식민지의 환경과 사정을 이해하기 위해 민속지학적인 기록영상을 촬영하는 것은 이미 서구 열강이 아프리카를 비롯한 당시의 제3세계를 대상으로 수행하던 방식이었다. 이 영상은 일제가 조선의 식민통치를 위해 영상을 활용한 좋은 예가 된다. 마지막으로 〈마라손왕 도쿄에〉는 1947년 보스턴마라톤 대회에서 우수한 성적을 거둔 서윤복·남승룡 선수, 1936년 베를린 올림픽 금메달리스트이자 당시 한국 마라톤 대표팀 코치였던 손기정, 그리고 1923년 일본천황 암살 모의로 투옥되어 1945년까지 복역하였던 박열의 모습을 볼 수 있는 희귀한 영상이라는 부분에서 역사적인 가치가 있다. 그리고 한국을 대표하는 운동선수들이 일제강점기를 거쳐 해방 직후 혼란한 시점에 조국에 대해 가지고 있는 생각도 엿볼 수 있는 영상이라는 점에서 의미가 있다.

경성소식

원제명	京城だより
수집처	일본 영화 정보 시스템(日本映畫情報システム)
제작국가	일본
제작연월일	1930년대 초
상영시간	03분 09초
제공언어	일본어
제작	大毎キノグラフ
형식	실사
컬러	흑백
사운드	무

영상요약

완구영화(玩具映畵)로 촬영 혹은 편집된 필름. 수집처의 정보에 의하면, 심상소학교 독본 권10 「경성의 친구에게서」, 및 12 「경성의 고모가」로 정리된 것이고, 전일본활영교육연구회가 감수하고, 우에노(上野幸淸)가 촬영, 아오지 츄조(靑地忠三)가 편집을 맡은 것이라고 한다. 자세한 제작연도는 미상이지만 1930년대 초기 서울의 모습으로 추정된다. 자막으로 각 동네 및 건물명을 제시한 후 그것을 보여주는 형식으로 남대문, 본정통(현재 충무로), 종로, 남산, 조선신궁, 총독부청사, 경성부청, 조선호텔, 조선은행, 경성우체국, 조선군사령부 등을 확인할 수 있다.

연구해제

일제 식민지 시대의 조선 영상은 일본이 제2차 세계대전에 패하면서 많은 자료를 소각 처분하였기 때문에 거의 남아있지 않다. 따라서 이 영상은 일본 제국주의가 식민지 조선, 그것도 수도인 경성(지금의 서울)을 중점적으로 찍은 몇 안 되는 귀한 영상이다.

식민지 시대 제국의 영상은 주로 제국주의와 식민지주의를 강하게 반영하는 국책영화이다. 일제는 식민지 조선에 대해 문화재 보존과 관광정책을 동시에 추진하기도 하였고, 선전용 영화와 식민지에 대한 민속학적 연구성과를 기록으로 남기기도 하였다. 또한 내지인(일본 본토인)들에게 식민지 조선의 사정을 알리고 식민지 관광을 활성화 시키기 위한 아주 효과적인 방법으로 활동사진을 활용하기도 하였다.

1930년대 제작된 이 영상은 필름의 열화상태가 심해 상태가 그리 좋지는 않지만, 당시 경성에 소재한 조선의 대표적 건물들을 보여주고, 근대화 혹은 일본화 된 경성의 거리와 이모저모를 보여주는 다큐멘터리이다. 영상 작가가 근대화된 건물과 화려한 일본식 거리를 활보하는 활기찬 일본인들의 모습과 대비해 무채색 한복을 입고 일본화된 경성의 도심을 걷는 고단한 표정의 조선인들의 모습을 대비해 식민지 근대화를 부각시키려는 노력을 하였음을 알 수 있다.

참고문헌

최길성, 『영상이 말하는 식민지 조선』, 민속원, 2010.

화면묘사

00:00 자막 "大毎キノグラフ 京城だより(대매 키노그라프 경성 통신)"

00:04 자막 "京城驛(경성역)"

00:04 경성의 지도, 경복궁, 창덕궁, 총독부, 종로, 황금정, 본정, 남대문, 경성역, 조선
신궁, 남산공원, 남산의 글씨가 보임

00:11 총독부 앞을 통과하는 노면전차

00:13 자막 "二町ばかりで大きな門の前へ出ます。これが有名な南大門です(2 동리 정
도 지나면 큰 문 앞에 나옵니다. 이것이 유명한 남대문입니다)"

00:16 남대문 전경. 자전거를 타는 남성, 자동차, 전차

00:24 자막 "南大門から本町通、黃金町通、鍾路通にかけての一帶が、京城での一番に
ぎやかな處です(남대문로에서 본정통, 황금통, 종로통에 걸친 일대가 경성에서
가장 붐비는 장소입니다)"

00:30 남대문 누각. 카메라를 약간 북쪽으로 돌림

00:38 자막 "本町通(본정통)"

00:38 본정통 풍경. 화려한 상점거리를 걷는 많은 사람들. 서양식 복장의 남성, 일본
옷의 여성, 아이들

00:46 자막 "鍾路通(종로통)"

00:47 노면 전차가 지나는 장면. 넓은 길거리를 횡단하는 남성, 자전거. 도로 양쪽으
로 4층 빌딩이 나란히 보임

00:54 피맛골이라고 추정되는 좁은 길거리. 많은 사람들로 붐빔. 흰 옷의 조선인들.
서양 모자를 쓴 남성. 간판에 "昌信(창신)…"의 글씨가 보임

00:55 자막 "南大門の東南に南山といふ山があって公園になってゐます(남대문 동남쪽
에 남산이라는 산이 있고 공원으로 되어 있습니다)"

00:58 남산의 모습. 멀리 조선신궁의 도리이(鳥居)가 보임

01:08 조선신궁 정면 긴 계단. 사람은 거의 없음

01:13 계단에서 내려다보는 장면

01:15 중간쯤에서 앞 방향을 찍은 영상. 남산을 배경으로 도리이가 이어져 세워져 있음

01:21 조선신궁 정전 앞, 큰 도리이. 사람이 한명 보임. 조용한 풍경 양면의 등에는 16문국(文菊)의 문양

01:30 더욱 내부에 들어간 장면. 신전(神殿)에는 2개의 일장기. 사람은 없음

01:37 자막 "南山からの眺め(남산에서 풍경)"

01:38 남산에서 본 풍경. 곳곳에 빌딩이 보임. 풍경을 보는 여성과 아이들. 옷모양에서 일본인으로 추정됨

01:45 자막 "南山と向ひ合って北岳といふ山があります(남산 맞은편에 북악산이라는 산이 있습니다)"

01:47 북악산 쪽을 촬영한 장면. 기슭에는 곳곳에 빌딩. 카메라가 돌고 총독부가 보임. 그 뒤가 북악산

01:53 자막 "昌德宮(창덕궁)"

01:54 창덕궁 내부의 모습. 사람은 없음

02:00 자막 "景福宮(경복궁)"

02:01 경복궁 광화문의 모습. 사람은 없음

02:07 근정전의 모습. 입구에 2명의 사람이 보임

02:09 자막 "景福宮の構內に朝鮮総督府があります。その後ろに北岳が見えます(경복궁 구내에 조선총독부가 있습니다. 그 뒤에 북악산이 보입니다)"

02:13 총독부 전경. 걸어다니는 사람들이 여러명 보임. 삼륜차로 이동하는 사람

02:19 자막 "京城府廳(경성부청)"

02:21 경성부청 전경. 도로에는 사람들이 걸어다님

02:26 자막 "朝鮮ホテル(조선호텔)"

02:37 조선호텔의 모습. 주변 도로를 걷는 사람들

02:31 자막 "朝鮮銀行(조선은행)"

02:32 조선은행의 모습. 앞 도로에는 많은 사람들

02:36 자막 "京城郵遞局(경성우체국)"

02:37	경성우체국의 모습. 앞 광장을 많은 사람들이 걸어다님
02:42	자막 "京城の西南に龍山といふ處があります。もと漢江にのぞんだ小さな町であったが今は京城と町続きになりました(경성 서남측에 용산이라는 장소가 있습니다. 원래 한강에 인접한 작은 동네였는데, 지금은 경성과 이어졌습니다"
02:47	용산을 비행기에서 촬영한 모습. 많은 공장이 보임
02:56	자막 "此處には軍司令部があります(여기에는 군사령부가 있습니다)"
02:58	"朝鮮軍司令部(조선군사령부)"라고 쓰인 간판
03:01	조선군사령부 전경. 사람은 없음
03:06	자막 "大每キノグラフ 終(대매 키노그래프 끝)"

█ 내레이션

(내레이션 없음)

명태어

원 제 명	明太魚
수 집 처	플래닛영화자료관소장영상 (プラネット映畵資料館所藏影像)
제 작 국 가	일본
상 영 시 간	07분 48초
제 공 언 어	일본어
제 작	산코 영화사(三幸映畵社)
형 식	실사
컬 러	흑백
사 운 드	유

한반도에서 일본으로 수출되는 명란젓의 생산과정을 보여주는 다큐멘터리. 명태어는 겨울에 어획되어 항구로 운송된다. 그 자리에서 여성들이 내장을 빼고 명란을 찬물에 씻어 식용홍(食用紅)으로 착색한다. 그리고 용기에 담아 일본으로 출하한다. 그 전 과정은 조선인의 손에 의하여 진행되고 있다.

연구해제

명태는 베링해와 오호츠크해, 한반도 동북부, 일본의 홋카이도 해역 등에서 어획되는 생선이다. 예부터 한국에서는 명태가 조선 재래 3대 어업 가운데 하나로 매우 일반적인 식품이었던데 반해, 일본에서는 명란젓은 즐겨 먹지만 살은 짓이겨 어묵이나 어육, 소시지의 원료로 사용할 뿐 그리 친숙한 생선은 아니었다고 한다.

그러나 일제는 어획량이 엄청난 명태잡이에 일찍부터 관심을 가지고 있었다. 1920년대 전반에 함경남도청의 이하라 만사쿠(猪原万作)가 쓴 『咸鏡南道明太漁業の概況』(1922), 명태 관련 산업에 대해 총괄적으로 기록한 『朝鮮ノ明太』(朝鮮殖産銀行 朝査課, 1925)가 있었다. 이들 보고서에 따르면 1920년대 초 함경남도에서 명태잡이에 종사하던 사람 수는 대략 10,000명인데, 조선에 진출한 일본 수산물 수송업자인 '히야시카네 상점'과 '니혼수산' 등이 어획물 독점 매수로 거액의 부를 축적했다. 또한 일본에서는 1910년대부터 어선의 동력화가 추진되면서 '기선저인망'이라는 새로운 어업법으로 조선인들의 방법인 자망이나 주낙보다 2~3배가 되는 높은 생산성을 기록함으로써 조선 어민들과 어업에 치명적인 영향을 미쳤다. 현재 한국에서의 명태어획량은 통계상 '0'인 해도 있다고 하니 명태의 씨가 마른 이유가 이때부터 비롯된 것임을 알 수 있다.

1936년 조선총독부 식산국 수산과에 근무했던 정문기는 「조선명태어」라는 논문을 발표했는데, 여기서 명태의 살은 단백질원이며 다른 생선에 비해 아미노산이 더 많이 함유되어 있고 간장(肝臟)에서는 간유를 추출하는데 비타민A가 풍부하게 들어있어 야맹증에 좋고 내장과 알로는 젓갈을 담가 버릴 것이 하나도 없다고 서술하고 있다. 또한 일본인들이 좋아하는 명란젓이 가장 많이 소비되는 지방은 시모노세키인데, 1934년 자료에 의하면 71,729통이 소비되어 소비량 2위인 경성의 13,295통을 크게 웃돈다고 기록

하였다. 〈명태어〉라는 제목의 이 영상에서는 명태의 효용에 대한 설명과 함께 기선저인
망 어법에 의한 명태잡이의 조업 장면, 엄청난 어획량으로 산처럼 쌓인 명태, 명란젓 제
조 과정을 상세하게 보여주고 있다. 또한 이곳에서 생산되는 명란젓이 모두 일본으로
수출되고 있다고 설명한다. 식민지 조선이 이처럼 산업적으로도 투자할 가치가 높은 곳
이며, 일본인들이 좋아하는 명란젓의 제조과정이 이렇다고 하는, 전형적인 식민지시대
종주국의 홍보용 영상이라 하겠다.

참고문헌

다케쿠니 도모야스, 『한일 피시로드 – 흥남에서 교토까지』, 따비, 2014.

화면묘사

00:00   제목 "三幸映畫社 提供(산코 영화사 제공)"

00:08   제목 "明太魚(명태어), 認可番號(인가번호) C.621"

00:13   제목 "明太魚(명태어)"

00:24   제작 스태프 "監輯 山根幹人(야마네 미키토)"

00:28   제작 스태프 "撮影(촬영) 福井德夫(후쿠이 토쿠후) ; 福井新三郎(후쿠이 신사부
로)"

00:33   제작 스태프 "解說(해설) 關屋五十二(세키야 고쥬니) ; 選曲(선곡) 新里淸三郎
(니이리 신자부로)"

00:41   몇마리의 명태를 묶어서 방망이에 걸어서 말리는 작업을 하는 남성

00:55   한반도의 어느 섬을 해상에서 촬영한 모습. 멀리 어업을 하는 어선이 몇 개 보임

01:04   항구를 출항하는 어선의 모습

01:10   배 위에서 조업을 하는 어부들

01:25   여러 명의 어부들이 그물을 회수하는 장면

02:03   회수한 그물에서 생선을 빼고 정리하고 있음

02:16   노를 잡는 남성

02:24   풍어기를 올리는 장면

02:31 어획된 대량의 명태

02:42 어획된 명태를 잡는 작업을 하는 어부

02:52 어느 항구의 장면. 많은 사람들이 생선을 선별하는 작업을 하고 있음

03:01 몇마리씩 묶은 명태를 배에서 항구로 운반하는 장면

03:37 항구에 내려진 대량의 명태

03:50 대량의 명태를 앞에 두고 처리하는 사람들

04:04 명태의 내장을 빼는 작업을 하는 장면

04:11 여성들이 얼음 위에서 생선을 씻고 있음

04:42 소금을 준비하는 장면. 한명의 여성이 소금을 나무통에 퍼서 체에 넣고, 또 한
       명의 여성이 그 체를 치고 있음

04:47 식용홍(食用紅) 혹은 고추가루의 양을 재는 여성

04:53 여성들이 소금과 식용홍, 고추가루를 섞는 장면

05:05 여성들이 명란에 소금을 뿌리는 작업

05:37 여성들이 나무통에 명란을 담그는 장면

06:16 나무통에 명란이 담겨져 있음

06:27 모자를 쓴 남성과 아기를 업고있는 여성이 바깥에서 고기를 말리는 장면

06:39 바깥에 명태가 널려있음

06:49 바깥에 깨끗이 놓아둔 명란이 가득 들었는 나무통

07:05 기차에 반입되는 나무통

07:15 기차가 움직이는 장면

07:35 달리는 화륜선의 장면

07:45 화륜선 내부에서 바다를 촬영한 장면. 점차 자막 "明太魚 終(명태어 끝)"

내레이션

00:38 … '명태어'라는 이름으로 불리게 되었습니다. 현재 동해, 특히 조선의 동해안에
       가장 많이 서식하고 있는 생선이고, 대구의 한 종류입니다. 그리고 그 알은 맛
       있는 그 명란젓입니다. 명태는 겨울에 어획합니다.

01:07 이 생선은 산란기에는 거의 먹이를 먹지 않기 때문에 오래 전부터 사용되는 그

물 등에서 쉽게 어획할 수 있습니다만, 그중에서도 저인망은 가장 위력을 발휘하고 한번으로 약 9만필을 어획할 수 있다고 합니다.

02:10 보면 오늘의 고기잡이는 끝난 것 같습니다. 풍어입니다. 말 그대로 배 바닥은 생선으로 가득 차 있습니다. 그리하여 돛대에 풍어기가 휘날렸습니다. 선장은 기쁨이 넘치는 듯한 얼굴입니다. 조선에서 명태 어획액은 연간 약 1억 5,000만 필인데, 이에 근년 홋카이도(北海道)에서 이입되는 명태 6,000만 필을 더하여 약 2억 1,000만 필의 엄청난 양의 명태가 반도 사람들의 지방과 영양을 만족시키고 있는 것입니다.

03:30 항구에 내려진 이 새로운 명태는 보통 2~3일 두고 처리되는데, 풍어인 경우는 곧바로 처리합니다. 그리하여 내장은 젓으로 하고, 명란은 내지 사람들의 수요를 위하여 항상 조심히 처리합니다.

04:04 먼저 강 위에서 두꺼운 얼음을 깨고 그 물로 깨끗이 씻습니다. 이 한 개의 명란은 도대체 얼마만큼의 알로 되어 있을까? 보통 250만부터 400만의 알을 한 필의 명태가 갖고 있습니다. 매년 이만큼 많은 어획이 있어도 전혀 줄지 않는 이유를 수긍할 수 있습니다.

04:35 명란젓에 섞이는 소금에는 식용홍(食用紅)을 첨가하여 색깔을 아름답게 하고 고추가루를 넣어서 맛을 냅니다. 그러니까 같은 명란젓이라도 붉고 모양새가 작은 것은 반도에서 온 것이라고 생각해도 무방합니다. 먼저 깨끗이 씻은 명란을 소금과 식용홍을 섞어서 며칠간 방치합니다.

05:26 그것이 끝나면 하나씩 예쁘게 모양새를 다듬고 나무통에 담습니다. 명란젓은 아미노산을 많이 함유하고 있어서 요새 자주 주목받는 각종 비타민 A, B, D, E가 풍부하게 함유되어 있습니다.

06:14 명태의 고기는 내장을 빼고나서 하루 정도 민물에 담근 후 영하 10도의 한풍에 쬐어 말리고, 건어물의 한 종인 건명태가 됩니다.

06:34 내장은 젓으로 하고 반찬이 됩니다만, 특히 간장에서 얻을 수 있는 간유(肝油)는 비타민 A를 대량 함유하고 있습니다. 그 이외에 가죽에서 젤라틴을 얻을 수 있고 안구는 술안주에 잘 맞고 뼈도 거름으로 소중히 다루어져 있고 하나도 버릴 것이 없습니다. 이리하여 만들어진 제품은 내지를 비롯하여 멀리 해외까지 수출되고 반도 어업의 성과를 더욱더 높이고 있는 것입니다.

조선 울산 달리에서

원 제 명	朝鮮 蔚山達里にて
수 집 처	VISUAL FOLKLORE
제 작 국 가	일본
제 작 연 월 일	1936년
상 영 시 간	13분 39초
제 공 언 어	일본어
형 식	실사
컬 러	흑백
사 운 드	무

영상요약

울산 달리의 농작업과 도시 시장의 모습을 촬영한 여행 기록. 1936년 7~8월에 촬영된 것이다. 수집처의 정보에 의하면, 미야모토 케이타로(宮本馨太郎), 시부자와 게이조(澁澤敬三)가 울산출신으로 도쿄대(東京大) 경제학부에 유학한 강정택을 지원하였는데, 그의 고향에 한달 반 정도 체재하면서 조사한 기록이라고 한다. 촬영주체는 영상에 나타나지 않는다. 영상의 전반은 울산 달리의 평온한 일상을 촬영하였다. 시집가는 여성의 모습, 쌀에서 겉겨 제거 작업을 하는 농부, 하천에서 빨래를 하는 여성. 수확을 축하하는 춤과 술잔치하는 모습이 있다. 후반은 많은 사람들이 모여서 거래를 하고 있는 도시의 시장을 촬영하였다.

연구해제

이 영상은 1936년 7월 1일부터 8월 18일 까지 45일간 시부사와 게이조를 비롯해 사쿠라다, 미야모토, 오가와 등 일본 Atic Museum의 멤버와 경성제국대학의 아끼바 다카시가 참가한 조사단이 울산에서 사회민속조사를 행한 것을 기록한 동영상이다. 한국의 울산 달리마을의 농촌풍경, 생활, 농악, 결혼식 장면 등 농촌의 생활을 있는 그대로 촬영한 방식이다. 이 지방의 민구(民具) 채집과 민속조사가 목적이었다고 하는데, 마을에 직접 거주하며 주민들과 허물없이 교류하면서 행한 이 조사는 당시로서는 상당히 종합적인 조사를 한 좋은 모델이 되었다고 한다. 알려진 바에 의하면 이 조사에는 한국인 유학생 강정택과 최응석, 홍종임, 오선일 등도 참여했는데, 강정택의 숙부 집에서 숙박하며 동사무소를 조사본부로 삼고, 현미경과 시험관 등을 설치해놓고 '조선의 농촌위생'에 대한 조사도 함께 했다고 한다. 시기적으로 1936년은 중일전쟁이 시작되기 전 해로, 조선인들에게 신사참배 강요 등이 시행되기 전인 까닭에 이들 간에 민족적인 적대감은 없었던 것으로 보인다. 45일간의 조사가 끝난 후 조사단은 이 마을에 우물 2개를 파주었다고 하며, 마을주민들은 이 우물 덕에 가뭄을 잘 이겨낼 수 있었다고 한다.

당시 일본은 메이지 이후 국민 국가 의식을 창출하면서 제국을 넓혀나갔는데, 조선에 대해서는 처음부터 지리적, 역사적, 문화적으로 크게 유사하다는 이유를 들어 이민족이라는 의식이 거의 없이 일본 중심의 동화정책을 표방했다. 그러나 식민지 민족의 법, 관습, 문화 등을 이해하기 위해, 즉, 일본과 조선이 결합하고 융화하여 원만한 교제를 지속하기 위한 방편으로 조선의 역사와 민족성, 인정, 풍습을 알고 적당한 정책을 세우고자 했다. 따라서 조선 향토의 문화생활을 이해하고, 향토 생활 개선 상, 또 내선일체화의 촉진에도 참고가 될 만한 자료를 수집하기 위해 조선의 풍속과 관습 등을 조사 연구하였다. 이를 위해선 문헌연구나 간접조사도 실시했지만, 이 영상에서 보듯이 현지에서 체류하며 직접 관찰한 것도 있었다는 것을 알 수 있다.

이 영상은 2011년 12월 울산박물관에서 일본 연구기관의 협력을 얻어 "75년 만의 귀향, 1936년 울산 달리"라는 특별기획전으로 상영되었다.

█ 참고문헌

다케쿠니 도모야스, 『한일 피시로드-흥남에서 교토까지』, 따비, 2014.
최길성, 『영상이 말하는 식민지 조선』, 민속원, 2010.

█ 화면묘사

00:00   울산 달리의 어느 민가. 주민이 상자를 나무에 고정하여 가마처럼 만들고 있음
00:11   여성이 특별한 의장으로 갈아입고 있음. 그 후 가마에 들어감
00:22   2명의 남자가 가마를 들고 이동시킴. 그 뒤를 친족들이 따라감
01:19   쌀에서 겉겨를 제거하는 농부의 모습
01:30   민가와 그 뒷면을 돌면서 촬영
01:46   나무를 촬영
01:57   쌀에서 겉겨를 제거하는 모습
02:27   소가 풀을 먹는 모습
02:50   소를 데리고 가는 남성
02:58   밭에서 모종을 심고 있는 남성
03:11   마을 주변의 개간된 토지를 촬영
03:22   여성이 밭에 앉아 있음
03:24   마을의 집. 기와집과 초가집이 있음

03:41	밭 가운데 서 있는 여성
03:48	집마당에서 일하는 여성과 쌀 겉겨를 제거하는 남성
04:16	마을 주변의 논밭을 여러 군데 촬영
04:48	마당에서 쌀 겉겨를 제거하는 남성
04:59	논밭을 촬영
05:21	마을에 있는 길을 촬영. 양옆에는 나무가 나란히 심어져 있음. 사람도 자동차도 보이지 않음
05:28	하천에서 빨래를 하는 여성
06:01	빨래를 마치고 돌아오는 여성. 빨래물을 머리에 이고 있음
06:23	남성들이 모여 있음. 막걸리를 마시거나 담배를 피우고 있음
07:00	마을 가운데에서 촌민들이 춤추고 있는 모습. 한 사람은 "達里農(달리농)"이라고 쓰인 기(旗)를 들고 있음
07:39	민가의 평온한 생활 풍경
07:43	쌀의 겉겨를 제거하는 모습
07:55	아이들이 공기놀이를 하며 즐기는 모습
08:11	버섯을 손에 들고 카메라에 보여주는 여자아이
08:16	길을 걷는 남성
08:18	집 마당에서 작업을 하는 여성
08:40	여성들이 우물에 모여 물을 긷고 있음
08:57	집에서 쉬고 있는 촌민
09:05	밭에서 파종하고 있는 여성
09:30	쌀에서 겉겨를 제거하는 농민들
10:14	할머니가 체를 치고 무엇인가를 가리고 있음
10:28	하천에서 빨래를 하는 여성들
10:33	밭에 있는 소
10:48	하천에서 빨래를 하는 여성들
10:56	밭의 풍경
10:58	마을 사람들이 모여 있는 장소. 쌀을 분별하고 있는 듯함. 갓과 흰옷을 착용하고 부채를 들고 있는 남성이 보임

11:06   새끼줄을 만드는 남성
11:08   도시 입구. 많은 사람들이 왕래함. 길 도중에 누정이 있는 큰 문이 있음
11:16   도시 성내의 모습. 전봇대가 서 있고, 길 양옆에는 2층집이 세워져 있음. 많은
         사람들이 왕래함
11:20   길가의 모습. 왕래하는 사람들과 앉아서 이야기를 나누는 사람들
11:52   다른 길. 사람이 왕래하는 길가에서 식사를 하는 사람들, 바구니를 사는 사람
12:22   진열된 항아리
12:30   시장 길가의 모습. 서양식 큰 집이 보임

내레이션

(내레이션 없음)

마라손왕 도쿄에

원 제 명	마라손王 東京에
수 집 처	플래닛영화자료관소장영상(プラネットプラネット映畫資料館所藏影像)
제 작 국 가	일본
제 작 연 월 일	1947년
상 영 시 간	03분 54초
제 공 언 어	한국어
제 작	재일본조선영화인협회(在日本朝鮮映畫人協會), 국제스포츠영화사
형 식	실사
컬 러	흑백
사 운 드	유

▌영상요약

1947년 보스턴 마라톤대회에서 손기정 감독 이래 서윤복이 1위, 남승룡이 10위에 올랐다. 본 영상은 그들 세 사람이 일본에 왔을 때에 재일본조선거류민단이 그들을 환영하는 모습을 기록한 것이다. 세 사람은 민단의 건물에서 기자회견을 한 후 조선신문사, 메이지 대학 등을 방문하고, 각지에서 환대를 받았다. 마지막으로 손기정, 남승룡, 서윤복의 육성 연설이 수록되어 있다.

▌연구해제

일본 고베영화자료관(플래닛무비)의 야스이 컬렉션에서 수집한 이 영상은 재일본 조선영화인협회와 국제스포츠영화사에 의해 1947년 3~4월에 제작된 뉴스영상으로 추정된다. 현재 국내에는 해방 직후 제작된 〈해방뉴스〉가 모두 4편뿐이며, 그것도 1946년 것이 마지막이므로, 1947년 제작된 이 영상은 매우 귀한 자료라 하겠다.

이 영상에는 1947년 서윤복 선수 등이 해방 후 처음으로 대한민국 국민으로 제51회 보스턴마라톤대회에서 우승하고 귀국길에 일본 도쿄에 들려 당당하게 태극기를 앞세우고 독립운동가이자 아나키스트인 박열을 비롯한 재일한국인들로부터 열렬히 환영 받는 장면이 생생하게 담겨있다. 박열은 일본 천황 암살을 기도하다 체포되어 항일운동의 기폭제가 된 인물로, 1945년 해방이 되고도 출옥하지 못하다가 그 해 10월에 아키타 형무소 오오다테 지소에서 출옥하고 전 재일교포와 조국의 성대한 환영을 받았다. 그리고 재일교포의 새로운 지도자로 재일본 대한민국거류민단의 전신인 신조선건설 동맹을 결성하였다. 이때 그의 나이 45세였다. 거류민단의 초대부터 5대회장을 역임하고 1949년 조국에 귀국하여 재단법인 박열장학회를 결성하여 인재들을 일본으로 유학 보내기 시작하였다. 1950년 한국전쟁으로 납북되어 재북평화통일촉진협의회 회장을 맡고 있다가 1974년 1월 17일에 73세의 나이로 타계했다. 타계 후 1989년 삼일절에 건국훈장 대통령장을 추서했다.

영상에서는 1936년 베를린올림픽에서 마라톤 신기록을 세우고도 일장기를 가슴에 달아야 했던 손기정 선수와 남승룡 선수, 서윤복 선수의 육성도 들을 수 있다.

참고문헌

김삼웅, 『박열평전』, 가람기획, 1996.

화면묘사

00:00	자막 "在日本朝鮮映畵人協會(재일본조선영화인협회) 國際(국제) 스포-쓰 映畵社(영화사) 共同作品(공동작품) 撮影構成(촬영구성) 李邦寧(이방녕)"
00:06	자막 "特報(특보) 國民文化映畵社 提供(국민문화영화사 제공)"
00:11	자막 "마라손王(왕) 東京(도쿄)에"
00:16	"HEADQUARTERS TOKYO-KANAGAWA MILITARY GOVERNMENT DISTRICT TOKYO DETACHMENT(본부 도쿄 가나가와 군정부 지구 도쿄 지부)"라고 쓰인 간판
00:21	자동차에서 내려오는 서윤복, 손기정, 남승룡
00:30	민단 관계자와 악수를 하는 선수들
00:52	기자회견 자리를 마련하고 회견 시작을 기다리는 선수들
00:56	기자들과 이야기를 나누는 선수들
01:11	민단의 건물 외관. 옥상에 태극기가 나부끼고 있음
01:17	자동차에서 내리는 선수들, 길가에는 많은 군중. 민단 단장 박열이 선수를 마중 나옴
01:29	선수들과 민단 관계자들이 건물 앞에 나란히 서서 만세를 부름. "… 進靑年同盟中央總本部(… 진 청년동맹중앙총본부)", "朝鮮新聞社(조선신문사)"라고 쓰인 간판이 보임
01:38	자동차를 타는 선수들. 건물에 "在日本朝鮮居留民團 … (재일본조선거류민단 …)"라고 쓰인 현수막이 보임
01:45	메이지 대학 건물 앞에서 많은 사람들과 같이 기념촬영을 하는 선수들. 그 밑에는 "明治大學朝鮮 … (메이지대학 조선 …)"라고 쓰인 기(旗)가 놓여 있음
01:49	메이지 대학 교장과 이야기를 나누는 선수들
02:08	공원을 달리는 선수의 모습

02:25 회장에 들어가는 방청객들의 모습. "歡迎(환영) 徐潤福(서윤복), 孫基楨(손기정), 南昇龍(남승룡) ボストンマラソン大會(보스턴마라톤대회) 三選手(삼선수)"이라고 쓰인 간판이 보임

02:30 건물 내에서 악수를 하며 인사를 나누는 선수들

02:41 식사하는 자리에서 연설을 하는 관계자의 모습

02:47 마이크 앞에서 원고를 보면서 연설하는 손기정.(손기정 육성연설) "우리가 조선의 마라톤을 세계적으로 **가 있는 것은 **한 사실이며 더구나 건국조선에서 마라손을 통하야 우리 조국 문물의 세계인식을 새로이 하는 것은 또한 조국을 위하야 만분지일이라도 이바지되었다고 생각할 때 저희들 세 사람의 무한한 영광이오며 본분으로 생각합니다. 이번 미국에 가서 우리 민족도 남의 나라에 지지 않는구나 하는 조국을 위한 혁명지사의 가치가 드러난 것을 보고 머지않은 자주독립을 할 것이라고 믿습니다." 연설 음성 중, 회견의 각 장면을 보여줌

03:24 남승룡의 연설.(남승룡 육성연설) "처음 미국 가서 … 미국 사람들의 (…) 그 나라의 민족의 장점. 다른 나라들은 어느 한 사람도 장점과 **을 …."

03:40 서윤복의 연설.(서윤복 육성연설) "우리 민족을 대표하야 제가 우리 태극기를 가슴에 붙이고 세계 무대에 나가서 승리의 깃발을 올렸다는 것은 아마 전*와 전 세계를 향하야 씩씩한 소리로 전달하였을 줄로 믿습니다."

내레이션

00:20 조선의 건아(健兒)로 제51회 보스턴마라톤대회의 인류역사 초문의 신기록을 수립하고 각국 대표선수 150여 명을 물리쳐 당당 우승을 한 서윤복 선수와 남승룡, 손기정 삼 선수는 귀국도상에 동경의 남조선과도정부 주일공관을 찾았다. 일찍부터 기다리던 민단 이강은 씨를 비롯한 재일본 외지 요인들의 우승자 축하 찬사와 세기의 건아를 따라 모여든 내외 기자들에게 씩씩하고도 침착한 담화를 발표하였다.

01:11 재일본 이십만 총의로 축하 환영 준비가 바쁜 건청회관으로 삼 선수는 건청 위원장 황** 씨의 안내로 찾았다. 현관 앞에 마중나온 간부들은 찾아온 보스턴의 영웅을 둘러싸고 참을 수 없는 감격과 축하의 뜻을 만세로 표시했다.

01:35　재일본 육십만 동포를 대표하는 민단 단장 박열 선생을 방문한 삼 선수는 박열 선생의 **한 찬사와 세계제패를 기념하는 선물 수훈이 있자, 삼 선수는 마라톤 보국에 헌신할 것을 맹세했다. 삼 선수는 손기정 군의 모교 명치 대학을 금의 신방 친교하여 교장을 비롯한 3,000명 학생의 열광적인 환영을 받았다.

02:06　세계를 정복하고선 남은 힘 넘치는 그들의 장장한 기력은 아침 일찍 숙사를 나와 폐허와 마라통의 도시 동경의 넓은 길을 뛰어 그들의 훈련은 신바람이 올랐다. 그들이 궁성 앞 넓은 광장에 다다랐을 때에 각 체육단체와 학교 대표자들은 삼 선수의 모범 경기를 요청하는 등 마라톤 조선의 의기양양하고 만만한 여유를 여실히도 보였다.

02:30　태극기를 들고 조선민족의 실력을 세계 무대에 새로운 인식을 준 삼 선수를 맞이한 재일본동포의 감격은 그칠 줄을 몰랐다. 환영식장마다 피곤을 억제하여 나오는 삼 선수는 다음과 같은 감상담을 말하였다.

찾아보기

'한국 근현대 영상자료 수집 및 DB구축' 과제 참여자

연구책임자

허은 (고려대학교 한국사학과 교수)

공동연구원

강명구 (서울대학교 언론정보학과 교수)

김려실 (부산대학교 국어국문학과 교수)

조준형 (한국영상자료원 한국영화사연구소장)

최덕수 (고려대학교 한국사학과 교수)

지우지 피자노(Giusy Pisano) (프랑스 루이-뤼미에르 고등영상원 교수)

전임연구원

박선영 (현 고려대학교 한국사연구소 연구교수)

박희태 (현 성균관대학교 CORE사업단 연구교수)

양정심 (현 대진대학교 인문학연구소 연구교수)

장숙경 (전 고려대학교 한국사연구소 연구교수)

연구보조원

공영민, 금보운, 김명선, 김성태, 김재원, 김진혁, 마스타니 유이치(舛谷祐一), 문민기, 문수진, 서홍석, 손지은, 심혜경, 예대열, 유정환, 윤정수, 이동현, 이상규, 이설, 이수연, 이정은, 이주봉, 이주호, 이진희, 임광순, 장인모, 정유진